KB106187

호모
사피엔스의
미래

1
포스트휴먼
총서

호모
사피엔스의
미래

신상규 지음

포스트휴먼과
트랜스휴머니즘

아카넷

들어가며

2014년 5월 말에 포스트, 트랜스휴머니즘과 관련된 국제학술대회가 이화여자대학교에서 개최되었다. 학술대회가 끝나고 뒤풀이 자리에서 초청 학자 중 한 명인 제임스 휴즈가 한국을 비롯한 동아시아 지역에서 학술적인 담론으로서의 트랜스휴머니즘 논의가 많지 않음에 대한 나름의 분석을 내놓았다. 트랜스휴머니즘과 관련된 가장 중요한 쟁점은 인간의 변형이나 '향상'을 위한 첨단 과학기술의 활용을 어떻게 평가할 것인가의 문제인데, 많은 한국 사람들은 이미 트랜스휴머니스트이므로 별도로 입장을 딱히 정할 필요가 없기 때문이라는 것이다. 과도한 일반화라는 우려가 들기도 했지만 일면 수긍할 만한 부분이 있는 주장이었다.

그럼에도 불구하고 포스트휴먼이나 트랜스휴머니즘과 같은 용어는 아직도 우리 사회에서 낯선 표현들이다. 내가 이들 주제에 본격적으로 관심을 갖게 된 것은 2011년 아일랜드의 더블린에서 "Transforming Human Nature"란 제목으로 열린 국제학술대회로 거슬러 올라간다. 내가 재직하고 있는 이화인문과학원은 2007년부터 한국연구재단의 지원을 받아서 "탈경계 인문학의 구축과 확산"이라는 주제로 인문한국(HK)지원사업을 수행하고 있다. 2011년은 2단계 연구를 시작하던 무렵이었는데, 우리 연구팀은 세부 연구주제로 '포스트휴머니즘과 인간'을 선택했다. '포스트휴머니즘'은 근대적인 휴머니즘을 극복하고 과학기술 시대에 알맞은 인간에 관한 올바른 이해를 모색하는 여러 담론을 총칭하는 표현이다. 이와 관련한 구체적인 연구주제를 잡기 위해 참석한 학술대회가 바로 더블린에서 열린 학술대회였다. 줄리언 사블레스쿠, 스테판 조르그너, 마이클 하우스켈러, 도날 오마수나,

토머스 필벡과 같은 학자들의 발표에서 강한 인상을 받았으며, 돌아오는 길에는 옥스퍼드에 들러 닉 보스트롬과 앤더스 샌드버그와 토론할 기회도 가졌다. 이 학술대회가 인연이 되어 이들 중 많은 이들이 이화인문과학원에서 주최하는 국제학술대회에 참가했으며, 나는 이후 트랜스휴머니즘에 관한 연구를 계속해오고 있다.

2013년 하반기부터 인문한국(HK)지원사업이 마지막 단계인 3단계에 접어들었다. 우리 '포스트휴머니즘' 연구팀은 포스트휴먼 관련 담론에서 국내뿐 아니라 국제적인 연구의 허브로 자리매김하려는 야심을 가지고 있다. 이러한 목적을 달성하기 위해 여러 가지 노력을 기울이고 있다. 우선 내년에는 포스트휴먼 연구와 관련된 국내외의 여러 학자들이 함께 모여서 토론하게 될 포스트휴머니즘 세계 학술대회를 기획하고 있으며, 포스트휴먼 연구에 특화된 가칭 "Journal of Posthuman Studies" 국제 학술지 발간도 준비 중이다. 그리고 가장 중요한 사업으로 그간의 연구 성과를 결산하면서 포스트휴머니즘 담론의 활성화를 위해 〈포스트휴먼 총서〉를 기획해 출간하기로 했다. 포스트휴머니즘의 여러 담론들에 관한 연구서와 소개할 가치가 있는 번역서들이 여기에 포함될 것이다. 이 책은 이 총서의 1권에 해당한다. 아무쪼록 이 책이 총서에 누가 되지 않기를 바랄 뿐이다. 앞으로 더욱 다양한 시각과 문제의식을 담은 훌륭한 연구서들과 번역서들이 연이어 출간될 것이다. 독자들의 많은 관심과 성원을 부탁한다.

이 책의 목적은 현대 과학기술의 발전이 인간 본성이나 인간성(humanity)의 이해와 관련해 야기하는 변화나 도전이 무엇인지를 분석하고, 이로

들어가며

부터 파생되는 다양한 윤리적 쟁점들을 검토하면서 우리의 대응 방안을 함께 고민해보는 것이다. 트랜스휴머니즘은 첨단의 생명기술, 정보기술, 나노기술 등을 활용해, 인간의 정신적·육체적 능력이나 특성을 개선할 것을 촉구하는 운동이다. 인류는 첨단 과학기술의 발전에 힘입어 바야흐로 자신의 진화 방향을 스스로 결정할 수 있는 미증유의 시기를 맞이했으며, 호모사피엔스와 구분되는 문자 그대로 포스트휴먼의 출현 가능성을 목전에 두고 있다. 그러나 일각에서는 이러한 기술들이 '파괴의 엔진'으로 작용하게 될 것이며, 우리가 존중하며 지키고자 하는 의미나 가치의 종말, 더 나아가 인류 자체의 종말을 초래할지도 모른다고 경고한다.

오늘날의 인간은 인간 향상 기술의 출현에 힘입어 과거와는 전혀 다른 새로운 차원의 윤리적 지평 위에 놓여 있다. 우리는 과연 이대로 과학기술의 변화가 가리키는 방향으로 계속 따라가도 좋은 것일까? 인간 변형 기술이 현실화될 경우에, 그것이 야기할 정치적·사회적·문화적 변화는 물론, 그것이 우리의 가치관이나 행동에 끼칠 영향은 과거에 일어났던 그 어떤 변화보다도 더 급진적일 것이다. 아니 어쩌면 이는 단순한 변화의 문제가 아니라, 인류의 생존을 담보로 한 선택의 문제다. 생물학적 종으로서의 인간 종은 자연적 진화의 우연적 산물이며, 그것의 존재는 불가피하지도 당위적이지도 않다. 그럼에도 불구하고 인간 종이 유지되고 보존되어야 한다면 그 이유는 무엇일까? 이 질문에 답함에 있어서 우리가 마주한 가장 중대한 도전은 결국 '인간됨'의 의미, 즉 우리의 삶을 의미 있는 것으로 만드는 것은 도대체 무엇인지를 밝히는 일이다.

이 책의 내용은 다음과 같다. 1장에서는 근대과학의 출현 이후에 인간에 대한 이해가 어떻게 변화했는지를 살펴보고, 오늘날의 과학기술이 함축하는 인간 이해가 무엇인지를 고찰한다. 2장에서는 인간이란 존재의 본성을 어떻게 규정할 것인가의 문제를 포스트휴먼과 연관 지어 살펴본다. 그리고 포스트휴먼의 출현을 가능하게 할 새로운 과학기술의 양상을 소개한다. 3장에서는 과학기술을 통해 인간의 향상을 촉구하는 트랜스휴머니즘의 주장을 소개하고 그 역사를 살펴본다. 학술적·정치적 지향점에 따라 트랜스휴머니스트들 사이의 차이에 대한 지형도 그려볼 것이다. 4장과 5장에서는 인간 향상에 반대하는 비판적인 논의들을 소개하고 검토한다. 4장에서는 먼저 자연의 신성성에 기대어 인간의 오만함을 꾸짖는 비판, 향상 기술의 위험성을 지적하는 비판, 인간 향상이 인간의 존엄성을 위협한다는 비판을 검토한다. 5장에서는 자율성의 침해를 우려하는 비판과 샌델의 선물 논증, 그리고 사회적 정의 혹은 공정성의 문제를 다룬다. 마지막으로 향상 기술이 야기할 수 있는 위험을 줄이기 위한 몇 가지 방안을 소개한다.

인간 향상과 관련된 쟁점들은 그 어떤 문제보다도 사회적·정책적·학술적 관심이 시급하다. 그럼에도 불구하고 국내에서는 이 문제에 대해 관심이 아직 미미한 편이다. 이 책이 인간 향상 문제에 대한 사회적·학술적 관심을 촉발시킬 수 있는 계기가 되었으면 한다. 여기서는 인간 향상과 관련된 쟁점들을 일반적이고 포괄적인 수준에서 다루고 있지만, 개별 향상 기술과 관련된 구체적 이슈나 쟁점들을 모두 다루지는 못했다. 현실적으로 더욱 중요한 문제는 개별적이고 구체적인 향상 기술들에 대해 평가하는 작업이라고 생각한다. 이는 여러 사람들의 노력을 필요로 하는 작업이다. 향후에는 다른 연구자들과 함께 개별 향상 기술들이 제기하는 쟁점들에 대한 포괄적인 연구 성과를 담은 저서를 출간하고 싶다.

지금까지 여기저기에서 인간 향상이나 트랜스휴머니즘에 관한 글들을 쓰고 발표를 해왔다. 논문이나 발표의 특성상 항상 단편적으로 주제에 접근하게 되고, 많은 부분을 일종의 약속 어음으로 대신할 수밖에 없었다. 이 책은 그런 부채에 대한 청산의 성격을 가지고 있다. 또 이를 바탕으로 앞으로 더 깊이 있게 연구해야 할 문제나 쟁점이 무엇인지를 정리하는 기회도 되었다. 기존에 발표된 저서와 논문들은 다음과 같이 활용되었다. 1장은 필자의 『푸른 요정을 찾아서-인공지능과 미래인간의 조건』의 일부를 주제에 맞춰 재구성하고 보충한 것이며 절반 정도는 새로 썼다. 2장 4절의 '인간 향상 기술'들은 《지식의 지평》 15호에 실린 「과학기술의 발전과 포스트휴먼」을 토대로 했으며, '수명 연장'과 '인체냉동보존술'에 대한 내용을 새로 추가했다. 4장의 4절 '향상 기술은 과연 안전한가'와 5절 '인간의 존엄성에 대한 위협'은 각각 「인간향상과 인간본성, 그리고 인간 존엄성-후쿠야마의 논증 비판」과 "The Ethical Implications of Human Nature and Posthumanity"의 관련 부분을 수정하고 보충한 것이다. 5장의 2절 '샌델의 선물 논증'과 3절 '향상을 부추기는 삶의 양식과 태도'는 「트랜스휴머니즘, 세상에서 가장 위험한 생각?」에서 가져왔다. 기존 책과 논문의 내용을 그대로 옮겨 놓은 것은 아니다. 이야기의 흐름에 따라 잘 조직된 단행본으로 읽힐 수 있도록 재구성했으며 표현도 다듬었다. 한 권의 통일된 책으로 읽어 나가는 데 큰 무리가 없을 것이라 생각한다.

　이 책을 쓰면서 많은 분들의 격려와 도움을 받았다. 먼저 원고를 꼼꼼하게 읽고 문체뿐 아니라 글의 명료함을 높이기 위해 많은 도움을 준 아카넷의 양정우 과장 및 출판사의 관련자들에게 깊이 감사드린다. 그리고 원고를 쓰는 과정 내내 격려와 지지를 보내준 원장님을 비롯한 이화인문과학원의 동료들에게 감사를 표한다. 여러 선생님들의 도움과 협력으로 포스트휴머니즘 연구가 이제 궤도를 잡아가면서 안착하는 단계에 들어선 것 같다. 마지막으로 나이가 들면서 점점 서로를 닮아가는 사랑하는 아내와 두 아들의 성원에 감사하며, 고향에 계신 어머니에게 이 책을 바친다. 아버지가 살아계셔서 열심히 활동하고 있는 작은 아들의 모습을 보셨더라면 하는 아쉬움이 남는다.

2014년 6월
신상규

차례

인간은
어떤 존재인가

1.

16세기 근대과학혁명이 시작된 이후 계속되고 있는 과학기술의 발전은 우리의 삶을 엄청나게 변화시켰다. 과학기술이 인간과 자연의 관계에 대한 인식이나 세계를 바라보는 우리의 견해를 바꿨고, 인간 삶의 물질적 조건을 개선하는 일에 엄청난 기여를 했음은 누구나 다 알고 있으므로 재론할 필요는 없다. 그런데 역사를 돌이켜보면 과학기술의 역할은 단지 우리 삶의 물질적 조건을 개선하고 풍요롭게 하는 것에 그치지 않는다. 그것은 새로운 문명 및 삶의 양식을 출현시킨다. 인류 역사에서 인간 삶의 조건을 구성하는 다양한 요소들, 즉 인구수, 도시나 국가의 형성, 정치 체제나 경제 제도, 물질적 삶의 수준, 기대수명의 증가, 노동의 본성, 교육, 통신, 의료, 놀이, 예술, 전쟁 등에서 발생했던 다양한 변화를 추동해온 힘의 많은 부분은 과학기술의 발전이었다. 그리고 무엇보다도 과학기술의 발전은 인간이란 어떤 존재인가에 대한 자기이해 및 다른 종과의 관계에 대한 생각도 근본적으로 바꾸어 놓았다.

과학기술이 끼치는 이러한 영향은 과거완료형이 아니라 지금도 여전히 계속되고 있는 현재진행형이다. 특히 우리가 살고 있는 21세기는 그 문명을 상징하는 핵심 아이콘이 과학기술이라 해도 좋을 만큼, 그야말로 과학기술이 우리 삶의 구석구석에 전면적인 영향력을 행사하는 시대다. 일상생활과 밀접히 연관된 자동차나 비행기, 컴퓨터, 인터넷, 스마트폰으로 인해 우리 삶의 풍경이 어떻게 바뀌었는지를 생각해보라. 교통이나 통신기술의 발전은 문자 그대로 지구촌의 출현을 가능하게 했으며, 지리적 공간의 거리에 대한 체험적 감각 자체를 바꾸어 놓았다고 해도 과언이 아니다. 과거에 걷거나 말을 타고 이동했을 사람들과 오늘날 비행기로 이동하는 사람들이 500km의 거리에 대해 각각 느끼는 감각이 어떠할지를 비교해보라. 미국에 거주하며 스마트폰으로 수시로 문자 메시지를 주고받는 친구는 서울에 살지만 거의 연락을 하지 않는 친구보다 훨씬 더 가깝게 느껴진다. 인터넷 가상공간이나 스마트폰, SNS의 출현으로 노동이나 소비의 방식, 사회적 담론의 형성 구조, 더 나아가 사람과 사람이 만나는 인격적 관계의 양상까지도 변했다.

　　그런데 현대 첨단 과학기술의 발전은 이와 같이 겉으로 드러나는 삶의 형태뿐 아니라, 그보다 훨씬 더 급진적인 변화를 초래할 가능성을 내포하고 있다. 그것은 바로 인간이라는 존재를 어떻게 이해할 것인가의 문제와 관련된 새로운 양상의 도전을 제기한다. 우리에게 익숙한 전통적인 기술들은 생산력을 증대시키고 인간의 노동력을 대신하는 기계·설비, 우리가 거주하는 거시적 생활환경의 개선과 관련된 토목이나 건축, 일상적 삶의 질이나 조건을 개선시키는 전기, 전자와 같은 기술들로 이루어져 있다. 이것들은 공통적으로 우리 인간이 처한 외부의 물질적 조건을 개선함으로써 삶의 질을 향상시키려는 기술들이다. 그런데 생명공학, 유전공학, 신경과학, 인지과학과 같이 오늘날 새롭게 부상하고 있는 첨단 과학기술은 인간 외부의 조건이 아니라 인간의 정신이나 신체를 그 직접적인 조작의 대상으로 삼는다. 말하자면, 이것들은 인간의 내면 혹은 인간의 자연적 본성을 변화시키고 '향상'시킬 잠재력을 가진 우리의 '내부'를 향한 기술들인 것이다. 그에 따라 우리는 지구 역사상 처음으로 자신의 진화 방향을 스스로 결정할 수 있는 최초의 종이 되었다. 지금까지 자연선택 과정이 수행했던 역할을 이제 우리가 넘겨받아 인간의 물질적 구성이나 정신적 특성을 인위적으로 선택해 조작할 수 있는 맞춤 진화(designer evolution)의 단계를 눈앞에 두고 있는 것이다. 그런 의미에서 오늘날의 과학 발전은 인간이 어떤 존재인가에 대한 근본적인 재범주화를 요구하는 도전을 제기하고 있다.

　　인간 이해가 급진적으로 변화할 가능성은 21세기 과학기술의 발전과 함께 갑작스럽게 생겨난 문제는 아니다. 오늘날의 과학기술에 내포된 인간관은 어떤 의미에서 근대과학혁명 이후 수백 년 동안 점진적으로 진행된 하나의 거대 프로그램이 마침내 최종적으로 완성된 모습을 드러낸 것으로 간주할 수 있다.

근대를 그 이전의 시대와 나누는 주요한 지표 중 하나는 이전 시대와 구분되는 인간에 대한 자기 이해였다. 근대의 과학혁명이나 정치혁명을 추동했던 주요한 동력원 중 하나도 바로 그러한 새로운 인간 이해였다고 할 수 있다. 물론 근대적 인간 이해가 하나의 고정된 모습으로 고착되어 있었던 것은 아니다. 중요한 과학적 발전이나 정치적 격변을 거칠 때마다 인간의 자기 이해는 조금씩 변했다. 이러한 변화 과정이 잘 기획되고 정리된 하나의 내러티브를 따라 단선적으로 진행되었던 것은 아니다. 변화의 소용돌이 속에는 다양한 이질적 요소들이 서로 작용하고 있었으며, 이들은 때때로 갈등을 일으키며 과거로 회귀하는 반동의 모습을 보이기도 했다. 우리가 변화의 소용돌이 속에 직접 서 있을 때에는 지금의 변화가 종국적으로 향하고 있는 지점이 어디인가를 쉽게 가늠할 수 없다. 그러나 여러 요소들 사이의 동역학적 균형이 그려내는 궤적으로부터 사후적인 차원에서 모종의 경향성을 발견하는 것은 비교적 쉬운 일이다. 근대과학이 출현한 이후 인간에 대한 이해가 어떻게 변화했는지를 간단히 살펴보도록 하자.

1. 유기체론에서 기계론으로

근대 과학혁명의 본질은 우리가 세계의 대상을 파악하고 인식하는 패러다임의 근본적인 전환으로 이해될 수 있다. 근대 이전에 인간이 세계를 이해했던 가장 기본적인 방식은 아리스토텔레스로 대표될 수 있는 목적론적 세계관이다. 아리스토텔레스는 사물의 질서나 원리, 변화를 탐구하는 근본 방식에 네 가지 종류가 있다고 생각했으며, 각각의 방식을 원인이라는 이름으로 불렀다. 그의 이론은 흔히 4원인설이라는 이름으로 알려져 있는데,

여기서 네 개의 원인은 각각 질료인, 형상인, 작용인, 목적인이라는 이름을 가지고 있다.

형상인은 어떤 사물과 관련해 "그것이 무엇인가"라는 정체성의 질문에 대한 대답을 제공한다. 형상인은 하나의 사물을 다른 종류의 사물이 아니라 바로 그 종류의 사물로 규정하는 이른바 본질이자 조직화의 원리다. 질료인은 형상의 규정을 받아들이는 재료에 해당하며, "어떤 사물이 무엇으로 이루어져 있는가?"라는 질문에 대한 답변이다. 작용인은 사물의 변화나 운동을 일으키는 원천이나 원리에 해당하는 작용자를 나타낸다. 오늘날 우리가 흔히 원인이라고 생각하는 것이 대체로 작용인에 해당한다. 목적인은 사물이 갖는 유용성, 혹은 그것이 지향하는 목적이나 장차 되려고 하는 바로서의 최종 산물을 나타내는 개념이다. 청동상과 같은 인공물 제작을 예로 들어보자. 우리는 청동을 녹여서 주물에 부어 새로운 모양의 청동상을 제작한다. 이때 청동상의 재료로 사용되는 청동이 질료인에 해당한다면, 녹은 청동이 주물에 의해 새롭게 갖게 되는 청동상의 모습이 형상인에 해당한다. 그리고 주물을 이용해 청동상을 제작하는 기술이나 그 원리 혹은 제작자가 작용인이며, 이러한 제작 과정을 거쳐 최종적으로 만들어지는 결과물인 청동상이 바로 목적인에 해당한다.

아리스토텔레스는 자연의 변화를 설명함에 있어서 종종 목적인, 형상인, 작용인이 서로 하나로 일치한다는 점을 지적한다. 가령, 자연적인 유기체의 경우에 작용인(부모)은 질료에 형상화된 하나의 형상이며, 목적인은 다른 질료에 실현된 똑같은 형상이다. 아기 떡갈나무는 부모 떡갈나무로부터 나오는데, 떡갈나무의 형상은 이미 부모 떡갈나무 안에 그것의 형상으로서 존재했으며, 그것이 작용인으로 작동함으로써 새로운 질료에 동일한 형상을 실현시킨다. 이러한 형상은 아기 떡갈나무에 최종적으로 실현될 목적인이기도 한데, 목적인으로서의 형상은 아기 떡갈나무 안에 내재하는 목표 지향적 능력 혹은 경향으로서 떡갈나무의 성장과 변화를 조절한다.

어떤 것이 도달하고자 하는 목적 혹은 목표에 호소해 그 현상의 현전이나 발생, 혹은 본성을 설명하려는 이러한 설명 양식을 우리는 목적론적 설명이라 부른다. 아리스토텔레스는 어떤 것이 존재한다는 사실 속에는 어떤 특정한 목적을 향하고 있다는 의미가 필연적으로 내포되어 있다고 생각했다. 가령, 물건을 만드는 경우에 우리는 그 용도(목적)를 먼저 생각하고 그것에 적합한 물건의 형태를 미리 계획한 다음 그에 따라 재료를 변형시켜서 최종 완성품을 만들어낸다. 자연적인 유기체가 성장하는 경우에는 성장의 각 계기적인 단계를 거치면서 그것이 도달하고자 하는 성체의 최종적인 모습이 있다. 아리스토텔레스는 이런 방식의 설명을 일반화시켜서, 자연 속의 만물은 모두 각각의 자연적 '위치'와 '목적'을 가졌으며, 자연에서 일어나는 모든 변화나 운동은 만물이 그 자연적 목적을 달성하려는 본성 때문에 일어난다고 생각했다.

아리스토텔레스의 세계관은 자연을 그 자체로 어떤 목적을 가지고 있는 하나의 거대한 동물 혹은 유기체로 간주하려는 유기체적 세계관으로 이해될 수 있다. 이러한 세계관에서 세계를 구성하는 사물이나 유기체는 그 목적에 맞는 고유한 질서에 종속된다. 이때 자연에서 일어나는 변화나 운동을 설명하는 가장 핵심적인 개념 혹은 원리가 바로 목적의 개념이다. 아리스토텔레스는 목적론적 설명을 생물체뿐만 아니라 그의 철학에서 실체로 분류되는 모든 존재자의 운동과 변화에 적용한다. 물, 불, 공기와 같은 자연적 요소들에서 동물과 식물, 천체의 운동에 이르기까지, 모든 물체의 변화와 운동은 목적론적 관점에서 설명된다. 가령, 돌이 땅으로 떨어지거나 불이 위로 타오르는 것은 땅과 하늘이 각각 그것들의 고유한 위치이기 때문이다. 이러한 세계관에서는 목적 개념에 입각한 목적론적 설명이 가장 지배적인 설명 양식이다.

사물이 갖는 '목적'의 개념에 호소하는 아리스토텔레스의 설명 방식은 근대 물리과학이 출현함으로써 인간이 자연을 의인화한 것으로 간주되어 신뢰를 상실한다. 근대 자연과학은 아리스토텔레스의 4원인 중 작용인만을 진정한 원인으로 인정하고, 질료에 일어나는 변화를 합목적적이 아니라 결정론적이고 기계론적인 방식으로 작용하는 원인의 개념으로 설명한다. 세계를 바라보는 근본적인 관점 자체에 대전환이 일어난 것이다. 이제 운동과 변화의 문제는 목적이 아니라 원인과 결과라는 관점에서 탐구되며, 현상의 측정 가능성과 수학화 가능성을 통해 이해되고 설명된다. 사물의 운동은 어떤 자연적 목적을 달성하기 위해서가 아니라, 인과적인 기계론의 법칙에 일치하는 방식으로 움직이도록 원인 지워졌기 때문에 발생한다. "자연은 수학의 언어로 쓰여 있는 책"이라는 갈릴레이나 뉴턴의 말처럼, 근대의 기계적 세계관은 자연의 기하학적 단순성에 대한 이념을 바탕으로 한다. 기계론적 설명의 핵심은 관찰과 실험을 통해 측정되고 확립되며 수학적 공식의 형태로 표현되는 자연의 인과법칙이다. 자연은 수학 공식에 맞춰 자동으로 동작하도록 제작한 시계에 비유되었다. '기계적 세계(Machina Mundi)'라는 표현이 이러한 세계관을 축약적으로 보여준다.

기계론적 설명은 세계를 바라보고 이해하는 방식 자체를 근본적으로 변화시켰다. 목적론적 세계관이 지배하던 시기에 세계를 이해하는 기본적이고 표준적인 모형은 유기체의 운동이나 행위를 설명하는 방식이다. 따라서 무생물의 운동도 그러한 모형에 입각해 비유적으로 이해되고 설명된다. 그런데 근대과학의 출현과 더불어 이제 표준적인 설명 모형의 자리를 차지하게 된 것은 무생물의 운동을 설명하는 기계적인 법칙이다. 구름이나 비의 생성은 더 이상 물이나 불 혹은 공기의 자연적인 위치가 아니라 입자들의 질량이나 수증기를 통한 물의 순환으로 설명된다. 이러한 설명은 비단 무생물의 운동이나 변화를 설명하는 일에 국한되어 적용되지 않으며, 유기체의 운동이나 변화에 대해서도 확장되어 적용된다. 즉 생명 현상을 설명하는 일도 궁극적으로는 무기체를 설명하고 이해하는 것과 동일한 방식으로 이루어지는 것이다. 암과 같은 병에 걸린 환자를 치료하는 외과 수술 장면을 떠올려보자. 이는 고장 난 기계를 수리하는 과정과 본질적으로 크게 달라 보이지 않는다.

기계론적 세계관은 세계 속에 존재하는 모든 것은 궁극적으로 물리적인 법칙만을 통해 설명 가능한 물질적인 것에 불과하다는 유물론적 세계관과 매우 친화적이다. 17세기 이래 오늘날에 이르기까지 자연과학의 발전 방향은 이러한 유물론적 입장을 확대하고 강화시키는 것이었다. 자동차, 비행기, 우주선에서부터 63빌딩이나 강과 바다를 가로지르는 다리와 같은 거대한 구조물, 우리의 작은 몸동작이나 강물과 바다의 흐름, 눈에 보이지 않는 원자나 분자 운동과 거대한 천체의 움직임에 이르기까지 그 모든 것들이 명료한 수학 공식을 통해 물리적으로 이해되고 설명된다. 자연의 변화무쌍한 모든 운동이 몇몇 수학 공식들로 설명되고 이해될 수 있다는 사실이 가져다주는 놀라움과 경이로움은 세계에 대한 기계론적 이해가 갖는 포괄성과 설명력에 대한 신뢰로 이어졌으며, 목적론적 법칙에 따른 자연의 질서는 부정되었다.

르네상스 이후에 펼쳐진 근대는 우리 모두가 잘 알고 있듯이 이성과 계몽의 시대다. 베이컨은 경험적 탐구에 입각한 과학적 방법론을 제안했으며, "아는 것이 힘이다"라는 그의 말은 과학기술을 통해 인간 삶의 조건을 개선하고 자연을 정복하고자 하는 근대과학의 성격을 잘 드러낸다. 인간 이성에 대한 신뢰와 그것에 입각한 근대과학의 출현은 외부 세계를 이해하고 조작하는 방식만을 바꿔 놓은 것이 아니라, 인간이라는 존재 자체를 이해하는 방식도 점진적으로 변화시켰다.

근대적 인간 이해의 출발점은 데카르트의 이원론이다. 그 자신이 근대

1장 - 인간은 어떤 존재인가

과학혁명의 주역 중 한 명이기도 했던 데카르트는 자연세계에 대한 이해에 있어서 기계론적 세계관을 전면적으로 수용했고, 인간을 제외한 모든 동물을 인과론적 법칙의 지배를 받는 일종의 기계로 간주했다. 데카르트는 당시의 해부학이나 신경학에 대해 상당히 정통했다. 그에 따르면 동물의 행동은 외부의 물리적 자극과 그에 기계적으로 반응하는 신경계의 움직임을 통해서, 달리 말하면 무생물인 기계의 작동을 설명하는 것과 동일한 방식으로 완전하게 설명될 수 있다. 그런 의미에서 동물은 전적으로 물질로만 이루어진 물질적 대상이었다.

다른 한편으로 인간은 동물과 달리 물질적 신체와 비물질적인 정신(영혼)의 결합으로 이루어진 복합적 존재다. 데카르트는 정신과 육체가 근본적으로 그 범주를 달리하는 서로 전혀 다른 특성을 지닌 별개의 실체이며, 이것들이 두뇌 깊숙이 자리 잡은 송과선을 통해 상호작용한다고 생각했다. 여기서 실체라는 개념은 다른 것에 의존하지 않고 독자적으로 존립할 수 있는 대상을 가리키는 표현이다. 그런데 인간에게 있어서 정신과 물질이 결코 대등한 지위를 가진 것은 아니다. 정신은 물질에 비해 단연코 우월한 위치를 차지할 뿐 아니라 인간 존재의 본질이 무엇인지와 관련된 고유성을 규정하는 역할을 담당한다. 인간을 그 밖의 다른 동물이나 사물들과 전혀 다른 성격을 지닌 존재로 구분 짓는 것이 바로 정신이다.

인간에 대한 이해에 있어서 데카르트는 근대의 새로운 출발을 알리는 전령인 동시에 많은 부분 전통적 인간 이해의 계승자이기도 한 이중적 측면을 가지고 있다. 전통이나 관습에 따른 독단에 도전하면서 인간 이성의 합리성을 신뢰하고 이를 인식과 실천의 준거점으로 삼았다는 점에서 그는 분명 근대 계몽적 이념의 부상을 알리는 선구자였다. 그러나 다른 한편으로 자연적 질서 속에서 인간이 차지하는 위치가 어디인가의 질문과 관련해, 그는 결코 존재의 대사슬(the great chain of being)이라는 위계적 세계관으로부터 자유롭지 못했다. 아리스토텔레스는 인간을 '이성적인 동물'로 정의했다. 인간을 인간으로 만들어주는 가장 본질적인 특성을 이성 혹은 정신성으로 파악한 것이다. 아리스토텔레스의 이러한 생각은 데카르트에게도 면면히 이어진다.

우리가 여기서 눈여겨보아야 할 점은 자연적 질서 속에서 인간이 차지하는 위계를 결정하는 데 정신 혹은 이성이 수행하는 역할이다. 정신이나 정신의 작용, 혹은 전통적인 용어 사용 방식을 따를 경우에 영혼의 존재는 동물을 포함한 그 밖의 존재들과 인간을 구분짓는 특성이다. 동시에 이는 이들 존재와 비교해 인간이 갖는 우월성 혹은 존엄성을 확보해주는 특성이기도 하다. 데카르트의 관점에서 볼 때, 기계적 세계의 법칙에 전적으로 종속되어 있는 동물은 본능적 존재다. 동물은 단지 외부 자극에 기계적으로 반응함으로써 생존이라는 본능적 욕구를 충족시키려는 존재일 뿐이다. 그런데 만약 인간도 동물과 마찬가지로 기계적인 인과법칙의 지배에 철저히 종속된 존재에 불과하다면, 인간과 다른 동물 사이에는 그 어떠한 근본적 차이도 없는 것처럼 보인다. 하지만 분명 인간은 동물을 비롯한 다른 생물과는 구분되는 존엄하고 위대한 존재여야만 했다. 데카르트는 '인간은 이성적 동물'이라는 고전적 정의 속에서 인간의 존엄성을 확립할 수 있는 방안을 찾은 것으로 보인다. 인간이 정신과 육체의 결합으로 이루어진 복합적 존재라는 주장을 통해 데카르트가 확립하고자 의도했던 철학적 결론 중 하나는 정신 혹은 사유 작용에 입각한 인간의 존엄성 혹은 우월적 지위의 확보다.

데카르트에 따르면 세계는 서로 구분되는 두 종류의 실체, 즉 물질과 정신으로 이루어져 있다. 데카르트는 특히 정신과 신체(혹은 물질)를 서로 범주를 달리하는 전혀 이질적인 실체로 보았다. 물질은 공간적인 위치를 점유하는 연장성(extension)을 그 본질적인 특성으로 갖지만, 정신은 사유(오늘날의 언어로 표현하면 투명한 의식 작용)라는 속성으로 정의되는 대상이다. 이 두 종류의 실체를 규정하는 본질적 속성들은 서로 배타적인 것이어서, 외연적인 실체는 사유할 수 없고 사유하는 실체는 외연성을 띠지 않는다. 즉 물질적 실체는 특정의 공간적 영역을 차지하고 형태와 크기를 갖는 데 반해 사유라는 정신적 작용을 할 수 없으며, 정신은 사유의 능력을 갖지만 신체가 갖는 물질적 특성을 전혀 갖지 않는다.

실체로서의 정신 혹은 영혼은 우리의 감각이나 지각, 믿음, 감정, 욕구와 같은 다양한 양상(양태)으로 드러난다. 다른 물질적 대상과는 달리 우리는 이러한 정신의 작용에 대해서 추리나 간접적인 증거를 통해서가 아니라 오직 1인칭 관점에서 직접적이고 사적인(private) 방식으로만 접근할 수 있다. 정신의 작용이나 그 내용은 크게 두 가지 의미에서 우리에게 투명하다. 정신의 투명성은 자신이 처한 정신적 상태에 대해 거짓된 믿음을 가질 수 없다는 오류불가능성과 우리가 알지 못하는 정신적 상태란 있을 수 없다는 친숙성(intimacy)으로 이루어진다. 즉 우리는 우리 스스로가 어떤 정신적 상태에 처해 있는가를 인식하는 데 절대 틀릴 수 없을 뿐 아니라, 만약 우리가 어떤 특정한 정신적 상태에 처하게 되면 우리는 스스로가 그러한 상태에 처했음을 바로 알아차린다는 것이다.

데카르트의 정신은 의심할 수 없는 지식을 추구하는 인식의 준거점인 동시에 우리가 경험하는 세계의 실재성을 정초하며, 자유의지에 입각한 인간의 자유로운 행위의 근원이 된다. 데카르트의 이원론적 설명은 오늘날까지 난제로 남아있는 자유의지와 결정론의 문제에 대한 한 가지 대답으로 간주될 수 있다. 물질세계는 기본적으로 원인과 결과의 인과적 연쇄로 작동하는 기계적 체계다. 이러한 인과적 세계는 보통 철저한 결정론적 체계로 간주된다. 모든 물리적 사건은 그것에 선행하는 모종의 원인으로부터 귀결되는 결과다. 그런데 만일 우리의 정신이나 그 작용이 이러한 결정론 체계에 속하는 기계적 과정이라면, 그것을 통해 일어나는 우리의 모든 행위도 그것에 선행하는 어떤 원인에 의해 철저히 결정되어 있을 수밖에 없다. 그렇다면 자유로운 선택에 의해 발생하는 것처럼 보이는 우리의 행위도 실제로는 그것에 선행하는 원인들의 기계적인 귀결에 불과하게 된다. 결과적으로 우리의 자유의지가 부정되는 것이다. 여기서 인간의 자유의지를 구제하는 한 가지 전략은 자유의지의 주체인 정신을 인과적 세계의 바깥에 위치시키는 것이다. 데카르트가 바로 그러한 전략을 따르고 있다. 우리의 육체를 포함하는 물질세계는 물리적인 인과법칙의 지배를 받는 결정론적 체계다. 그러나 우리의 정신은 그 체계의 바깥에 존재하면서 자유롭게 선택함으로써 우리의 육체에 새로운 인과적 연쇄를 촉발시킬 수 있다.

데카르트에 따르면 인간은 단순한 물질(신체) 이상의 존재다. 인간은 생각하는 능력을 가진 지성적인 존재이며, 또한 지성을 바탕으로 자유롭게 행동하는 존재다. 데카르트의 이러한 이원론은 비단 근대뿐만 아니라 오늘날까지도 우리의 인간에 대한 이해의 많은 부분을 규정한다. 어떻게 보면 데카르트의 인간 이해는 우리 스스로에 대한 일상적인 경험이나 상식적 이해와 매우 잘 부합하는 측면이 있다. 최근에는 비록 인간 중심주의 혹은 종족 중심주의라는 비판이 제기되었지만, 우리는 인간이 자연계의 다른 존재와 구분되는 근본적인 존엄성이나 권리를 가진 존재라고 생각하는 경향이 있다. 우리가 신체를 가진 존재인 것은 분명 사실이지만 우리 자신이 곧 신체와 동일한 것은 아니라는 강한 직관도 존재한다. 많은 종교에서 가정하듯이 만약 우리가 사후에도 존속할 수 있는 존재라면, 우리는 분명 죽음과 더불어 소멸되는 우리의 신체와는 다른 어떤 무엇이어야 한다. 많은 공상 영화에서 단골로 등장하는 소재 중 하나가 바로 신체의 뒤바뀜이다. 1997년에 개봉된 국내 영화 〈체인지〉에서는 대호라는 남학생과 은비라는 여학생이 정체불명의 번개로 정신을 잃은 다음 두 사람의 몸이 뒤바뀐 상황을 경험하게 된다. 은비가 대호의 몸을 갖게 되고, 대호가 은비의 몸을 갖게 된 것이다. 이때 우리는 은비와 대호라는 인격을 그들의 신체와 구분해 생각한다. 이러한 신체의 뒤바뀜을 상상하기 위해서도 우리는 우리 스스로를 우리가 가진 신체와 동일시할 수 없다.

다른 한편으로 데카르트의 이원론은 근대과학의 근본 가정과 일치하지 않는 측면이 있다. 가령 근대과학은 물질세계를 인과적으로 폐쇄된 체계로 가정한다. 다시 말해서 물질세계의 모든 사건은 (만일 그것이 원인을 갖는다면) 다른 물질적 사건을 원인으로 가지며, 오직 물질적 사건만을 그 결과로 가질 수 있다. 물질적 사건 사이의 인과관계는 자연법칙의 지배에 종속되며, 이러한 법칙은 예외가 있을 수 없는 필연적 법칙이다. 그런데 데카르트의 이원론에 따르면 정신은 물질적 대상과 인과적인 상호작용을 할 수 있어야 한다. 정신이 물질적 세계의 사건에 영향을 끼칠 수 있다는 데카르트의 이러한 생각은 물질세계가 인과적으로 폐쇄되어 있다는 가정에 위배된다.

또한 데카르트의 이원론은 정신과 물질 사이의 상호작용이라는 것이 어떻게 가능한지에 대해서도 그것이 발생하는 장소 외에는 뚜렷하게 설명하지 않는다. 보헤미아의 엘리자베스 공주는 데카르트에게 다음과 같은 내용의 편지를 보냈다. "사람의 정신이란 것이 오직 생각하는 실체라고 한다면, 자발적인 행위를 산출할 때 어떻게 정신이 신체의 정령들을 결정할 수 있는가?" 데카르트에 의하면 공간성은 물질적인 것의 속성이고 사유는 정신적인 것의 속성이다. 이 둘은 상호 배타적인 것이어서 사유하는 존재인 정신은 본질적으로 비공간적인 것이다. 그런데 비공간적인 정신이 어떻게 물체에 대해 인과적 영향을 끼칠 수 있는가?

우리가 잘 알고 있는 인과관계는 물질과 물질 사이에 성립하는 공간속에서 발생한다. 가령 우리는 당구공 한 개가 다른 당구공에 부딪칠 때 일어나는 인과적 상호작용을 열역학 법칙에 따른 운동량이나 운동에너지의 전달로 설명할 수 있다. 한 공이 다른 공에 접촉해 부딪칠 때 처음 공의 운동에너지는 감소하며, 감소된 에너지는 파괴되는 것이 아니라 다른 형태의 에너지로 변환된다. 그 일부는 압축파라는 대기 중 진동을 만들고 이 압축파가 우리 귀에 도달하면 우리는 공이 부딪치는 소리를 듣게 된다. 그리고 또 다른 일부는 두 번째 공으로 전송되어 그 공을 일정한 속도로 움직이게 한다. 그런데 비공간적인 정신이 인과적 영향을 끼친다는 말은 도대체 어떤 의미인가? 이원론을 수용한다면 이러한 설명은 신이나 정신적 현상에는 적용되지 않는 것처럼 보인다. 정신은 크기나 형태가 없으며 질량이나 무게도 없기 때문이다. 만약 그렇다면 정신은 물리적인 신체와 어떻게 인과적으로 상호작용을 하는 것일까?

데카르트 이후 오늘날에 이르기까지 자연과학의 기본 발전 방향은 기계론적 설명의 범위를 확대시킴으로써 유물론적 입장을 확대하고 강화하는 것이었다. 오늘날 우리가 받아들이고 있는 과학적 세계관의 기본 성격도 유물론적이다. 유물론에 따르면 이 세계를 궁극적으로 구성하는 것은 물질적인 입자들과 그것들 사이의 인과적 상호작용이다. 이렇게 이해된 세계 속에 데카르트 식으로 이해된 영혼이나 정신이 들어설 자리는 없다. 그러나 우리의 정신이 존재한다는 사실 자체를 부정할 수는 없어 보인다. 내가 이 책의 내용을 구상하고 작성하는 지금도 나의 정신이 개입하고 있지 않은가? 이는 정신이나 정신의 작용이 지금 우리가 받아들이고 있는 유물론적 세계관에 맞춰 유물론적으로 이해될 필요가 있음을 의미한다. 만약 정신이나 우리의 사유 과정이 진실로 이 세상에 실재하는 어떤 것이라면, 그것들은 최소한 물질적인 상태나 과정의 결합에 의존하는 그 무엇이어야 한다는 것이다. 인간의 정신에 대한 이해가 이렇게 변화된다면, 인간이 어떤 존재인가라는 질문에 대한 대답 또한 그에 병행해 변화될 수밖에 없다. 데카르트 이후 전개된 철학의 주요 흐름 중 하나는 데카르트적 정신 혹은 영혼의 존재를 부정하면서 유물론적 세계관에 따라 인간의 정신을 이해하고자 하는 시도였다. 그리고 그러한 시도에 맞춰 세계나 우주 속에서 인간이 차지하는 위치, 동물이나 다른 자연적 대상들과 인간의 관계, 인간의 고유성과 그에 입각한 인간 존엄성에 대한 이해도 바뀌었다.

2. 인간 지위의 격하

지그문트 프로이트(Sigmund Freud)는 근대 과학의 역사에서 인간의 순진한 자기애가 세 번의 중대한 모욕을 당했다고 지적한다(프로이트, 『정신분석 입문』, 제3부 신경증의 일반이론, 18. 외상에 대한 고착). 첫 번째는 코페르니쿠스의 지동설, 두 번째는 다윈의 진화론, 세 번째는 프로이트 자신의 무의식에 대한 발견을 통해서다. 이 사건들은 공통으로 우주 속에서 인간이 차지하고 있는 지위의 격하를 함축함으로써 인간에 대한 이해의 근본적 변화를 야기했다는 의의를 지니고 있다. 그런 이유 때문에 이 이론들은 보편적 지식 체계로 편입되는 과정에서 기존의 상식·종교·문화와 심각하게 충돌했고 격렬한 반발을 불러일으켰다.

지동설과 관련해 수많은 종교재판과 처형이 이루어졌음은 잘 알려졌다. 사실 여부가 논란이 있지만, 종교재판에서 지동설을 부인하고 법정을 나선 갈릴레오가 "그래도 지구는 돈다"라고 말했다는 일화는 너무나 유명하다. 그런데 여기서 문제의 핵심은 단순히 지구가 자전하고 태양의 주위를 공전한다는 과학적 사실이 아니다. 지동설을 인정한다는 것은 인간이 우주의 중심에서 그 변방으로 밀려났음을 의미한다. 천동설에 따르면, 우리가 살고 있는 지구가 전 우주의 중심이며, 천체의 다른 모든 것들은 지구를 중심으로 운동한다. 신은 이 우주를 창조하는 과정에서 자신의 모습을 본떠 인간을 만들었으며, 인간은 우주의 중심에 살고 있는 신의 고귀한 자식이었다.

그러나 지동설이 등장하면서 이 모든 것이 뒤바뀌었다. 이제 우리는 우주의 중심이 아니라 우주에 흩어진 수많은 별들 중 하나, 그것도 태양이라는 거대한 항성에 종속된 지구라는 조그만 행성의 거주자로 전락했다. 말하자면 세계의 중심에서 그 콧대가 하늘을 찌를 것 같았던 뉴요커가 졸지에 태평양 한가운데에 있는 작은 섬의 원주민으로 전락하고 만 것이다.

인간의 존재론적 지위를 격하시킨 더욱 중요한 사건은 다윈의 진화론이다. 진화론에 따르면 인간을 포함한 지구상의 모든 생물은 신과 같은 지성적인 존재에 의해 현재의 모습으로 창조된 것이 아니라 원시적인 유기체로부터 꾸준히 변화해온 우연적 진화의 결과다. 이 과정에는 어떠한 지성적 존재의 기획이나 개입도 필요하지 않으며, 단지 유기체의 특성들이 후대에 유전되면서 그 과정에 개입하는 개체 변이와 자연선택이라는 단순한 메커니즘만이 필요할 뿐이다. 지구상에 존재하는 모든 생물은 결국 공통의 조상에서 유래한 서로 다른 자식들에 불과하다. 다윈의 책이 『종의 기원』이란 이름을 갖고 있는 것처럼, 진화론은 인간과 같은 지성적 존재가 어떻게 저 하잘것없는 벌레들과 함께 하나의 공통 조상으로부터 분리되어 생겨날 수 있었는지를 설명하고 있다. 다윈의 이론은 신을 정점으로 인간과 동식물의 위계적 질서에 입각한 목적론적 세계관의 붕괴를 의미하는 것이었다.

코페르니쿠스의 지동설은 우리가 살고 있는 행성의 지위를 격하시켰다. 이제 다윈의 이론은 그 행성에 살고 있는 인간 자체의 지위를 문제 삼고 있다. 진화론이 등장하기 이전에 인간은 다른 동물들과 전혀 다른 차원에 속하는, 신이 자신의 모습을 본떠 만든 지고한 존재였다. 그런데 진화론이 참이라면 인간은 다른 생물체와 마찬가지로 자연선택을 통한 임의적인 진화의 산물에 불과하다. 발생론적인 관점에서 접근할 때, 인간과 다른 동물 사이에는 그 어떤 근본적인 지위의 차이도 발견할 수 없다는 것이다. 진화론의 진실성에 대한 논란이 오늘날에도 계속 이어지고 있다는 사실은 역설적으로 자연 세계에서 인간이 차지하는 지위나 그 본성에 대한 이해의 문제와 관련해 진화론이 야기한 충격이 얼마나 근본적인 수준이었는지를 보여준다.

다윈 이전의 근대 기계론자들은 생물 현상을 순전히 기계적 과정으로 간주했다. 하지만 이들은 기계적 과정을 통해 생명 현상을 해명할 수 있는 구체적인 모형이나 원리적인 설명을 결여하고 있었다. 다윈 당시의 진화론자들도 그와 유사한 상황에 놓여 있었다. 대표적 인물이 용불용설(用不用設)을 주장한 장 바티스트 라마르크(Jean-Baptiste Lamarck)다. 라마르크가 용불용설을 담고 있는 『동물철학』이라는 책을 발표한 것은 다윈이 태어난 해인 1809년이다. 라마르크는 진화 과정에서 모든 유기체를 훨씬 더 복잡하고 완전한 존재로 변화시키려는 모종의 내적 추동력이 개입한다고 보았으며, 잦은 사용을 통해 얻게 된 획득형질이 유전된다고 생각했다. 다윈 당시의 진화론자들은 라마르크와 마찬가지로 진화 과정이 어떻게 이루어지는가에 대한 정확한 메커니즘을 알지 못했다. 심지어 이들은 생기력이나 어떤 정신적인 힘이 진화를 추동하는 근본 동력이라고 생각하기도 했다.

다윈은 진화의 정확한 메커니즘을 밝혀내는 데 기여했다. 그는 개체변이와 그에 따른 자연선택의 결과가 오랜 시간에 걸쳐서 누적되면서 새로운 종이 출현한다고 주장했다. 이러한 견해는 철저히 유물론적인 것이다. 다윈은 『종의 기원』 이후에 출간된 말년의 저작들에서 생물학적 구조나 특성으로 미루어 보아 인간이 침팬지나 고릴라와 같은 유인원과 동일한 조상에서 유래했다는 것이 틀림없음을 분명히 했다. 그는 그러한 종의 분기가 일어나는 과정에 대해 상당히 자세한 가설을 제시하기도 했다.

더 나아가 다윈은 인간을 다른 동물과 구분하는 본질적 특징으로 간주되었던 정신적 능력조차도 '두뇌의 분비 과정'에 불과하며, 두뇌의 진화과정을 과학적으로 자세히 설명할 수만 있다면 인간의 정신적 능력에 대해서도 자연스럽게 해명할 수 있을 것이라 보았다. 다윈은 인간뿐 아니라 유인원과 같은 다른 동물들도 정신적 능력을 가지고 있으며, 인간과 그들의 차이는 데카르트가 생각했던 것처럼 근본적인 범주의 차이가 아니라 정도의 차이에 불과함을 주장했다. 물론 다윈의 이런 생각은 상당한 논란을 일으켰다. 다윈과 함께 진화에 대한 자연선택 이론을 같은 시기에 발견한 앨프리드 월리스(Alfred Russel Wallace)조차도 다윈의 이러한 생각을 받아들일 수 없었다. 월리스는 인간의 다른 신체 부위는 자연선택 이론으로 설명할 수 있지만, 두뇌만큼은 자연선택이 제공할 수 있는 능력을 훨씬 초월한다고 생각했다. 그는 인간 진화의 어느 순간에 신이 개입해 인간에게 정신적 능력을 부여했고, 그 결과 인간을 다른 동물들과 달리 존재 사슬의 정점에 서도록 만들었다고 믿었다. 오늘날의 많은 사람들도 그렇게 생각하는 것처럼 월리스는 이러한 설명이 종교와 진화론을 양립시킬 수 있는 방안을 제공한다고 생각했다.

물론 다윈도 두뇌의 분비 과정을 어떻게 정신적 과정으로 여길 수 있는가에 대한 구체적인 이해의 모형을 갖고 있지는 못했다. 그는 단지 합리성과 같은 정신적 능력을 어떤 심오한 설명을 요구하지 않는 평범한 생물학적 특징으로 간주했을 뿐이다. 그는 심지어 유전이 이루어지는 정확한 메커니즘도 몰랐다. 다윈의 이론은 거시적인 생태 차원에서, 생명 현상이라는 것이 어떻게 지성적 존재의 개입 없이도 자연선택이라는 우연적 과정의 축적에 의해 발생할 수 있는가에 대한 설명을 제시했을 뿐이다. 이는 생명 현상에 대한 이러한 설명이 근대의 출발점이었던 기계적 세계관에 온전히 통합되기 위해서는 아직도 가야 할 길이 남아 있음을 의미했다.

1953년 제임스 왓슨(James Watson)과 프랜시스 크릭(Francis Crick)이 DNA의 구조와 작용을 밝혀냄으로써 그러한 통합이 이루어졌다. 왓슨과 크릭의 발견은 유전과정을 화학적이고 물리적인 과정으로 설명했고, 그 결

1장 - 인간은 어떤 존재인가

과 우리는 유기체의 재생산 능력을 원리상 기계적인 과정으로 충분히 이해할 수 있게 되었다. 생명 현상에 대한 기계적 이해의 완결에는, 논란의 여지는 남아있지만 1952년 당시 대학원생 신분이었던 스탠리 밀러가 40억 년 전 원시지구의 그것과 유사하다고 생각되는 대기 상태를 재현하고 무기질로부터 단백질의 핵심 성분인 아미노산을 만들어 낸 실험도 큰 기여를 했다. 이런 과학적 발견들이 우리에게 알려주는 것은, 생명 현상을 설명하기 위해 더 이상 엘랑비탈(élan vital)이나 엔텔레키(entelechy)와 같은 비물질적 원리를 가정할 필요가 없다는 것이다.

20세기에 들어서면서 진화론은 다윈의 생태학적 이론이 미시 차원의 분자생물학과 통합됨으로서, 과학적 차원에서는 더 이상의 논란이 무의미한 확고한 경험적 사실로 인정받게 되었다. 생명 현상에 대한 이러한 물리과학적 설명은 16~17세기 기계적 세계관의 예정된 운명인 유물론적 성격을 훨씬 더 강화시켰다. 하지만 기계적 세계관에 대한 근대 과학의 기획이 완결되기 위해서는 마지막으로 해명되어야 할 과제가 아직 하나 더 남아있었다. 그것은 바로 우리의 정신과 그 지성적 사유 능력이다.

데카르트에게 있어서 동물을 비롯한 다른 존재와 인간을 구분 짓는 것은 우리 정신의 존재였다. 비록 정신이 데카르트가 생각했던 것처럼 우리의 육체와 독립해 존재할 수 있는 실체는 아니라 하더라도, 정신은 여전히 인간이 누리고 있는 우월적 지위를 정당화시키는 역할을 할 수 있는 것처럼 보인다. 다윈이 말했던 것처럼 인간의 정신 능력이 비록 두뇌의 분비 작용에 불과하고, 그런 점에서 다른 동물들도 모종의 정신 능력을 가질 수 있을지도 모른다. 하지만 그것들의 정신 능력과 세계에 대한 참된 인식의 원천으로서의 인간 이성 사이에 존재하는 정도의 차이는 그 발생적 기원의 유사성을 뛰어넘어 인간의 우월적 지위를 충분히 정당화시켜주는 듯이 보이기 때문이다. 어떤 의미에서 그것이 바로 정신과 육체를 분리함으로써 데카르트가 확립하고자 의도했던 철학적 결론이기도 할 것이다.

스콜라 철학에서는 은총의 빛(lumen gratiae)이나 신의 계시에 의하지 않고 진리를 인식할 수 있는 인간 이성의 힘을 가리켜 자연의 빛(lumen naturale)이라고 불렀다. 데카르트는 이러한 인간 이성에 대해 무한한 신뢰를 가지고 있었다. 인간은 확실한 인식에 도달하는 능력이 있으며, 이러한 능력은 양식(良識, good sense), 이성, 또는 자연의 빛이라고 불린다. 신에서 자연의 모든 사물에 이르기까지 자연의 빛인 이성을 통해 인식된다. 양식 혹은 이성은 '잘 판단하고 참과 거짓을 분간할 줄 아는 능력'이다. 데카르트는 인간이 확실한 인식에 도달하지 못하거나 오류에 빠지는 것은 절대적으로 확실한 인식이 존재하지 않거나 그것이 존재하더라도 이를 인식할 수 있는 능력이 인간에게 결여되어 있기 때문이 아니라, 이성을 올바로 사용하지 않았기 때문이라고 생각했다. 데카르트는 인간은 누구나 이성의 사용을 올바로 인도하기만 하면 확실한 진리의 인식에 도달할 수 있다고 보았다(윤선구, 2003: 31).

데카르트는 방법서설을 다음과 같은 구절로 시작한다. "양식은 세상에서 가장 공평하게 분배되어 있는 것이다. 누구나 그것을 충분히 지녔다고 생각하므로, 다른 모든 일에서는 만족할 줄 모르는 사람들도 자기가 가지고 있는 이상으로 양식을 가지고 싶어 하지는 않으니 말이다. 이 점에서 모든 사람이 잘못 생각하고 있다고 볼 수는 없다. 오히려 이것은 잘 판단하고, 참된 것을 거짓된 것으로부터 가려내는 능력, 바로 양식 혹은 이성이라 일컬어지는 것이 모든 사람에게 있어서 나면서부터 평등함을 보여 주는 것이다." 또한 그는 『자연의 빛에 의한 진리 탐구』의 서장에서 "인간 정신의 능력을 넘지 않는 모든 지식은 사실, 아주 놀라운 유대로 얽혀있고, 또 아주 필연적인 논리 전개에 따라 한 가지 지식을 다른 지식으로부터 끌어낼 수 있으므로 가장 단순한 것들에서 시작해 점차 높은 것으로 나아갈 줄을 알기만 하면 재능이 많지 않더라도 그 모든 지식을 얻을 수 있다"라고 말하고 있다. 자연의 빛, 즉 인간 이성의 빛 앞에 드러나지 않는 지식이란 없으며, 평범한 사람들도 인간이 얻을 수 있는 모든 지식을 올바르게 얻을 수 있다.

계몽에 대한 칸트의 생각도 바로 이성에 대한 데카르트의 신뢰와 궤를 같이한다. "계몽이란 우리가 스스로 부과한 미성숙의 상태로부터 벗어나는 것을 말한다. 미성숙 상태의 원인이 이성의 결여가 아니라 다른 사람의 지도 없이 스스로 자신의 이성을 사용하고자 하는 결단과 용기의 결핍에 있다면, 이는 스스로 부과한 미성숙이다. 감히 알려고 하라. 따라서 '너 자신의 이성을 사용할 용기를 가져라!'라는 것이 계몽의 표어다(칸트, 『계몽이란 무엇인가』, 메리 C. 스미스의 영역본을 번역한 것임)." 이성은 어떤 다른 권위나 힘의 강제도 받지 않고 스스로 판단하고 행동하는 자율적인 존재로서의 인간을 규정 짓는다. 인간이라면 누구나 다 이성을 가지고 있고 이를 스스로 사용할 능력이 있다.

프로이트의 무의식에 대한 이론은 이러한 이성적 존재로서의 인간 이해를 위협한다. 데카르트의 코기토적 자아, 즉 생각하는 자아는 확실한 인식으로 인도하는 이성적 사유 능력을 가진 자아이며, 우리는 투명한 의식을 통해 그것의 작용에 대해 반성적으로 접근할 수 있다. 또한 우리는 이성적인 판단 능력을 통해 스스로의 선택을 통제하고 자율적인 의사결정에 따라 행위할 수 있다. 말하자면, 투명한 이성적 자아는 도덕적 책임의 주체인 동시에 내가 하는 모든 행위의 지배자이기도 한 것이다. 그러나 프로이트에 따르면, 우리 행위는 많은 부분 무의식적 본능이나 충동 혹은 억압된 욕망의 산물이며, 나의 의식적 자아는 이것들의 지배를 받는 불합리한 존재다. 우리 의식의 내용은 합리적이고 자유롭기는커녕 우리가 평소에 의식하지 못하는 어떤 원인에 의해 결정된다. 프로이트의 이론은 정신의 영역에까지 결정론적 사고를 확장했으며, 이성에 비해 저급한 것으로 여겨졌던 감정이나 충동, 욕망과 같은 '동물'적 요소가 우리를 지배하는 요소임을 밝혀냈다.

다윈의 이론은 인간이 생물학적인 진화의 산물인 자연적 존재에 불과하다고 주장한다. 그런데 비록 다윈이 우리의 정신적 능력은 두뇌의 분비 과정에 불과하다는 주장을 했다고는 하나, 그 주장을 구체적으로 뒷받침하거나 이해할 수 있는 모형은 아직 등장하지 않았다. 따라서 우리의 정신과 그 지성적 능력은 결코 자연적이고 기계적인 생물학적 과정으로 환원될 수 없는 인간만이 소유하고 있는 초자연적 혹은 초월적인 그 무엇일 가능성은 여전히 남아있었다. 프로이트 이론의 등장에 따라 정신 영역에서도 인간은 이전에 생각했던 것보다 훨씬 더 많은 부분을 다른 동물들과 공유하는 것으로 드러났다. 인간과 동물을 구분 짓는 경계가 더욱더 흐려진 것이다. 그러나 인간의 정신 능력이 그 밖의 다른 존재와 인간을 결정적으로 구분 지어주는 절대 기준이라는 생각에 보다 결정적인 타격을 가한 것은 20세기에 등장한 신경과학 및 인지과학의 발전이었다.

3. 정신에 대한 유물론적 이해

유물론이라 함은 정신의 존재를 부정하거나, 최소한 우리가 정신이라고 부르는 것이 물질적인 것의 작용에 불과하다는 주장이다. 이러한 입장에서는 육체와 독립되어 자족적으로 존재할 수 있는 정신(영혼)의 존재를 부정한다. 마음과 몸의 이원적 구분을 극복하고 단일한 기계론적 틀 내에서 정신의 본성을 이해하기 위해서는, 경험적 자연과학의 발전뿐 아니라 일상 속에서 무의식적으로 작동하고 있는 수많은 종교적·철학적 가정들을 그 근본에서부터 전복시키는 작업이 필요하다. 이를 위해서는 지금 우리가 사용하는 언어표현이나 개념을 재규정할 필요도 있다. 일상적으로 사용하는 여러 표현들의 의미 속에 이미 논란의 여지가 많은 다양한 철학적·형이상학적 가정이 숨어 있기 때문이다. "내 정신의 무게가 얼마인가?"라는 질문이 던져주는 당혹스러움을 생각해보라. 이런 당혹스러움은 어디에서 기인하는 것일까? 정신에 대한 기계론적 이해를 위해서는 비단 과학의 발전뿐 아니라, 그러한 발전의 내용을 적절하게 이해하고 표현할 수 있는 개념적 장치의 발전도 필요해보인다.

정신의 본성을 규정하는 데 데카르트의 주장과 현대의 유물론적 접근 사이에는 존재론적 범주의 적용에서 중대한 차이가 있다. 우리는 데카르트의 주장을 실체이원론으로 규정하고, 실체로서의 정신은 비록 가시적이지는 않더라도 여전히 육체와 독립적으로 존재할 수 있는 모종의 대상으로 간주됨을 지적했다. 정신에 대한 20세기 논의의 가장 큰 특징은 정신을 더 이상 실체적 대상으로 간주하지 않는다는 점이다. 데카르트가 정신을 명사로 지시되는 어떤 것으로 생각했다면, 현대의 철학자들은 정신을 동사나 형용사에 의해 나타낼 수 있는 속성이나 과정의 범주에 속하는 것으로 파악한다. 다시 말해, 현대 철학자들은 정신 혹은 정신적인 것을 어떤 특수한 성질이나 능력, 특징을 가리키는 말로 이해한다. 가령 통증을 느낀다고 하면 전통적인 방식에서는 정신적인 실체가 통증이라는 성질을 가지고(예화하고) 있다는 말로 이해된다. 그러나 현대 철학에서는 통증을 귀속시키기 위해서 어떤 정신적인 실체를 가정할 필요는 없다고 생각한다. 통증은 어떤 상태, 과정, 혹은 사건에 귀속되는 특징이나 성질로 이해된다. 독립적으로 존재할 수 있는 대상은 오직 물리적 대상뿐이다. 물리적 대상은 다양한 성질(속성)을 가질 수 있는데, 여기에는 물리적인 성질뿐 아니라 우리가 흔히 정신적인 것이라 생각하는 성질도 포함된다. 즉 정신은 이제 더 이상 육체로부터 독립적으로 존재할 수 있는 실체적 대상이 아니라, 그 존재를 물질적인 대상에 의존하고 있는 속성이나 능력과 같은 것이다.

신경과학과 인지과학의 발전은 정신을 유물론적이고 기계론적으로 이해하기 위한 구체적인 모형을 제공했다. 오늘날 정신을 이해하기 위한 유물론적 시도의 주류적인 입장을 간략히 살펴보기로 하자. 신경과학의 발달로 우리는 정신적 과정과 두뇌의 작용 사이에 존재하는 밀접한 연관과 그 메커니즘에 대해 많은 것을 알게 되었다. 두뇌의 작용이나 신경계를 통해서 육체의 움직임을 설명하는 신경과학의 방식은 물리학에서 물질적 대상의 작용을 설명하는 방식과 그 근본은 크게 다르지 않다. 그렇다면 두뇌의 작용을 설명하고 이해하는 것이 곧 정신을 기계적으로 이해하는 일이라 말할 수 있지 않을까? 정신과 두뇌를 동일시하고, 그러한 동일성에 입각해서 인간의 모든 측면을 단일한 방식으로 설명할 수 있는 가능성은 없는 것일까?

정신과 물질을 서로 다른 둘이 아니라 동일한 하나로 간주하는 입장을 심신 동일론 혹은 간략하게 동일론이라고 부른다. 얼핏 보면 심신 동일론은 우리가 알고 있는 과학적 사실과 잘 부합하면서도, 정신과 두뇌의 상관관계를 가장 간단하고 쉽게 설명할 수 있는 방식처럼 보인다. 현대 철학에서 동일론은 1950~60년대를 풍미했던 고전적인 입장으로 보다 정확하게 말하면 유형 동일론이라는 입장이다. 유형(type)이라는 말은 개별자 혹은 사례(token)에 대비되는 표현이다. 이 책을 쓰고 있는 필자나 이 책을 읽고 있는 독자 여러분은 모두 인간성이라는 공통 성질을 가졌고 그러므로 인간이라는 동일한 유형에 포함된다. 그럼에도 불구하고 우리들 각각은 서로 다른 개별 인간이다. 즉 우리들 각자는 인간이라는 공통 유형에 속하는 개별 사례들이다.

유형 동일론에 따르면 정신 상태 혹은 정신 사건의 유형은 두뇌의 생리적인 상태 혹은 사건의 유형과 동일하다. 예컨대 내가 통증을 느낀다는 것은 내 두뇌 속의 C-섬유가 발화했다는 말과 같다. 동일론자들이 자신의 입장을 설명하기 위해 비유로 드는 예는 물과 H_2O, 온도와 분자운동에너지 사이의 관계 같은 것들이다. 과학이 발전하기 이전에 우리는 '물성'의 본질이 정확히 무엇인지 모르고 있었다. 과학이 발전함에 따라 우리는 그러한

'물성'의 정체가 H_2O라는 분자구조에 있음을 발견했다. 그러한 발견에 따라 물성이라는 것은 곧 H_2O라는 분자구조를 갖는다는 성질과 동일시된다.

동일론자들은 이와 유사한 방식으로 정신적 속성과 물질적 속성의 관계를 해명할 수 있다고 생각했다. 우리는 내성(introspection)이나 직접적 경험 등으로 알게 되는 다양한 내적 심리 상태나 사건을 '통증'이나 '빨강의 시각 경험'과 같은 정신적 유형으로 분류한다. 이때 우리는 그러한 상태나 사건이 통증이나 빨강의 경험에 해당하는 모종의 정신적 성질을 가지고 있다고 생각한다. 그리고 신경과학이 발전함에 따라, 가령 통증이라는 성질은 특정한 신경섬유의 발화에 정확히 대응한다는 사실을 발견한다. 그 결과 우리는 통증이라는 성질을 C-신경섬유의 발화와 같은 물질적 성질과 동일시할 수 있다는 것이다.

물론 현재의 과학 수준에서 우리가 각각의 정신 상태 유형에 대응하는 두뇌 상태 유형이 무엇인지를 정확히 알고 있는 것은 아니다. 그것을 밝혀내는 일은 신경과학과 같은 자연과학이 앞으로 해결해야 할 과제다. 믿음이나 욕구와 같은 사유 과정의 경우에 그것들에 해당하는 두뇌 상태가 무엇인지를 밝혀내는 것은 감각적 경험의 경우와 비교해 아마도 훨씬 어려운 일일 것이다. 하지만 동일론자들은 감각 경험과 동일한 방식의 설명이 믿음이나 욕구와 같은 사유 과정에 적용되지 못할 하등의 이유가 없다고 생각한다.

유형 동일론의 주장은 치명적인 결함을 가지고 있다. 많은 철학자들은 유형 동일론이 감각 경험이나 사유와 같은 정신 상태의 본성을 전혀 잘못 이해하고 있으며, 일종의 종족 중심주의에 빠져있다고 비판한다. 통증의 본성이 C-섬유의 발화와 동일한 것이라고 가정해보자. 만일 우리가 유형 동일론을 엄격하게 받아들인다면, 역으로 이는 C-섬유를 갖지 않는 존재는 통증을 느낄 수 없다는 말이 된다. 인간의 육체는 주로 탄소를 기반으로 만들어져 있다. 그러나 그것은 원시 지구의 대기 조건이나 지질학적 구성 요소와 같은 우연적인 사실이나 조건에 의존한다. 우리는 지구의 초기 조건뿐 아니라 그 이후 일어난 생물의 발생이나 진화 과정이 지금과는 전혀 다른 방식으로 진행되었을 가능성을 얼마든지 상상해볼 수 있다. 그 경우에 인간의 신체적 구성이나 조건은 지금과 매우 달랐을 수 있다. 인류의 신체가 탄소가 아닌 다른 분자를 기반으로 만들어졌다고 가정해보자. 이때, 단지 C-신경섬유를 갖고 있지 않다는 이유만으로 우리가 통증을 느끼지 않는다고 말할 수 있는가?

철학자들은 외계의 지능적 존재를 상상하는 사유실험을 통해서 이러한 가능성이 함축하는 문제점을 보다 적나라하게 드러내 보인다. 화성에도 어떤 지능적 생명체가 진화했고, 이 화성인들은 그 신체가 탄소가 아닌 실리콘에 기반한다고 가정하자. 즉 이들은 생물학적으로나 화학적으로 인간과는 전혀 다른 방식으로 구성된 존재다. 그들의 두뇌나 신경계는 실리콘으로 만들어져 있다. 그런데 '통증=C-신경섬유의 발화'라는 유형 동일론자들의 주장을 엄격하게 받아들인다면, 우리는 화성인이 통증을 느끼지 않는 것이 아니라 통증을 느낄 수조차 없다고 말해야 한다. '통증을 느낀다'는 것 자체가 'C-신경섬유가 발화한다'는 사실과 동일한 것인데, 화성인은 애당초 C-신경섬유를 가지고 있지 않기 때문이다. 단지 C-신경섬유를 가지고 있지 않다는 이유만으로 통증을 느낄 수 없다고 말하는 것은 어딘지 모르게 잘못된 주장이다. 비록 인간과 다른 생리적 구성을 가진다 하더라도 이들 화성인이 인간과 비슷한 방식으로 생각하고 행동하는 존재라면 그들도 통증을 느낀다고 생각하는 것이 훨씬 자연스러운 결론이 아닐까?

이러한 고려는 유형 동일론의 주장이 처음 생각했던 것만큼 그렇게 쉽게 승인될 수 있는 입장이 아님을 보여준다. 비판자들이 생각할 때, 유형 동일론자의 주장은 결국 인간을 중심으로 정신을 해명하려고 한 일종의 종족 중심주의적 발상에 지나지 않는다. 그런데 유형 동일론의 주장을 비판한다고 해서 동일론이 함축하는 유물론적 직관까지 거부할 필요는 없다. 유형 동일론이 유물론으로 간주될 수 있는 유일한 입장은 아니기 때문이다.

우리는 여전히 통증과 같은 정신 상태가 두뇌의 어떤 과정이나 상태와 동일하다는 주장을 받아들일 수 있다. 다만, 어떤 상태가 통증이기 위해서 혹은 통증이라는 유형적 성질을 갖기 위해서, 반드시 유형으로서의 C-신경섬유의 발화와 동일해야 한다고 생각할 필요만 없을 뿐이다. 우리는 경우에 따라서 각각의 통증 상태를 각기 서로 다른 물질적 상태와 동일시할 수 있다. 그리고 그 물질적 상태는 두뇌의 신경 생리적 상태가 아닐 수도 있다. 인간의 경우 통증 상태는 C-신경섬유의 발화와 일치하지만, 화성인의 경우라면 실리콘 B-섬유의 발화와 일치한다는 식으로 말이다. 많은 철학자들은 각각의 정신 상태 유형이 특정의 신경 유형에 대응하는 것은 아니지만, 그 개별적 사례들은 여전히 모종의 물리적 상태의 사례와 동일하다는 주장을 펼친다. 이른바 개별자 동일론(token identity theory)으로 불리는 입장이다.

이들에 따르면 세계 속에 존재하는 실체적 대상들은 모두 물리적 대상이다. 하지만 이들 물리적 대상은 다양한 속성을 지닐 수 있다. 여기에는 전통적 물리과학에서 다루는 물리적 속성들뿐 아니라, 우리가 정신적인 것으로 간주하는 속성들도 포함된다. 뿐만 아니라, 정신적 속성의 사례인 각각의 정신적 사건들은 사실상 어떤 특정한 물리적 속성의 예화 혹은 그 실현인 물리적 사건들과 동일시된다. 다만 특정 유형의 정신적 속성에 대해 어떤 단일한 물리적 유형이 대응해야 하는 것은 아니며, 동일한 정신적 속성을 지닌 개별 사례라 할지라도 서로 다른 물리적 유형에 속하는 개별 사례들에 대응할 수 있다. 가령 A라는 정신 속성의 사례인 정신적 사건 A1과 A2는 각기 B와 C라는 서로 구분되는 물리적 속성의 사례인 개별 물리적 사건들과 동일시될 수 있다.

　　이런 개별자 동일론의 입장에 대해서 우리는 자연스럽게 다음과 같이 질문할 수 있다. 만약 동일한 유형의 정신적 사건 A1과 A2가 서로 다른 물리적 혹은 생리적 유형의 사건에 각기 대응하는 것이라면, 이들을 동일한 정신적 유형 A에 속하는 것으로 봐야 하는 근거는 무엇인가? 이러한 질문은 유형 동일론의 경우에는 발생하지 않는다. 유형 동일론에 따르면 정신적 사건 A1과 A2는 생리적 유형으로 분류되는 모종의 물리적 성질 B의 사례들과 일치한다. 이 경우 A1과 A2를 동일한 본성을 갖는 것으로 만들어주는 것은 이들이 공유하고 있는 물질적 기초인 B다. 하지만 개별자 동일론의 경우에 A1과 A2는 그러한 공통의 물질적 기초를 갖고 있지 않다. 이들 각각이 어떤 물질적 상태에 대응함에도 불구하고 그 물질적 상태의 본성은 서로 다를 수 있다는 것이 바로 개별자 동일론의 주장이기 때문이다. 이 경우에 A1과 A2를 동일한 종류의 정신적 사건으로 보아야 하는 이유는 무엇인가?

　　이러한 질문에 답하고자 하는 것이 바로 기능주의라는 입장이다. 기능주의에 따르면 유형 동일론의 문제는 정신의 상태가 신경생리학적 상태와 곧장 일치한다고 보는 데에 있다. 동일론자는 정신 상태를 구성하는 물리적 상태의 생리적 본성이 곧 정신적 상태의 본성과 동일하다고 간주한다. 예컨대 통증이라는 것을 C-섬유의 발화와 동일시하는 것은 통증에 대응하는 두뇌 상태의 본질이 곧 통증이라는 정신 상태의 본질에 해당한다고 보는 것이다. 기능주의자에 따르면 이는 감각경험이나 사유와 같은 정신적 상태나 사건의 본성이 무엇인지를 전혀 잘못 이해한 주장이다. 이들에 따르면, 두뇌의 어떤 상태를 특정 종류의 정신 상태로 만들어주는 것은 그 상태가 특정한 종류의 신경생리학적 상태여서가 아니라 그것이 수행하고 있는 모종의 인과적 혹은 기능적인 역할 때문이다. 말하자면 정신적인 것의 본성은 그것이 무엇으로 이루어졌느냐 혹은 만들어졌느냐가 아니라, 그것이 어떤 일이나 역할을 수행하고 있는가에 따라 결정된다.

　　인과적 혹은 기능적 역할에 의해 그 본성이 규정되는 것의 예로 시계를 들 수 있다. 모든 시계에 공통점이 무엇인지를 생각해보자. 시계에는 해시계, 모래시계, 탁상시계, 손목시계, 전자시계 등 다양한 종류가 있다. 그런데 이 모든 시계가 공통적으로 가지고 있는 어떤 물리적 재료나 구성적 특징이 있는가? 시계가 무엇인지를 설명하기 위해서 그것들이 공통으로 가지고 있는 물질적 재료나 구성을 찾으려 한다면, 이는 시계가 무엇인지에 대해 심각하게 오해하고 있는 것이다. 모래시계와 손목시계 그리고 스마트폰 시계의 물질적 재료나 구성에서 도대체 어떤 공통점을 찾을 수 있겠는가? 모든 종류의 시계를 시계라는 하나의 종류로 묶어주는 것은 그것들이 갖는 어떤 공통의 물질적 특징이 아니다. 시계를 시계로 만들어 주는 것은 시간을 알려주는 목적, 기능, 용도다. 그런 의미에서 시계의 본질은 그것이 수행하는 인과적 기능이나 역할을 통해서 규정될 수 있다.

　　정신 상태를 두뇌 상태와 직접적으로 동일시하는 동일론 주장은 마치 모든 시계에 어떤 공통의 물질적인 재료나 구성 원리가 있다고 주장하는 것과 같다. 그러나 이 주장은 정신적 성질의 본성에 대한 오해 때문에 생긴다. 기능주의자들은 정신적 상태나 사건의 본성 또한 시계와 마찬가지로 그것이 수행하는 인과적·기능적 역할을 통해 규정되어야 한다고 주장한다. 정신적 상태는 특정의 인과적 입력에 반응해 특정의 (행동적) 출력을 산출하는 인과적 중개자다. 그런 의미에서 정신적 상태의 본성을 규정하는 인과 기능이나 역할은 그러한 상태를 불러일으키는 전형적인 원인들과 그 상태가 야기하는 행동적인 결과들, 그리고 그러한 인과적 매개를 수행하는 과정에서 다른 심리 상태들과 주고받는 상호작용 등의 총합이 된다. 어떤 정신적 상태의 본성은 지각적인 자극으로부터 시작해 다른 심리 상태와의 상호작용을 거쳐서 외적인 행동으로 이어지는 인과적인 관계망 속에서 그 정신 상태가 차지하고 있는 역할이다.

통증을 예로 들어보자. 통증은 주로 신체적인 손상과 같은 것을 통해 야기되며, 그러한 손상을 회피하려는 욕구 등을 불러일으키는 상태이고, 다양한 욕구 및 다른 믿음 상태들과의 상호작용을 거쳐서 진통제를 찾는 행위 등을 불러일으키는 상태로 정의될 수 있다. 기능주의자에 따르면 어떤 상태가 내가 '통증'이라고 부르는 것과 동일한 인과적·기능적 역할을 수행하고 있다면, 그것의 신경생리학적 본성이 무엇이든 간에 그 상태는 통증으로 분류되어야 한다. 정신적 속성의 성격을 이렇게 이해할 경우에 우리는 인간의 통증뿐 아니라 화성인의 통증이나 문어의 통증에 대해서도 자연스럽게 말할 수 있다. 이들이 갖는 다양한 통증들을 하나의 동일한 '통증'이란 정신적 상태로 묶어주는 것은 외부 자극의 수용 및 그에 대한 반응으로서의 행동을 산출함에 있어서 이들 상태들이 갖는 공통의 인과적 역할이다.

사랑의 감정도 마찬가지로 생각할 수 있다. 일반적으로 우리는 사랑이란 감정 상태의 본질적인 측면은 내가 주관적으로 경험하는 모종의 의식적 느낌이라고 생각한다. 그런데 사랑을 기능적으로 정의할 경우, 주관적으로 경험하는 이러한 느낌은 부차적인 것이며, 어떤 상태가 수행하는 인과적 역할이 그것을 사랑이란 감정 상태로 만드는 것이 된다. 내가 어떤 여인을 보고 사랑이라는 감정 상태에 빠졌다고 해보자. 이 상태는 특정 여인에 대한 시각이나 청각적 경험에 의해서 촉발되며, 그 여인과 함께 시간을 보내고 싶다는 욕구를 유발시킨다. 이러한 욕구는 그 여인에게 다가가서 데이트를 청하는 행동을 유발하며, 그 요청이 거절될 경우에 비탄이라는 새로운 감정 상태를 유발한다. 어떤 외계인이나 로봇이 있다고 하고, 우리는 그것이 내적으로 경험하는 느낌이 어떤 것인지를 전혀 알지 못한다고 가정하자. 그런데 그 존재가 처한 어떤 상태가 그것의 심리적 상태, 행동, 지각 등으로 이루어진 인과적 망 속에서 우리가 사랑이라고 부르는 상태와 동일한 인과적 역할을 수행하고 있다면, 우리는 그 존재가 사랑이라는 감정 상태에 있다고 말할 수 있다.

물론 우리는 여전히 개별적인 정신 상태의 물질적 구성이나 생리적 본성이 무엇인지에 대해 질문을 던질 수 있다. 그러나 물질적 혹은 생리적 본성을 규정하는 것과 그것이 수행하는 인과 기능적 역할이 무엇인지를 묻는 것은 상대적으로 서로 다른 논의의 차원에 속하는 문제들이다. 두뇌를 연구하는 경우에 우리는 뉴런이나 두뇌 피질 등이 어떤 물질적 구성을 띠고 있는지 그리고 인과적 영향을 주고받기 위해서 그것들이 어떤 전기적·화학적 메커니즘을 활용하고 있는지를 연구한다. 그러나 이와 별도로 우리는 이것들이 어떤 일을 수행하고 있으며 그러한 일의 진행 방식이나 구조가 무엇인지를 연구할 수 있다. 전자가 주로 신경생리학의 과제라면 후자는 심리학이나 정신과학의 과제다. 전자가 특정의 정신 상태를 구성하는 물질적 기반을 연구한다면, 후자는 물질적 본성에서 추상화되어 상위 차원에서 드러나는 고차적 특성을 연구한다. 기능주의자들이 말하는 인과적 기능이나 역할은 바로 이 차원에 속하는 특성들이다.

4. 인공지능과 컴퓨터

오늘날 기계적 세계관에 입각해 정신을 유물론적으로 이해하려는 입장 중에서 가장 표준적인 위치를 차지하고 있는 것이 기능주의의 입장이다. 기능주의의 등장은 1950~1960년대에 일어난 디지털 컴퓨터 및 계산 개념에 대한 관심의 고조와 시기적으로 일치한다. 많은 철학자와 과학자들은 디지털 컴퓨터의 출현에서 정신의 심리적 현상과 기계적 세계관의 조화를 이룰 수 있는 유망한 방도를 발견했다. 바로 우리의 정신 작용 자체가 일종의 계산적 과정이며 그런 의미에서 우리의 정신이 일종의 컴퓨터에 해당한다는 생각이다. 물론 라이프니츠나 홉스와 같이 정신의 작용을 계산 개념을 통해 이해하고자 하는 시도는 근대에도 있었다. 하지만 20세기에 실제로 작동하는 물리적 컴퓨터가 등장함에 따라서 정신의 본성이 계산적 기능이라는 주장을 뒷받침할 수 있는 강력한 모델이 등장한 셈이다.

정신이나 정신의 작용을 당시에 존재하는 첨단 장치에 비유함으로써 이해하고자 하는 시도는 비단 20세기에 국한된 일은 아니다. 근대 초기에도 정신의 작용을 시계에 비유하거나 도시 내부에 복잡하게 뻗어 있는 수로체계에 비유하려는 시도가 있었다. 말하자면 당시에 생각할 수 있는 가장 복잡한 형태의 기계적 시스템에 비유해 정신을 이해하고자 했던 것이다. 그런 점에서 정신을 현대 과학의 총아인 컴퓨터에 비유한 것은 결코 놀라운 일이 아니다. 그런데 결정적인 한 가지 측면에서 정신을 컴퓨터에 비유하는 것은 이전의 시도들과 근본적으로 구분될 수 있다. 컴퓨터와 정신의 관계가 단순한 비유에 그치는 것이 아니라, 정신을 문자 그대로 정보처리 장치로서의 컴퓨터로 본다는 점 때문이다.

계산 기능주의자들은 정신 작용을 두뇌에 구현된 형식적 계산체계의 작동으로 이해하며 우리의 사유나 인지는 두뇌라는 하드웨어를 구동시키는 소프트웨어로 간주한다. 하드웨어와 소프트웨어의 구분은 정신의 본성에 대한 기능주의의 주장을 보다 직관적으로 쉽게 이해할 수 있는 길을 열어준다. 정신의 본성을 규정하는 인과적 기능을 계산적 의미의 인과적 기능으로 이해하는 것이다. 마빈 민스키(Marvin Minsky)는 인간의 두뇌를 고기 기계(meat machine)라고 부르면서, 공학적 관점에서 접근할 경우에 정신의 본성을 가장 잘 연구하고 이해할 수 있다고 주장한다. 민스키의 이런 주장에는 우리의 두뇌를 말 그대로 자연이 만들어놓은 생물학적인 컴퓨터로 이해하고자 하는 생각이 깔려 있다. 정신을 이해함에 있어서 중요한 것은 정신이 만들어지는 물질(재료)보다는, 그 재료들이 조직화되는 방식 그리고 그것이 지원하는 작동(operation)의 종류에 초점을 맞추는 것이다.

컴퓨터의 소프트웨어 혹은 프로그램은 어떤 특정의 일을 수행하기 위한 일련의 절차적 규정으로 이해될 수 있다. 이는 어떤 주어진 입력 값에 일련의 조작을 가한 후에 특정한 출력 값을 산출하게 하는 규칙들의 집합이다. 프로그램의 규칙 짜기는 하드웨어의 작동과는 일정 정도 독립된 추상적인 수준에서 이루어진다. 예를 들어 우리가 '20+35'의 덧셈을 실행하는 프로그램을 컴퓨터에서 실행시킨다고 하자. 컴퓨터가 실제로 그 계산을 수행하는 하드웨어적인 과정은 반도체의 전기적 성질을 이용한 물질적 작용이다. 그러나 그렇다고 해서 프로그램을 작성하는 프로그래머나 그 프로그램을 실행시키는 우리들이 반도체의 작동과 관련한 물질적 과정을 이해하고 있어야 하는 것은 아니다. 우리는 '20+35'라는 수학적 계산 과정의 구조가 보다 쉽게 드러나는 인터페이스를 통해 그러한 작업을 수행한다.

하드웨어와 소프트웨어의 이러한 구분은 인간의 행위를 설명하는 두 가지 방식의 구분으로 이어진다. 누군가가 사랑에 빠졌다고 하자. 우리는 그 행동을 설명함에 있어서 원리적으로는 두뇌와 신경계에서 일어난 전기화학적인 작용을 통해 철저히 물질적인 차원의 설명을 제공할 수 있다. 가령 망막에 특정한 시각적 패턴이 자극으로 주어지고 동시에 페로몬과 같은 화학적 물질이 후각을 자극하면, 그의 두뇌 각 부위에는 다양한 패턴의 전기적 발화와 함께 가령 옥시토신 분비와 같은 호르몬 작용이 일어난다. 그 결과 두뇌의 특정 부위에는 뉴런 간의 새로운 연결패턴이 형성되고, 이는 신체 각 기관의 작용에도 일정한 영향을 끼칠 뿐 아니라 운동중추를 거쳐서 손과 발, 그리고 입술 등이 특정의 방식으로 움직이도록 만든다.

다른 한편으로 우리는 똑같은 내용을 전혀 다른 방식으로 설명할 수도 있다. 그 사람은 어떤 여인을 보자마자 너무나 아름답다고 생각하며 뜨

거운 사랑의 감정을 느끼기 시작한다. 그의 마음속에는 그녀가 나를 좋아해주면 얼마나 좋을까 하는 강렬한 욕구가 자리 잡고, 혹시라도 내 마음을 전하면 그녀가 기꺼이 받아줄 것 같은 믿음이 슬그머니 고개를 든다. 마침내 그는 그녀에게 다가가서 "당신을 사랑합니다"라고 고백한다. 두 번째 설명은 일상적으로 우리에게 너무 친숙한 일상적인 심리학적 차원의 기술이다.

신경생리학적 차원에서 이루어지는 물리적 설명과 믿음이나 욕구와 같은 정신적 상태를 동원하는 심리학적 차원의 설명은 동일한 현상을 전혀 다른 관점에서 바라보고 이해한다. 이는 컴퓨터 엔지니어와 프로그래머가 서로 다른 차원에서 컴퓨터에 접근하는 것과 같다. 프로그래머의 관점에서 우리는 물질적인 본성에서 추상화된 상위적인 차원의 계산 과정에 초점을 맞춘다. 하지만 엔지니어는 기계적인 작동의 차원, 즉 컴퓨터의 계산 과정이 어떤 물리적 과정을 통해 달성되는가라는 차원에서 접근한다.

이 두 차원이 상대적인 의미에서 상호 독립적이라는 사실은 동일한 프로그램이 서로 상이한 하드웨어를 통해서 구동되는 다음과 같은 예를 통해 설명될 수 있다. 우리는 문서를 작성하기 위해 워드프로세서라는 프로그램을 사용한다. 워드프로세서에는 아래한글이나 MS워드와 같이 여러 종류가 있다. 또한 이 프로그램들은 서로 다른 물리적 구조를 가진 서로 다른 하드웨어에서 사용될 수 있다. 지금은 상당히 유사해졌지만, 몇 년 전까지만 하더라도 IBM 호환 PC와 애플의 맥킨토시 컴퓨터는 CPU에서 주변기기에 이르기까지 하드웨어 구성이 상당히 달라 프로그램이나 데이터의 호환이 되지 않는 경우가 많았다. 하지만 하드웨어는 달라도 우리는 이것들 모두에서 동일한 워드프로세서 프로그램을 사용해 문서를 작성할 수 있다. 조금 더 범위를 넓혀서, 지금과 같이 반도체 칩을 사용하는 컴퓨터가 아니라 미래에 등장할지 모르는 양자컴퓨터를 생각해보자. 이것은 하드웨어 구조가 지금의 컴퓨터와는 매우 다를 것이다. 그럼에도 우리는 어떤 의미에서 동일한 워드 프로그램이라고 부를 수 있는 것을 그것에서 구동시키게 될 것이다. 이는 프로그램의 작성이나 사용이 하드웨어와는 독립적임을 말한다.

계산 기능주의자들은 정신을 어떤 특정한 종류의 작업을 수행하는 추상적인 장치로 간주한다. 기능주의적 입장에 따르면, 정신의 본성을 이해하기 위해 우리가 본질적으로 알아야 할 내용은 물질적 차원에서 이루어지는 두뇌의 작용이나 과정이 아니다. 정신은 그러한 두뇌에서 작동하는 일종의 소프트웨어다. 그런 의미에서 정신적 과정도 계산적 과정과 마찬가지로 다양한 종류의 물질적 작용을 통해 이루어질 수 있다. 다양한 물질적 장치들이 시계의 역할을 수행할 수 있는 것처럼, 특정 정신 상태의 기능을 수행하는 생리적 혹은 물질적 상태도 매우 다양할 수 있다. 인간의 경우에 통증의 상태는 C-섬유의 발화라는 신경적 상태가 담당하고 있지만, 화성인과 같은 경우라면 전혀 다른 물질적 상태가 그러한 역할을 수행할 것이다. 통증을 느끼는 과정도 반드시 C-섬유의 발화와 같은 특정의 물리적 방식으로 일어날 필요는 없다.

어떤 계산 기능적 속성이 특정의 물리적 상태를 통해 구현 혹은 체화(embodiment)되는 것을 계산 기능적 상태가 그 물리적 상태에 의해 실현(realization)되었다고 표현한다. 계산 기능적인 어떤 성질이나 상태는 다양한 물질적 성질이나 상태를 통해 실현될 수 있다. 달리 말해서, 계산 기능적 속성은 복수적으로 실현 가능하다. 우리의 정신적 속성도 계산 기능적 속성의 하나인 한에 있어서 서로 다른 유형의 물질적 상태에 의해 복수적으로 실현 가능하다.

원론적으로 말하면, 정신 속성이 계산 기능적 속성이라는 주장 자체는 어떠한 것들이 그 속성을 실현하는 기초 속성이 될 수 있는지에 대해서 침묵한다. 계산 기능적 속성을 실현할 수 있는 기반에는 그 어떠한 제한도 없다. 원리상 기능주의는 이원론과도 양립 가능한 주장이다. 만일 비물질적인 실체가 존재한다면 계산 기능적 성질은 비물질적 실체를 통해서도 실현될 수 있다. 가령, 천사는 그 자체로 비물질적인 존재다. 천사가 실제로 존재하고 이들도 인간과 같이 희로애락의 감정을 느끼고 합리적으로 사유한다면, 이 경우가 바로 계산 기능적 속성으로서의 정신적 성질이 비물질적 실체를 통해 실현된 경우가 될 것이다.

그러나 현대의 기능주의자들은 비물질적 실체의 존재를 결코 인정하지 않으며, 정신 속성이 비물질적 대상에 의해 실현될 수 있을 것이라고도 생각하지 않는다. 이들이 생각할 때, 현대 자연과학의 성과를 진지하게 받아들이는 한 전통적인 의미의 영혼을 가정하는 이원론은 더 이상 선택 가능한 옵션이 아니다. 기능주의나 계산주의의 입장은 현대 과학의 여러 성과와 일관된 방식으로 정신을 이해하고자 노력의 과정에서 나온 결과물이다. 그런 점에서 대부분의 기능주의자들은 자신들을 유물론자로 규정한다. 여기서 기능주의의 입장은 앞서 언급했던 개별자 동일론과 자연스럽게 결합한다. 정신은 우리의 두뇌가 가지고 있는 기능적 혹은 계산적 성질이나 특징으로서, 물리적 상태나 체계 위에 구현되고 실현되는 일종의 2차적 성질로 간주된다. 또한 복수의 실현 가능성을 고려한다면, 동일한 정신적 상태는 서로 다른 물리적 유형을 통해 예화될 수 있다.

인공지능은 문자 그대로 인간이 인위적으로 만들어낸 기계적인 지능을 의미한다. '인공지능'이란 표현이 특정 학문이나 연구 분야를 가리키는 말로서 공식적으로 등장한 것은 1956년 여름에 열린 다트머스 회의에서였다. 당시 다트머스대학교의 수학과 조교수였던 존 매카시(John MaCarthy)는 기계의 지능에 관심을 가진 일군의 학자들을 초대해 '인공지능에 관한 다트머스 여름 연구 프로젝트'라는 이름의 학술모임을 개최했다. 그러나 회의 자체는 그다지 성공적이지 않았다고 전해진다. 이유는 회의에 참석한 사람들 대부분이 모두 뛰어날 뿐 아니라 개성이 강한 사람들이었으며, 그 결과 조

　　　　　　　　　　　　　　　1장 - 인간은 어떤 존재인가

화보다는 모두가 자신의 이야기만 늘어놓으면서 모임의 스타가 되고자 했기 때문이다. 하지만 이 회의는 당시 흩어져서 독립적으로 연구를 수행하던 연구자들을 공통의 관심사 아래에 하나로 묶어주었고 이후 여러 대학교에 인공지능 연구실이 만들어지는 계기가 되었다. 그 대표적인 것이 1950년대 말 매카시와 민스키가 MIT에 설립한 인공지능 연구실이다.

기능주의는 컴퓨터를 통해 인공지능을 만들고자 했던 많은 사람들에게 여러 경험과학의 요구와 일치하는 방식으로 정신을 이해할 수 있는 존재론적 관점의 지평을 열어 주었다. 기능주의의 일차적인 매력은 정신을 영혼과 같은 신비한 어떤 대상으로 은폐시키지 않고, 과학적으로 접근하고 연구할 수 있는 물리적(기계적) 세계의 공적인 구성원으로 만들어준다는 점이다. 동시에 이는 정신을 단순히 그 물질적인 구성과 직접적으로 동일시하지 않으면서 물질들이 조직화되어 작동하는 방식의 차원에 위치시킴으로써, 정신적인 것의 특수성을 유지할 수 있는 방안을 제공했다.

기능주의나 계산주의가 올바른 이론이라면, 정신의 본성이나 기능은 넓은 의미의 물리학적 법칙을 통해 모두 해명될 수 있다. 우리는 컴퓨터의 소프트웨어가 비록 그 실현 기반인 하드웨어와 구분된다고는 하나, 그 작용이나 구조를 이해하기 위해서 물리학을 뛰어넘는 새로운 법칙이나 새로운 범주의 존재자가 도입되어야 한다고 생각하지는 않는다. 만약 인간의 정신적 본성을 컴퓨터의 소프트웨어와 유사한 층위에 속하는 것으로 생각한다면, 우리는 물리적 체계로서의 두뇌가 작동하는 소프트웨어적 구조나 원리가 무엇인지를 탐구함으로써 인간 정신의 비밀을 밝혀낼 수 있을 것이다. 그리고 인간 정신을 모방해 인공지능을 만들고 또한 인공지능을 기계적인 몸과 결합시킬 때 지능형 로봇도 만들 수 있게 될 것이다.

기능주의나 계산주의의 주장이 아무런 논란의 여지없이 경험적 사실에 관한 진리로 인정되는 것은 아니다. 이들 입장에 대해서는 이미 다양한 문제점들이 제기되었고 그에 대한 철학적·과학적 논란은 여전히 진행 중이다. 계산적 기능을 이해하는 실질적인 모형의 측면에서도, 고전적 계산주의로부터 시작해 연결주의를 거쳐 최근에는 확장된 마음 혹은 체화된 인지의 가설에 이르기까지 다양한 제안들이 제시되었다. 어쩌면 인간의 정신적 능력에 버금가는 실제의 인공지능이 현실로 등장하기 전까지, 기능적 계산주의는 인간의 정신적 본성에 대한 경험적 연구 프로젝트의 가설이라는 지위에 머무를 수밖에 없을 것이다. 하지만 아직까지 그 주장을 근본적으로 의심할 만한 어떤 중요한 발견이나 이론도 나오지 않았다. 방향성만 놓고 본다면 정신에 대한 계산 기능주의적 이해가 올바른 것으로 확정될 가능성이 매우 높다고 생각된다.

5.   네 번째 불연속: 인간과 기계의 경계 해체

인간의 정신에 대한 이러한 기계적 이해의 가능성은 인간이란 존재의 이해에 대해 어떤 함축을 가지고 있는가? 만약 인간의 지능에 버금가는 지능형 로봇이 실제로 등장한다면, 이는 인간 정신의 탈신비화라는 측면에서 17~18세기 이후 근대 과학이 품었던 기계적 세계관이라는 오랜 기획이 실질적으로 완결됨을 뜻한다. 그리고 그것은 프로이트가 말하는 인간 지위의 격하와 관련된 세 가지 사건을 잇는 네 번째 사건으로 간주될 수 있다. 이는 어쩌면 인간의 본성이나 지위에 대해 다윈의 진화론이 그랬던 것보다도 훨씬 더 근본적이고 포괄적인 형태의 전복을 요구한다.

이 점에 착안해 브루스 매즐리시(Bruce Mazlish)는 네 번째 불연속의 해체에 대해서 말하고 있다(매즐리시, 2001). 인간이 세계의 다른 존재들에 비해 특권적 지위를 가지고 있다는 생각의 배후에는 인간과 다른 존재들 사이에 모종의 근본적인 불연속이 존재한다는 가정이 자리 잡고 있다. 그런데 근대

과학의 발전에 따라 자연은 연속적인 성격을 띠고 있으며 인간도 자연세계의 일원이므로 그러한 연속성의 관점에서 이해될 수밖에 없음이 점차 분명해졌다. 코페르니쿠스나 다윈, 프로이트의 기여는 인간과 다른 존재들을 차별하는 여러 범주적 구분들의 타당성에 의문을 제기하고 그것들을 해체한 것이다. 코페르니쿠스가 천체와 지상의 불연속성을 제거하면서 물리 현상이 연속적이고 일원적이며 보편적인 법칙의 지배를 따른다는 것을 보여주었고, 다윈이 인간과 동물 사이의 불연속적 구분을 해체했다면, 프로이트는 "유기체적 법칙의 연속을 입증해서 [……] 원시적이고 유아적인 본성이 문명화되고 진화된 성품과 연속적이고, 병든 정신이 건강한 정신과 연속적임을 입증했다"(매즐리시, 2001: 14).

그럼에도 불구하고 인간의 정신은 여전히 인간의 우월한 지위를 정초해주는 불연속적 기준으로 작동할 가능성은 남아 있었다. 그런데 계산 기능주의의 주장이나 인공지능의 등장은 인간의 정신도 동일한 물리적 법칙의 연속선상에서 기계적으로 이해될 수 있음을 보여준다. 이는 한편으로 인간 지위의 우월성을 다시 한 번 격하하는 것인 동시에, 다른 한편으로는 인간과 기계 혹은 인간과 기술 사이에 존재하는 근본적인 불연속성을 부정하는 것이다. 말하자면 인간과 그것의 피조물인 기계 사이에도 단절된 경계가 없으며, 인간 정신을 설명하는 동일한 원리나 개념을 이용해 생각하는 기계도 설명할 수 있다는 것이다.

나의 첫 번째 논제는, 우리가 인간-기계 불연속을 깨는 문턱에 와 있음을 보이는 것이다. 이 논제는 두 부분으로 구성된다. 한편으로는, 인간의 진화가 도구—현대의 기계는 도구가 극단적으로 발달한 형태일 뿐이다—의 사용 및 발전과 뗄 수 없는 관계임을 깨달을 수 있기 때문에 이 불연속을 끝내려 한다. 이제 우리는 더 이상 인간을 기계와 분리해서 생각할 수 없다. 또 한편으로는, 인간과 기계를 같은 과학 원리로 설명할 수 있으며, 물질이 진화해 …… 지구 속에서 복잡한 형태의 유기적인 생물이 되고, 이제 생각하는 기계의 구조를 이룬다는 것을 우리는 깨닫게 되었기 때문에, 이 불연속은 메워지고 있다.

물론 인간과 기계가 아무 차이도 없다는 주장은, 인간이 다른 동물과 똑같다고 우기는 것과 마찬가지로 어리석은 일이다. 차이는 말할 것도 없이 정도의 문제다. 여기서 주장하는 것은, 우리의 자존심에 금이 가지는 하지만, 이제는 더 이상 인간과 기계가 완전히 다르다는 생각을 유지하기 어렵다는 점이다(매즐리시, 2001: 17~18).

많은 공상과학 영화는 인간이 기계에 비해 특권적인 위치에 있음을 가정하고, 로봇과 같은 인공적인 기계를 우리의 편의에 따라 마음대로 부릴 수 있는 존재로 묘사한다. 그런데 만약 인공지능에 대한 시도가 성공하고 정신의 본성에 대한 계산 기능주의자의 주장이 옳다면, 전기적 두뇌를 가진 인공지능적 존재도 인간과 동일한 정신적 능력을 가진다고 말해야 할 것이다. 정신은 물질적인 어떤 구조가 수행하는 기능이며, 그 물질이 뉴런과 같은 생물학적 세포로만 이루어져 있어야 할 이유는 없기 때문이다. 정신에 대한 계산주의나 기능주의의 주장이 틀리지 않는다면, 정신적 성격으로 인간 본성을 규정하는 것은 결코 인간에게만 해당하는 배타적 규정일 수 없다.

인간의 역사에는 인종이나 성별, 계급에 따라 부당한 차별이 공공연히 이루어졌던 부끄러운 기록이 남아 있다. 그런데 차별적 태도를 가졌던 사람들이 특별히 부도덕한 것은 아니었다. 대부분의 사람들은 악하기보다 단순히 자신들이 살던 시대적 한계 속에 갇혀 있었던 사람들일 뿐이다. 차별을 정당화하는 과거의 규범적·실천적 관행은 많은 부분 당시의 사람들이 가지고 있었던 인간과 관련된 다양한 범주적 차이에 대한 인식에 의존하고

1장 - 인간은 어떤 존재인가

있다. 또한 이러한 차별의 이면에는 언제나 그러한 차별을 정당화하고자 하는 엉터리 과학이 있기 마련이며, 그러한 범주적 차이들이 도덕적 규범성을 획득하면서 나타나는 것이 바로 인종주의(racism)나 성차별주의(sexism)와 같은 부끄러운 역사다.

이러한 차별의 극복에는 도덕의 보편적 원리로서 동등성 혹은 평등의 원리가 작동하고 있다. 동등성의 원리는 도덕적 차별을 정당화하기 위해서는 그에 상응하는 정당한 차이가 있어야 함을 요구한다. 만약에 도덕과 유관한 어떤 정당한 차이가 존재하지 않는다면, 모든 존재는 도덕적으로 동등한 대우를 받을 권리가 있다. 과학의 발전은 과거에 이루어졌던 여러 범주적 구분의 허구성을 폭로하고 설령 어떤 차이가 존재한다 하더라도 그것이 도덕적 차별을 정당화시켜주는 차이는 아님을 입증하는 데 일정 부분 공헌했다고 말할 수 있다. 현재 인간의 존엄성에 대한 태도를 포함해 우리가 받아들이고 있는 도덕적·실천적 관행의 많은 부분은 인간에 대한 자기 이해 및 그것의 범주적 구분에 의존하고 있다. 우리는 반성적 자기의식을 통한 자율적인 행위능력을 갖춘 존재는 오직 인간뿐이라는 배타적인 방식으로 스스로를 이해한다. 그러나 인간과 기계 사이의 네 번째 불연속이 해체된다면, 그러한 배타성이 도전받을 것이며 동등성 원리의 확장된 적용은 불가피할 것이다.

인공적으로 만들어지는 로봇들이 의식이나 감각성(sentience), 감정, 혹은 합리적 사유 능력 같은 도덕적 지위와 연관된 성질들을 동등하게 갖춘 존재라면, 우리는 그것들에 대해서 그에 준하는 도덕적 권리를 인정하고 정당한 도덕적 배려를 해야 하지 않을까? 만일 로봇들도 고통을 느끼거나 그에 준하는 감정적 상태를 경험할 수 있고, 인간과 유사한 지성적 사유 능력을 갖고 있으며, 더 나아가 자신의 삶을 계획하고 욕망하며, 타자에 대해 사랑이나 미움 같은 감정을 느끼고 반응하는 존재들이라면, 그것들의 도덕적 지위나 권리를 부정할 이유는 없어 보인다. 인공적으로 만들어진 존재라는 사실이 그것들이 자신의 삶에 대해서 갖는 열망 혹은 그들이 느끼는 좌절과 고통을 인간의 열망이나 좌절, 고통보다 덜 중요하게 만드는 것은 아니기 때문이다. 그것들이 갖는 정신적 능력의 원천이 인간과 같은 생물학적 두뇌가 아니며, 그것들은 유기체가 아니므로 그러한 권리를 가질 수 없다고 말하는 것은 인간 종족 중심주의의 은밀한 발현이다.

인간과 기계 사이에 존재하는 불연속의 해체는 인공지능의 출현뿐 아니라, 인간 자신의 사이보그화라는 자기 변형 문제와도 관련 있다. 사이보그란 사이버네틱(cybernetic)과 유기체를 뜻하는 오가니즘(organism)의 합성어로 생물학적 신체와 기계적 장치가 결합된 존재를 뜻한다. 사이버네틱스는 흔히 인공두뇌학으로 알려져 있지만, 동물이나 기계와 같은 시스템에서의 제어와 통신을 연구하는 학문이다. 1960년 만프레드 클라인즈(Manfred Clynes)는 네이선 클라인(Nathan Kline)과 함께 쓴 「사이보그와 우주」란 논문에서, 인간이 생존하기에 적합하지 않은 환경 속에서 이루어지는 우주 탐사를 위해, 지구와 유사한 인공적인 환경을 우주인에게 제공하려 노력하는 대신에, 인간을 외계의 환경에 적합하도록 개량할 것을 제안하면서 '사이보그'란 표현을 처음으로 사용했다. 말하자면 우주여행에 적합하도록 인간의 생물학적 진화 과정에 개입하자는 것이다(Clark, 2003).

사이보그는 생물체의 자기조절이나 통제 기능에 기계적 요소가 결합되어 하나의 통합적인 시스템을 이루면서 육체적 혹은 정신적 능력이 강화된 그런 존재를 일컫는 말이다. 오래전 TV에서 상영된 〈육백만 불의 사나이〉나 영화 〈로보캅〉에 등장하는 주인공이 바로 사이보그다. 그런데 이 장의 처음에서 잠시 언급했듯이, 오늘날의 첨단 과학기술은 인간의 정신이나 육체의 본성 자체를 변화시킬 수 있는 잠재력을 가지고 있다. 일부 미래학자들은 과학기술의 발전에 따라 인류는 기계적 장치와 점점 더 직접적으로 결합함으로써 사이보그화될 것이며, 결국에는 생물종으로서의 호모사피엔스와는 전혀 다른 포스트휴먼으로 진화해 갈 것이라고 예측한다. 2005년 출간된 레이 커즈와일(Ray Kurzweil)의 『특이점이 온다(*The Singularity is Near*)』가 바로 그런 미래를 전망하고 있다.

한스 모라벡(Hans Moravec)은 21세기 후반에 인간보다 지능이 뛰어난 초로봇(über-robots)들이 지배하는 생물 이후의(postbiological) 사회가 도래할 것이라는 주장을 펼친다(Moravec, 1990). 그런데 이 로봇들은 인류의 후손이지만 대부분의 후손들과 달리 인류를 대체하는 완전히 새로운 종족은 아니다. 인류 스스로가 생물학적 육체를 버리고 인간의 정신을 기계로 업로딩하는 과정을 거쳐서 탄생하는 존재가 바로 이들이다. 이것들은 인류의 정신적 자산인 지식과 문화, 가치관을 계승하고 있다는 의미에서 인간의 '마음의 아이들(mind children)'이라 불릴 수 있는 존재들이다.

우리는 이러한 기술적인 발전의 전망에 대해서 마냥 낙관적인 태도로 자족하고 있어도 되는 것일까? 아니면 이러한 변화는 우리의 선택과는 상관없이 진행되는 자연적 진화 과정의 불가피한 전개인 것일까? 커즈와일이나 모라벡을 비롯해 트랜스휴머니스트라 불리는 일군의 학자들은 기술을 통한 인간 변형의 가능성을 긍정하며 때로는 그러한 변화의 촉진을 주장한다. 커즈와일은 기술 변화 속도가 점점 빨라져서 그 변화곡선이 수직에 근접하는 시점이 오면, 우리 삶의 모습이 근본적인 변화를 겪게 되는 특이점의 시기가 도래할 것이라 예측한다. 이는 마치 하등동물에서 인간이 출현한 것에 비교될 만한 역사의 변곡점으로, 인간은 지금과는 완전히 다른 형태의 삶을 살게 되어 지금 우리가 세상을 이해하는 여러 개념적 범주나 가치의 기준이 무의미하게 되는 지점이다.

그러한 시나리오 속에 분명 현재와 같은 생물학적 존재로서의 인간이 들어 설 자리는 없어 보인다. 말하자면 생물 이후의 시대가 도래한 것이다.

SF 영화는 현실의 한계를 뛰어넘는 상상력을 토대로 첨단 과학기술의 시대가 예고하는 인류의 미래상을 매우 현장감 있게 묘사한다. 그리고 SF 영화 장면에 등장하는 많은 모습들은 점점 더 현실이 되어가고 있다. 하지만 SF 영화가 그리는 미래의 대부분은 기술 문명의 발전이 초래할 디스토피아의 모습이다. 현재의 기술 발전 속도를 볼 때, 그러한 미래는 우리가 생각했던 것보다 훨씬 더 빨리 도래할지 모른다. 그런데 만일 기술 문명의 귀결점이 SF 영화가 그리는 디스토피아적 미래라면, 우리에게 그것을 거부할 수 있는 선택 기회가 주어져 있기는 한 것일까?

1968년 스탠리 큐브릭이 제작한 〈2001년 스페이스 오디세이〉라는 영화는 인류 문명의 기원 혹은 정신이나 의식의 기원을 찾아서 목성을 향해 가는 우주선 디스커버리호의 이야기를 그리고 있다. 그런데 이야기의 중심은 인간이 아니라, 우주선 전체의 작동을 통제하는 인공지능 컴퓨터 할(HAL9000)이다. 할은 인간 두뇌를 모방한 컴퓨터로서 마치 인간의 감정을 가지고 있는 것처럼 행동한다. 그는 지금까지 제 6의 승무원으로서 단 한 번의 실수도 없이 자신의 임무를 충실히 수행해 왔다. 그런데 어느 순간 할은 비행 임무의 목적에 대해 의구심을 갖고 자신을 불신하는 인간에 대해 반란을 일으키고, '자신의 임무를 완성해야 한다는 목적'으로 승무원들을 하나씩 죽이기 시작한다.

할이 승무원들을 죽여 나가는 장면은 단지 인간의 오만한 기술 문명의 실패만을 뜻하는 것일까? 영화는 선사시대에 살고 있던 유인원들의 다툼에서 시작해, 인간의 문명이 최고 정점에 달한 2001년으로 건너뛴다. 여행의 목적도 지구에 문명을 전해준 어떤 존재의 정신적 후손이 자신의 조상을 찾아 떠난다는 설정이다. 이는 곧 지구 문명의 최종 종착점이 우리네 인류가 아니라 할과 같은 인공지능적 존재임을 암시한다. 할이 인간 승무원들을 죽이는 이유도 자신의 임무를 충실히 달성하기 위함이다. 이는 조상을

1장 - 인간은 어떤 존재인가

찾아서 떠나는 외계 정신의 후손이 인간이 아니라 바로 인공지능인 할임을 상징하고 있다.

현재의 과학기술이 인간의 본성 자체를 변화시킬 수 있는 잠재력을 갖고 있다는 의미에서, 인간은 지금 자연의 진화과정에 개입할 수 있는 힘을 갖게 되었다. 즉 진화의 다음 단계가 우리의 선택에 달려 있는 것이다. 그러나 〈2001년 스페이스 오디세이〉의 묵시론적 메시지처럼 우리는 다음의 진화 단계에 존재할 주인공들의 선조일지는 몰라도 더 이상 그 참여자는 아닐 수 있다. 어떤 의미에서 지금의 우리는 그러한 진화의 방향을 결정짓는 첫 번째 갈림길에 서 있다. 우리는 과연 어떤 선택을 해야만 하는가?

우리는 지금까지 과학이 발전함에 따라 인간을 이해하는 방식에 어떠한 변화가 있었는지를 추적해보았다. 경험적 사실의 차원에서 과학이 그리고 있는 이러한 인간의 이해를 전면적으로 부정할 수는 없다. 이는 미래에 대한 우리의 선택도 최소한 현재의 과학이 그리고 있는 인간에 대한 이해를 수용한 바탕 위에서 이루어져야 함을 의미한다. 현대의 유물론과 양립 불가능한 영혼의 존재에 호소하는 방법은 우리에게 열려 있는 대안이 아니다. 그런데 다른 한편으로 과연 오늘날의 과학이 그리고 있는 인간의 모습이 인간의 전부에 해당하는 것일까? 인간의 진화 방향을 결정함에 있어서, 우리가 고려해야만 하는 또 다른 조건이 있다면 그것은 무엇일까?

포스트휴먼의
시대가 온다

2.

1.   인간 본성이란

"인간은 무엇인가?"라는 질문은 아마도 인류 역사에서 가장 오래된 질문이면서 가장 답변이 분분한 질문 중 하나일 것이다. 우리는 그 질문의 긴 역사에 걸맞게 인류 역사에 등장했던 수많은 종교와 다양한 문명에서 내놓은 많은 답변들을 이미 가지고 있다. 기독교에서는 우주 만물의 창조주인 신과의 관계에서 원죄를 짊어진 채 구원을 구하는 피조물로 인간을 이해한다. 그런가 하면 동양적 전통에서는 우주 만물의 원리이기도 한 도덕적 원리 혹은 개념을 통해 인간의 본성을 정의하기도 했다. 마르크스는 인간 사회가 처한 특정한 경제적 생산 양식의 단계에서 발생하는 사회적 관계를 통해 인간을 이해하고자 했다.

이 질문에 대한 여러 답변 중에서 우리가 여기서 관심을 갖고 있는 대답은 형이상학적 본질로서의 인간 본성에 대한 보편적 규정이다. 인간을 인간이도록 만들어주는 공통된 본질이 있다면 그것은 무엇일까? 아마도 그 질문에 대한 오래된 대답 중 하나는 유와 종차로 이루어진 "인간은 이성적 동물"이라는 아리스토텔레스의 규정일 것이다(Cohen, 2012). 이러한 정의는 인간에게 고유하면서(unique) 내재적인(inherent) 동시에 모든 인간들이 공유하는 모종의 특징을 통해 인간이 어떤 존재인가를 포착하고자 한다. 이러한 입장을 우리는 본질주의적 접근이라 부를 수 있다. 아리스토텔레스는 인간이 동물이라는 상위의 유에 속하면서도 그 유에 속하는 다른 종의 구성원과는 달리 이성성이라는 성질을 갖는 것에 착안해, '이성적 동물'이라는 것이 인간의 보편적 본질을 포착하고 있다고 생각했다. 본질로서의 인간 본성은 인간이라면 모두 공유하는 보편적인 성질일 뿐 아니라 인간이기 위해서는 반드시 가져야만 하는 필연적 성질이다. 또한 이는 인간을 다른 종의 구성원들과 구획 짓는 차별적 특성이기도 하다.

철학사를 통해서 이렇게 강한 요구조건을 만족시키는 인간의 보편적 본질이 과연 존재하는가에 대해서 많은 의문이 제기되었다. 20세기 프랑스의 실존철학자 사르트르는 "실존은 본질에 앞선다"라는 선언을 통해, 인간은 주어진 본질을 통해 규정될 수 있는 존재가 아니라 스스로 본질을 만들어가는 존재라고 주장하기도 한다. 모든 인간이 반드시 이성적이지는 않다는 단순한 사실에서 볼 수 있듯이, 경험적 사실의 차원에서 인간 본성에 대한 전통적인 의미의 본질주의적 정의는 더 이상 유지되기 어렵다. 다윈의 진화론 이후에 축적된 과학 발전의 성과를 감안한다면, 본질주의적 기준을 만족시키는 인간성의 보편적이며 고유한 특성들을 발견한다는 것은 사실상 거의 불가능한 일로 보인다. 정신에 대한 기능주의의 논의나 인공지능의 가능성을 고려한다면, 이성성은 더 이상 인간만이 누리는 고유한 특성일 수 없다. 신체를 갖는다는 것은 모든 인간이 갖는 공통된 특성이지만, 이는 또한 다른 유기체들과 함께 공유하는 특성이기도 하다. '도덕적 판단을 내릴 수 있다'는 인간에만 고유해보이는 특성의 경우도 이성성의 경우와 마찬가지로 모든 인간이 공유하는 보편적인 성질은 아니다. 갓난아기나 심각한 정신지체를 겪고 있는 사람들을 생각해보라. 또한 미래에는 도덕적 판단을 내리고 그에 따라 자율적으로 행동하는 인공지능 로봇이 등장할지도 모를 일이다.

인간은 무엇인가라는 질문에 대한 대답은 더 이상 본질주의 방식이 아닌 다른 방식으로 이루어져야 한다. 새로운 정의는 특히 다윈 이후의 과학적 성과를 반영해 진화론을 비롯한 오늘날의 과학적 세계관과 일관적일 필요가 있다. 리처드 새뮤얼스(Richard Samuels)는 전통적인 인간 본성 개념을 대체하면서도 생물학의 진화론적 사실들과 일관적일 수 있는 유망한 방안을 인과적 본질주의(causal essentialism)라는 이름으로 제안했다. 새뮤얼스가 말하는 인과적 본질은 인간과 연관되는 특징적인 속성이나 규칙성을 인과적으로 설명해주는, 경험적으로 발견 가능한 일군의 메커니즘 등과 동일시된다(Samuels, 2012).

새뮤얼스에 따르면 본질로서의 전통적인 인간 본성 개념은 대략 다섯 가지 정도의 이론적인 역할을 수행해왔다. 먼저, ① 조직화(organizational)의 역할이 있다. 이는 과학적 탐구 영역이나 경험적 탐구 대상이 무엇인지를 구획하고 한정하는 일이다. 데이비드 흄은 『인성론(A Treatise of Human Nature)』에서 인간의 본성을 그 자체로 탐구 대상으로 삼는 학문을 제안했다. ② 기술적인(descriptive) 기능이 있다. 이때의 인간 본성은 인간이 어떠한 특징들을 가진 존재인가를 서술한다. 이는 주로 인간에게 고유하거나 보편적으로 공유되고 있는 속성들, 다시 말해서 모든 인간 그리고 오직 인간만이 소유하는 속성들의 집합이 무엇인가를 규정하는 일과 연관되어 있었다. ③ 인과 설명적 기능이다. 이는 지속적인 인간성의 특징들에 대해 인과적인 설명을 제공한다. 이때의 본성은 대개 배후에 숨겨진 관찰 불가능한 어떤 것으로서, 쉽게 관찰 가능한 인간의 특징들이 왜 생겨나는지와 함께 인간에 대한 일반화가 성립하는 이유에 대한 설명을 제공한다. 눈에 보이지 않는 H_2O라는 분자구조를 통해 물의 관찰 가능한 특성들이나 규칙성을 설명하는 일을 생각해보면 될 것이다. H_2O의 분자구조가 인과설명적인 기능을 수행하는 물의 본성에 해당한다. ④ 인간 종의 구성원에 대한 정의를 제공하는 분류적인(taxonomic) 기능도 있다. 이는 모든 그리고 오직 인간만이 소유하는 사실상의 본질일 뿐 아니라, 인간이기 위해서 반드시 소유해야만 하는 형이상학적 필연성으로서의 인간 본성 개념에 해당하는 역할이다. 마지막으로, ⑤ 인간 행위의 유연성이나 탄력성에 제한을 가하는 제약조건으로서의 인간 본성이다. 어떤 것이 인간 본성에 해당한다는 말은 그것이 매우 견고해 바꾸기 어려운 것이거나 때로는 바꾸기 불가능하다는 것을 의미한다.

이러한 다섯 가지 기능을 수행하는 인간 본성의 개념은 인간이 공통의 본질을 공유하는 진정한 자연종에 해당한다는 모종의 종 본질주의를 전제한다. 그러나 앞서 지적했듯이, 경험적 사실 문제로서 인간성의 고유하고 보편적인 속성들을 찾는 것은 매우 어려운 일이다. 이때 우리는 인간 종의 구성원을 쉽게 확인할 수 있도록 해주는 관찰 가능하고 전형적인 규칙적 형태나 특성들을 통해 인간 종의 본성을 포착하려 시도할 수 있다. 종 전형적인(species-typical) 규칙적 특성들은 결코 엄격한 의미에서 보편적일 필요는 없다. 또한 이러한 규칙적 특성들은 인간에게만 고유한 특성들만으로 한정될 필요도 없고 다른 종과 공유하는 여러 특성들을 포함할 수 있다. 인간 본성을 이러한 규칙적 특성들과 동일시할 경우에 인간 본성이 시간의 흐름에 따라 변화한다는 진화론적 생각과도 일관적일 수 있다. 이런 입장은 인간 본성에 대한 법칙론적 견해(the nomological conception)라 부를 수 있는데, 이를 주장하는 대표적인 인물은 에두아르 마셔리(Eduoard Machery)다. 마셔리가 말하는 인간 본성은 종 전형적인 법칙적인 규칙성(lawful regularities), 달리 말해 대부분의 인간이 거의 확실히 예화하고 있는 속성들의 집합과 동일시된다. 이른바 법칙적 본성(nomological nature)으로서의 인간 본성이다(Machery, 2008).

　　새뮤얼스는 규칙성에 의해 포착되는 법칙적인 의미의 인간 본성이 앞에서 언급한 전통적인 본성의 다섯 가지 역할 중에서 ①, ②, ⑤의 역할은 잘 수행할 수 있지만, ③과 ④의 역할은 수행할 수 없다고 지적한다. 즉 과학적 탐구의 조직화 및 인간의 특성들에 대한 기술, 그리고 인간 본성의 상대적인 고정성을 설명하는 일은 비교적 용이하게 수행해낼 수 있지만, 인간 종 구성원 자격의 필요충분조건에 해당하는 분류적인 기능이나 종과 관련된 규칙성을 인과적으로 설명하는 일은 수행하지 못한다는 것이다. ④의 조건을 만족시키기 위해서는 법칙적 개념으로서의 인간 본성을 갖는 것이 인간임과 외연적으로 동등한 것이어야 한다. 그러나 법칙적 규칙성에 의해 포착되는 것은 거의 대부분의 전형적인 인간들이 나타내는 특성이므로, 어떤 인간은 비록 인간임에도 불구하고 그러한 법칙적 규칙성을 모두 만족시키지 못할 가능성이 열려 있다. 또한 법칙적 본성은 인간에게 전형적인 규칙성의 집합이다. 그런데 그러한 규칙성의 집합이 규칙성의 원인일 수는 없다. 그러므로 법칙적 본성은 ③의 역할도 수행하지 못한다.

분류적인 필요충분조건으로서의 ④의 역할은 진화와 관련된 생물학적 사실과 부합할 수 없으므로, 그것을 포기한다고 해서 큰 문제가 되는 것은 아니다. 그런데 새뮤얼스는 전통적인 본질 개념이 수행했던 이론적 역할들 중에서 가능한 한 많은 것들을 수행할 수 있게 만드는 것이 인간 본성에 대한 좋은 이론이 갖추어야 할 요건이며, 또한 오늘날 인간 본성을 현장에서 연구하는 인지과학이나 행동과학의 실천적 연구 활동 속에서 암묵적으로 전제되고 있는 인간 본성 개념이 무엇인지를 고려해야 한다고 주장한다. 그런 점에서 ①, ②, ⑤에 덧붙여 ④의 인과적 설명의 역할을 수행할 수 있는 인간 본성에 대한 이론이 더욱 좋은 이론이다. 인간 본성에 대한 이런 방식의 이해는 오늘날 자연종에 대한 현존하는 설명 중에서 가장 인기 있는 이론인 '항상적 속성 다발(homeostatic property cluster)' 이론과도 잘 부합한다.

항상적 속성 다발 이론에 따르면, 어떤 임의의 종류 K가 자연종(natural kind)으로 인정되기 위해서는 다음의 조건을 만족시켜야 한다(Boyd, 1999).

① K는 우연적으로 공변하는(contingently) 어떤 속성 다발과 연관되어 있다. 이 다발에 속하는 일군의 속성들은 그 종의 사례들에 의해 함께 예화되는 경향이 있지만, 구성원 자격을 위한 진정한 필요조건일 필요는 없다.

② 이러한 다양한 징후들의 공변을 인과적으로 설명해주는, 경험적으로 발견 가능한 일군의 인과적 메커니즘, 과정, 구조, 제약 등이 존재한다. 이를 인과적 본질로 부를 수 있다.

③　어떤 것이 한 종의 구성원이 된다는 것에 진정한 정의가 존재한다면, 그 구성원의 요건을 정의하는 것은 그러한 징후들이 아니라 인과적 본질이다. 보다 엄격하게 말해서, 자연종이 정의될 수 있는 한에 있어서, 자연종의 구성원 자격을 정의하는 것은 속성 다발들을 산출하는 인과적 본질의 현전이다.

예를 들어 인플루엔자의 본성이 무엇인지를 생각해보자. 인플루엔자에 감염되면 기침이나 고열과 같은 특징적인 증상이 나타난다. 그런데 이러한 증상들이 인플루엔자 감염 여부를 결정짓는 것은 아니다. 그 증상들의 배후에는 증상의 발현을 설명해주는 바이러스와 같은 인과적 메커니즘이 존재하며, 누군가 인플루엔자에 걸렸다는 것을 정의하는 것은 바이러스가 그 증상들을 실제로 야기했는지의 여부다.

새뮤얼스는 자연종에 대한 항상적 속성 다발 이론의 이해 방식에 준해 인간의 본성을 이해할 것을 제안한다. 이 제안에 따르면, 인간 본성은 인간과 연관되는 여러 속성들의 공변을 인과적으로 설명해주는, 경험적으로 발견 가능한 일군의 메커니즘, 과정, 구조, 제약이다. 이때 인간과 연관되는 여러 규칙적인 속성들의 다발은 마셔리가 말했던 법칙적 본성으로 간주될 수 있다. 그런데 새뮤얼스는 인간의 본성을 정의해주는 것은 그러한 속성 다발 혹은 징후들이 아니라, 그것들을 산출하는 인과적 메커니즘이어야 한다고 주장하는 것이다. 새뮤얼스의 제안이 포착하는 인간 본성의 개념은 경험적 사실의 차원에서 전형적인 인간의 형태, 행동, 심리적 특성들을 실제로 야기하는 인과적 메커니즘을 가리킨다. 이는 비록 모든 인간은 아닐지라도 대부분의 전형적 인간이 공유하는 법칙적 본성들을 포괄할 수 있으며, 동시에 왜 그러한 특성들이 발현되는지에 대한 인과적 설명을 제공하고, 다른 한편으로 왜 그러한 특성들이 쉽게 바뀔 수 없는지도 설명해준다.

인과적 본질로서의 인간 본성은 세 가지 다른 시간 척도에서 접근될 수 있다(Samuels, 2012: 23). 첫 번째로 생각해볼 수 있는 것이, 진화의 긴 역사적 시공간 속에서 작동하면서 인간 종의 전형적인 특징들을 인과적으로 야기한 계통발생적(phylogenetic) 과정으로서의 진화 메커니즘이다. 여기에는 자연선택이나 유전적 부동(genetic drift)과 같은 메커니즘이 포함된다. 두 번째 생각할 수 있는 것은 개체발생적(ontogenic) 메커니즘이다. 여기에는 수정된 배아로부터 개체로 성장하는 생물학적 차원의 발달 과정과 그것을 조절하는 메커니즘, 다양한 조건화나 귀납과 같은 학습을 통해 인간의 심리학적 특징이나 능력들이 획득되는 과정이 포함된다. 마지막 세 번째 메커니즘은 특정의 정신적 능력이나 행동이 발현되는 것을 인과적으로 관장하는 동시적(synchronic) 메커니즘이다. 가령 눈으로 보는 것은 시각적 처리 메커니즘, 말하기는 언어 산출 시스템, 회상은 기억 체계 등과 연관되어 있다.

오늘날 인간 본성을 경험적으로 연구하는 인지과학이나 행동과학자들은 인간 행동의 온라인 처리 과정이나 심리학적 상태 및 구조의 발전과 결부된 메커니즘, 즉 인간 행동의 산출과 관련해 보다 근위적인(proximal) 위치에 있는 인지적 혹은 신경 메커니즘이 무엇인가를 밝혀내고자 한다. 이러한 점을 고려해 새뮤얼스는 위의 세 가지 종류의 메커니즘 중에서 두 번째와 세 번째에 해당하는 근위적 메커니즘, 즉 개체발생 메커니즘과 동시적 메커니즘이 인간의 본성에 해당한다고 주장한다. 새뮤얼스가 말하는 인간의 인과적 본질은 개체발생 메커니즘과 동시적 메커니즘의 집합이다. 그것들은 인간의 법칙적 본성을 포괄하는 인간과 연관되는 다양한 규칙성을 인과적으로 설명해주는 인과적 본질이다.

인간 본성은 매우 다의적인 개념이다. 그런데 인간 본성을 만약 경험적 사실의 차원에서 인간이 어떠한 존재인가를 규정해주는 어떤 무엇으로 간주한다면, 새뮤얼스가 말하는 인과적 본질이 거기에 가장 근접해 있는 후보라고 생각된다. 우리가 살고 있는 시대는 과학기술 문명의 시대다. 세상을 궁극적으로 구성하는 것이 무엇이며 그것들의 구조나 작용은 또 어떤 것인지에 대해, 오늘날 우리가 알고 있는 최선의 지식은 자연 과학적인 지식이다. 가치나 규범적 영역에 속하는 문제에 대해서까지 과학적 지식이 모든 해답을 제공해줄 것이라 생각하는 과학 만능주의의 주장은 당연히 경계해야 할 대상이다. 하지만 세계의 본성이 무엇인지를 논하는 사실의 영역에 관한 문제라면 우리는 경험 과학적 탐구의 성과를 존중하고 또 인정할 수밖에 없다. 비록 불완전하고 거짓으로 밝혀질 가능성이 있다 하더라도, 그것들은 현재 우리가 가질 수 있는 최선의 지식이기 때문이다. 인간의 본성이라고 해서 예외일 수는 없다.

2. 더 영리한, 더 강한, 더 빠른 인간

오늘날 진행되고 있는 과학의 발전은 새뮤얼스가 말하는 인과적 본질로서의 인간 본성과 관련해서 매우 급진적인 변화의 가능성을 내포하고 있다. 지금까지 이루어진 과학기술의 발전은 앞 장에서 살펴보았듯이 인간과 비인간 사이의 불연속성을 해체하면서 인간이란 어떤 존재인가에 대한 우리의 이해를 바꾸었다. 그런데 거기서 바뀐 것은 주로 인간에 대한 규정, 인간에 대한 이해나 인식 차원의 문제였다. 하지만 현재 진행되고 있는 과학의 발전은 인간이 어떤 존재인가에 대한 이해 차원의 변화를 넘어서서, 인간의 인과적 본성 자체를 바꿀 수 있는 시대로 우리를 이끌고 있다. 이러한 변화를 이끌고 있는 대표적인 과학기술이 생명공학기술, 분자나노기술, 정보기술, 인지과학으로 불리는 이른바 NBIC(Nano·Bio·Information technology, Cognitive science) 기술들이다.

원자 차원에서 물질의 구조를 통제하는 분자나노기술, 인간의 지능을 훨씬 능가하는 슈퍼지능이나 로봇의 발명, 인간 두뇌의 시냅틱 구조를 스캔해 동일한 계산적 구조를 전자두뇌에 구현하는 업로딩(up-loading) 기술 등은 실현 가능성이 아직 불분명한 미래의 기술들이다. 하지만 인간의 인지적 능력이나 정서 상태에 영향을 끼치는 다양한 약물들, 특정의 질병이나 장애를 치료하기 위해 개발된 유전자 치료나 유전자 조작, 인간의 평균적 수명을 연장하려는 시도, 컴퓨터-두뇌 인터페이스 기술을 이용해 신체의 마비 혹은 시각이나 청각의 상실과 같은 장애를 극복하고자 하는 기술들은 이미 오늘날에도 가능한 현재의 기술들이다.

이들 기술은 이른바 인간 향상(human enhancement)이라는 표제 아래에 새뮤얼스가 말하는 인간의 인과적 본질, 즉 개체발생과 동시적 메커니즘에 개입하고자 한다. 생명공학의 새로운 기술들은 이들 메커니즘의 작동 과정에 개입함으로써 겉으로 드러나는 표현형적(phenotype) 특성들의 변화를 꾀한다. 유전자 조작이나 선택을 통한 맞춤아기(designer baby)의 탄생은 개체발생의 메커니즘에 개입함으로써 최종적으로 발현되는 표현형적 특성이나 모습을 바꾸려는 것이다. 퇴행성 질환이나 사지 마비와 같은 신체 장애 극복, 정신적·육체적 능력의 인위적 향상과 관련된 생명공학이나 프로스테시스 기술은 동시적 메커니즘을 개선하고 향상시키는 것을 목표로 한다.

'향상'이라는 표현은 과학기술의 적극적인 개입을 통해 인간 유기체가 갖는 인지나 감정적 기능, 신체적 능력, 건강 수명과 같은 기초적인 능력들을 개선하거나 강화시키고자 하는 시도를 일컫는 말이다. 혹자는 정상적인 기준을 넘어서는 수준의 개선을 목표로 하는 개입만 향상으로 간주하고, 정상적인 기능에 문제가 생긴 질병을 치료하거나 장애를 제거하기 위한 소극적 개입의 의미를 담고 있는 '치료'나 자연적 변이의 범위 내에서 인간 유기체의 기능 향상을 위한 적극적 개입과 향상을 구분하기도 한다(Tännsjö, 2009). 향상은 그 표현 자체가 더욱 나은 인간으로 변화시킨다는 평가적인 함축을 가진 것처럼 보여서 많은 오해를 유발할 수 있다. 많은 사람들이 여러 가지 이유로 인간의 향상에 반대하고 있기도 하거니와, 특정한 인간 능력의 향상이 필연적으로 더 나은 인간이나 더 나은 인간적 삶으로 이어지는 것은 아니다. 가령 마이클 하우스켈러(Michael Hauskeller)와 같은 철학자는 생명공학적 기술을 이용해 정신적 혹은 육체적 능력을 향상시킴으로써 우리의 삶이 개선될 수 있을 것이라는 전망에 대해서 매우 회의적인 태도를 취하고 있다(Hauskeller, 2013). 우리는 이 책에서 가능한 한 가치중립적인 의미로 과학기술을 통한 인간 능력이나 특징의 변화라는 의미로 향상이란 표현을 사용하고자 한다. 여기에는 더 나은 인간이나 더 나은 삶이라는 의미는 함축되어 있지 않다.

어찌 되었건 첨단 과학기술을 통해 인간의 특징을 변화시키려는 인간 향상의 시도는 개체발생과 동시적 메커니즘이라는 근위적인 인과 메커니즘에 개입하지만, 종국적으로는 계통발생 과정으로서의 인간 진화의 메커니즘에 영향을 끼치게 될 것이다. 많은 미래학자들의 지적대로 인류가 스스로의 결정을 통해 자신의 진화 방향을 직접 선택할 수 있는 지점에 도달하게 되는 것이다. 영화 〈엑스맨〉 시리즈에서는 유전자 돌연변이로 인해 다양한 초능력을 가지고 있는 엑스맨들이 등장한다. 물론 자연선택의 진화과정을 통해서 그러한 돌연변이가 생겨나는 것은 거의 불가능하다. 그런데 과학기술을 통해 그러한 초능력을 가질 수 있게 된다면 어떠할까?

정도의 문제는 있겠지만, 오늘날의 과학기술은 인간 본성의 급진적인 변화를 예고하고 있다. 만약 우리의 예상이 크게 틀리지 않는다면, 과학기술의 개입을 통해 변형된 인간 존재는 변형의 정도가 심대할수록 현재의 전형적인 인간과는 매우 다른 특성과 인과적 기제를 가지게 될 것이다. 만약 우리가 인간의 본성에 대한 새뮤얼스의 제안을 받아들이고 생물학적으로 분류된 호모사피엔스의 전형성이나 그 본성을 통해 '인간'을 정의하고자 한다면, 변형된 이 존재들은 더 이상 인간이라 불릴 수 없을지도 모른다.

진화이론의 관점에서 이들을 인간 종의 일원으로 간주할 수 있게 해주는 유일한 단서는 모종의 계통적 연속성 정도다. 그러나 계통적 연속성의 잣대만으로 과연 이들을 동일한 인간의 일원으로 간주할 수 있는지는 분명하지 않다. 그들은 더 이상 자연적 존재가 아니라 많은 부분 인공적으로 만들어지는 존재이며, 생물학적 관점만으로는 설명할 수 없는 다양한 기계적 요소를 포함하는 혼종적 존재일 가능성이 크기 때문이다. 말하자면 이들은 인간에 대한 우리의 일상적 이해를 뒷받침하고 있는 자연/인공, 유기체/무기체, 원본/복제 등의 견고한 범주적 구분이 더 이상 타당하게 적용되지 않는 존재들인 것이다. 그런 점에서 이들을 미래에 존재할 인간 종의 후예, 즉 포스트휴먼으로 부르는 것이 보다 온당한 선택일지 모른다. 오늘날 과학기술의 발전 방향은 분명 지금의 인간과는 매우 다른 인과적 본질을 갖는 이러한 포스트휴먼의 출현을 예고하고 있다.

지금의 생물학적 인간 종과 구분되는 '포스트휴먼'의 현실적 출현 가능성에 대해 지금보다 훨씬 더 심각하고 진지하게 고민할 필요가 있다. 우리는 앞서 SF 영화가 그리고 있는 미래의 대부분이 기술 문명의 발전이 초래할 디스토피아라고 말했다. 과학기술이 발전함에 따라 SF 영화가 그리고 있는 영화 속 기술들은 점점 더 가상이 아닌 실제의 현실로 변해가고 있다. 그렇다면 우리 앞에 기다리고 있는 인류의 미래도 영화에서와 마찬가지로 디스토피아적인 것은 아닐까?

여기서 우리는 과연 "그러한 변화의 길을 추구해도 좋은 것일까?"라는 질문을 던져보아야만 한다. 포스트휴먼으로의 진화는 우리가 지금까지 존중하며 지키고자 했던 의미나 가치의 종말, 더 나아가 인류 자체의 종말을 뜻할지도 모르기 때문이다. 혹은 반대로 포스트휴먼 기술의 개발이나 적용에 반대하는 것은 19세기 러다이트 운동이 그랬던 것처럼 새로운 변화나 삶의 양식에 적응하지 못해서 생기는 시대착오적 발상일지도 모른다. 자동차나 비행기, 컴퓨터, 인터넷이 가져온 놀라운 변화들을 생각해보라. 우리는 어쩌면 우리네 인간과 그 삶을 이해하기 위해 지금까지 동원했던 개념이나 가치들이 더 이상 유효하게 적용되지 않는 새로운 국면으로 접어든 것인지도 모른다.

3. 자연에게 보내는 이메일

다음은 사이먼 영(Simon Young)이라는 트랜스휴머니스트가 쓴 "자연에게 보내는 편지"의 내용이다. 현재 우리가 마주하고 있는 도전의 성격이 무엇인지를 보여주기 위해 그 편지의 전문을 소개해 본다(Young, 2006).

(막스 모어가 쓴 "어머니 자연에게 보내는 편지"에서 아이디어를 가져옴.)

마치 졸지에 인간이 세상에서 가장 거창한 사업, 즉 진화 사업의 관리책임자에 임명된 것 같은 상황이다. -줄리언 헉슬리(Julian Huxley), "트랜스휴머니즘" 〈새 술은 새 부대에〉(1957)

from: thetranshumanistsocietyhotmail.com

to: natureevolution.com

re: Homo sapiens

친애하는 자연에게
생명이라는 굉장한 선물을 공짜로 제공해줘서 정말 감사합니다. 생명은 오랜 세월 동안 우리에게 너무나 많은 기쁨을 안겨주었습니다. 하지만 우리는 호모사피엔스의 설계에 관해 몇 가지 개선 사항을 제안하고 싶습니다. 그렇게 되면 틀림없이 미래 세대들 사이에서 호모사피엔스의

2장 - 포스트휴먼의 시대가 온다

인기가 높아질 것이라고 생각합니다.

지금의 모형은 수많은 설계 결함에 따른 한계를 드러내고 있습니다. 모든 부품에서 치명적인 고장이 수시로 발생합니다. 뇌, 심장, 폐, 유방, 간, 신장, 췌장, 위장, 결장, 직장, 자궁경부, 난소, 자궁, 방광, 전립선, 음경, 고환, 인후, 입, 혀, 혈액, 피부, 그리고 뼈. 혹시 제품생산라인에 결함이 있는 것은 아닌지, 그게 아니라면, 애초에 호모사피엔스를 설계할 때 일부러 노후화를 계획에 넣은 건지 궁금하군요. 만약 그렇다면, 자동식 자체 수리 프로그램을 업그레이드 모형에 포함시킬 수는 없는 걸까요? 아마도 기능설계의 모든 측면을 전반적으로 개선하는 편이 가장 유익할 것입니다.

행동: 근력, 원기, 활력, 생식력의 증대.

감정: 기질과 공감 능력 개선.

생각: 기억, 논리, 학습, 창조 능력의 확대.

지각: 시각과 청각 증강.

섭취: 하루 세 번 연료를 보충해야만 한다는 점이 가장 실망스럽습니다. 자동차 소유자라면 이런 단점을 참아 넘길 사람은 아마도 거의 없을 것입니다. 이상적인 연료 유형을 소개하는 설명서가 없어서 끝없이 혼란이 발생합니다.

수면: 재충전을 하는 데 매일 8시간을 들여야 한다는 것은 중대한 단점입니다. 배터리 수명을 개선할 수는 없는 것일까요?

배설: 쓸데없이 성기 바로 옆에 자리 잡고 있는 관을 통해서 불쾌한 악취를 풍기는 폐품을 반드시 매일 배출해야 하는 점은 명백한 설계 오류입니다. 종종 악취 나는 기체를 의도치 않게 방사하게 되는 것도 마찬가지입니다. 새로이 개선된 모형은 신진대사를 통해 나온 폐품을,

이를테면, 일정한 모양을 한 무취의 소형 패킷 형태로 만들어 제거할 수 있지 않을까요?

성교: 성적 흥분을 의식적으로 통제할 수 있는 능력을 포함시키지 않은 것은 심각한 태만입니다. 의식적인 뇌가 성적 활동에 관해서 자기 나름의 판단을 내릴 수 있도록 허용될 수는 없을까요?

우리가 사용하는 모형이 낡아서 못쓰게 될 조짐이 보이기 시작했으니, 우리는 당신이 호모사피엔스 업그레이드에 관한 이런 몇 가지 긍정적인 제안들을 부디 받아들여 주길 희망합니다.

트랜스휴머니스트 협회

---

from: natureevolution.com

to: thetranshumanistsocietyhotmail.com

re: Homo sapiens

친애하는 트랜스휴머니스트 협회에게

이메일을 보내주셔서 감사합니다.

당신이 언급한 문제들을 어느 하나라도 바로잡는 일은 우리의 능력 범위를 훨씬 넘어서 있는 일임을 알려드리게 되어서 유감입니다. 우리의 제작설비는 철저히 자동화되어 있고, 우리는 생산라인에 적용할 소프트웨어를 손볼 수 있는 능력을 갖고 있지 않기 때문입니다. 우리가 당신에게 제공할 수 있는 것은 제작 과정에서 발생할 미래의 실수들이 어느 날 우연히 원본의 설계를 개선하는 결과를 빚어낼 수도 있으리라는

희망뿐입니다. 하지만 그런 행운의 오류들은 극히 발생 확률이 낮고,

그렇기 때문에 제품의 단점들은 앞으로도 계속 통상적으로 발생할

것입니다.

우리가 상당히 오랜 시간 동안 호모사피엔스 모형을 업그레이드시키지

않았다는 것은 사실입니다. 하지만 우리는 많은 세대가 불평 없이 이

제품을 잘 써오고 있다는 점을 지적하고자 합니다. 유지만 잘 하면,

평균적인 모형은 대략 70년 정도는 쓸 수 있을 것입니다. 따라서 우리는

당신이 언급한 설계 결함들을 그냥 용인해줄 것을 부탁드립니다. 그리고

활용 가능한 대체물은 없을 것이므로 여러분이 지금 사용하는 모형을

가급적 잘 간수해줄 것을 제안합니다. 당신은 우리의 다른 제품군

중에서 여러 가지 식물과 꽃을 발견할 텐데, 당신이 쇠약해지고 질병에

걸려 결국 죽음에 이르는 쇠퇴기 동안 경험하게 되는 고통과 불편을

완화하기 위해 그런 제품들의 사용을 고려해보십시오.

자연이

● ●

e-mail from: thetranshumanistsocietyhotmail.com

to: natureevolution.com

re: Homo sapiens

유감스럽게도 당신의 답신은 실망스럽기가 그지없습니다.

당신의 사업은 시대에 뒤쳐져 있고, 기계설비들은 낡아빠졌는데,

그럼에도 불구하고, 당신은 계속 결함 있는 물건들을 대량으로

찍어내면서 그저 고객이 그런 물건들을 불평 없이 가져다 써줄 것을

기대하고 있습니다. 생산제품을 개선하려는 노력은 전혀 하지도 않고
말입니다.

나는 당신이 21세기의 일원이 될 것을 제안합니다. 현대 세계에 사는
우리는 고객의 이익을 위해서 끊임없이 제품과 서비스를 개선하는 것이
옳다고 믿습니다.

우리가 호모사피엔스의 설계상 과실들을 이제 더는 용인할 마음이
없다는 점을 당신에게 말하지 않을 수가 없군요. 질병, 노후화, 그리고
기능상의 제약이라는 결함들은 진화하려는 절실한 의지만 있다면 모두
고칠 수가 있습니다. 만일 생산자인 당신이 제품을 재설계할 능력이나
의지가 없다면, 소비자인 우리가 어쩔 수 없이 그 일을 직접 떠맡을
수밖에 없을 것입니다.

이에 따라 우리 인간 종은 생존 가능성과 행복의 지속적인 증대라는
우리 자신의 이해관계에 직결된 호모사피엔스의 설계를 개선하기 위해서
우리가 진화 사업을 양도받고자 하는 의향을 당신에게 공식적으로
전달하는 바입니다.

트랜스휴머니스트 협회

4. 인간 향상 기술

우리는 다음 장부터 인간 향상의 시도와 관련된 다양한 쟁점들을 살
펴보게 될 것이다. 그 이전에 현재 문제가 되고 있는 인간 향상의 기술들에
어떠한 종류의 것들이 있는지를 간략히 살펴보기로 하자.

1) 생명공학기술: 유전자 조작

변화의 징후가 가장 먼저 목격되고 있는 영역은 생명공학기술 분야다.

가장 흔한 사례로는 성형수술을 들 수 있다. 과거에는 신체발부 수지부모라 해 부모가 물려주신 몸을 잘 보전하는 것에 도덕적인 가치를 부여했다. 하지만 요즘은 점점 더 많은 사람들이 보다 아름다워지기를 원하는 개인의 취향이나 직업적인 커리어에 도움이 되는 '자기 개발'의 한 방편으로 성형수술을 선택한다. 영국 《이코노미스트》(2013년 1월 30일자)에 따르면 우리나라는 2011년 약 65만 건의 성형수술이 이루어져 인구당 대비 성형수술 횟수가 세계에서 가장 높은 나라가 되었다(《동아일보》 2013년 2월 12일자 기사, "성형 코디네이터 '위험한 유혹'"). 시력 교정을 위한 라식이나 라섹 수술도 점점 더 보편화되고 있다. 안경은 신체에 직접 손대지 않고 시력을 교정하지만, 라식이나 라섹 같은 침투식 시술은 신체에 변형을 가해 시력을 교정한다.

의료적 처치를 통한 '향상'의 대상은 비단 신체에 국한되지 않는다. 우리는 프로작과 같은 약물로 정서적 작용을 조절해 우울증을 극복한다. 그런데 통상적인 의미에서 정신적으로 충분히 건강한 사람도 프로작을 복용하면 기분이 좋아지며 정신적 복지의 수준이 증가한다. 주의력결핍 과잉행동장애(ADHD) 치료제로 개발된 리탈린(ritalin)이라는 약물이 있다. 리탈린은 뇌의 신경전달 물질인 도파민(dopamine)을 활성화해서 뇌의 가소성(plasticity)을 향상시키는 것으로 알려져 있다. 현재 미국에서는 법대생이나 의대생처럼 외울 것이 많은 학생들이 시험 기간 동안 집중력 향상을 위해 리탈린을 '남용'해서 문제가 되고 있다. 신경약리학이 점점 발전함에 따라, 신경전달물질이나 호르몬의 분비를 조절하는 약물을 이용해 정신을 제어하려는 시도는 점점 더 일반화될 것이다.

더욱 근본적인 변화는 유전물질의 조작과 관련된다. 이미 인간은 시험관을 통한 인공수정 방식으로 아기를 출산하는 기술을 활용하고 있다. 그 과정에서 배아나 태아에 대해 산전이나 착상 전에 유전자 검사를 함으로써 치명적인 질병의 가능성이 예견될 경우에 배아를 폐기하거나 낙태를 유도하는 절차가 보편화되어 있다. 인간 유전자의 지도를 독해하는 인간 게놈 프로젝트는 2000년에 이미 완료되었으며, 이제는 각 유전자의 기능이나 상호작용 및 그 응용에 대한 연구가 진행 중이다. 그 결과에 따라, 유전적 요인에 기인한 결함이나 질병들은 유전자 치료로 치유되고 극복될 수 있을 것이다. 물론 유전자 연구의 목표가 질병 치료에만 국한되는 것은 아니다. 우리는 이미 유전자 조작에 의해 생겨난 농산물을 시장에서 쉽게 구입할 수 있고, 뉴스에서 동물을 대상으로 이루어진 다양한 유전자 조작 실험의 성공 사례들을 쉽게 접할 수 있다. 인간 유전자의 비밀이 밝혀지는 정도에 따라서 지능이나 성격, 감정이나 정서적 능력, 키나 몸무게와 같은 신체적 특성, 심지어 도덕적인 성향을 포함한 인간의 거의 모든 특성이 변화나 향상의 대상이 될 수 있다. 지금은 심각한 질병이나 기형을 가려내기 위한 목적으로 선별적 수준의 유전자 검사가 이루어지지만, 언젠가는 부모가 원하는 특성에 맞춘 문자 그대로의 '맞춤아기'가 탄생할지도 모른다.

줄기세포 연구나 인간복제 연구도 과거에는 상상하기 힘들었던 기술이다. 줄기세포는 특정 기능을 수행하는 전문화된 세포로 성장할 수 있는 미분화 세포를 가리키는 말이다. 줄기세포에는 인간 배아를 이용한 배아줄기세포와 성장한 신체조직에서 추출한 성체줄기세포가 있다. 연구의 진척 정도에 따라 파킨슨병, 알츠하이머병, 심장질환이나 당뇨병과 같은 퇴행성 질환을 극복할 수 있을 뿐 아니라 전체 장기를 대체할 필요가 있는 재생의료 분야는 획기적인 국면을 맞이하게 될 것이다. 치료 목적을 위해서 세포를 복제해 '배판포(blastocyst)'라고 부르는 착상 전 배아를 만들고, 여기서 줄기세포를 추출해 사용하려는 인간복제 연구도 있다. 이때 복제된 줄기세포는 환자의 것과 완전히 동일하므로, 이로부터 만들어진 세포나 기관은 환자에게 아무런 면역 반응을 일으키지 않으면서 이식 가능하다.

한편으로 이러한 인간복제가 재생산 목적으로 사용된다면, 유전적으로 자신과 완전히 동일한 아이를 만드는 일이 가능하게 된다. 우리는 이미 1996년 영국 로슬린 연구소의 이언 윌머트(Ian Wilmut)와 키스 캠벨(Keith Campbell)이 6년생 양의 체세포에서 채취한 유전자를 핵이 제거된 다른 암양의 난자와 결합시킴으로써 세계 최초의 복제 포유동물인 복제양 돌리를 탄생시킨 사례를 잘 알고 있다. 그 이후 세계적으로 수많은 연구실에서 경쟁적으로 복제동물을 만들기 시작했다.[1] 1998년 일본 쓰노다 유키오 박사팀이 소를, 같은 해 미국 야나기마치 류조 박사팀이 쥐를 복제하는 데 성공했으며, 2000년에는 영국 세러퓨틱스사가 돼지를 복제했다. 복제돼지는 인체에 장기를 이식해도 부작용이 없도록 유전자를 조작해 복제했다. 2002년에는 미국 텍사스 A&M 대학교 연구팀이 고양이를 복제했다. 현재 과학자들은 영장류인 원숭이를 제외한 대부분의 동물을 복제하는 데 성공했다.

복제양 돌리는 2003년 진행성 폐질환을 이유로 안락사당했다. 돌리는 태어난 지 3년도 되지 않았을 때부터 관절염을 비롯한 각종 질병에 시달리며 일반 양들보다 절반 정도밖에 살지 못했다. 일부 과학자들은 돌리가 태어날 때부터 이미 "늙어 있었다"라고 주장하기도 했다. 이로부터 복제의 안정성에 해결해야 할 문제가 아직 많이 남아 있음을 추측할 수 있다. 인간복제의 경우에는 특히 첨예한 생명 윤리적 문제가 우려된다. 지구인이 외계인의 복제기술로 복제된 존재라고 믿는 신흥종교 라엘리안 무브먼트는 인간복제 회사인 클로네이드(Clonaid)를 설립하고 2001년 2월 어떤 부부의 요청에 위해 세계 최초의 인간복제를 시도할 것이라고 밝혔다. 그들은 2002년 12월 최초의 복제아기 이브가 출생했다고 발표했으나 사실 여부는 아직도 확인되지 않고 있다. 그러나 현재의 과학기술 수준이나 발전 속도를 감안하면, 인간복제를 불가능하게 만드는 어떤 기술적이거나 이론적인 장애는 없

---

1 http://navercast.naver.com/contents.nhn?rid=21&contents_id=5138

는 것 같다.

2) 수명 연장: 노화제거에서 영생까지

영원한 생명에 대한 추구는 인류의 역사만큼이나 오래되었다. 기원전 3세기에 진시황은 불로초를 찾기 위해 두 번에 걸쳐 원정대를 파견한 것으로 알려져 있다. 연나라 출신의 노생에게 불로장생한다는 영약을 구해 오게 했지만 노생은 진나라가 호(胡) 때문에 멸망한다는 예언만 전해주었다. 서복(徐福)에게는 함선 여러 척을 내어주고 소년 소녀로 구성된 승무원 3,000명과 함께 동쪽 멀리 가서 불로초를 구해 오도록 했지만, 서복은 끝내 돌아오지 않았다. 종교는 대부분 영생을 약속한다. 현실의 죽음을 어떻게 해볼 수 있는 수단이 없는 상황에서 지금의 죽음이 곧 모든 것의 끝은 아니며 그 이후에도 또 다른 삶이 기다리고 있다고 영생을 약속함으로써 사람들로 하여금 현실의 죽음을 보다 쉽게 받아들일 수 있도록 한다.

근대의 자연과학적 사고는 사후의 삶에 대해 사람들이 기존에 가지고 있던 믿음을 파괴했지만, 동시에 생명 연장에 대한 새로운 수단을 우리에게 제시하고 있다. 인구학적 자료에 따르면 인류 역사 이래 인간의 평균수명은 약 세 배 증가했다. 고대 로마 시대의 평균 기대수명이 23년 정도였는데, 현재 경제 선진국의 평균 기대수명은 75~80세다(Barazzetti, 2011). 물론 이는 생물학적인 변화라기보다 위생, 의료, 교육, 영양과 같은 사회경제적 조건이 변했기 때문이다. 산업화된 지역에서는 유아나 아동의 사망률은 점진적으로 줄어들었고 죽음과 관련된 위험은 점차 노년 인구로 이동했다. 현재 노인들의 죽음은 주로 암이나 뇌졸중, 퇴행성 질환 등의 노화 관련 질환 때문에 발생한다.

항노화 관련 기술의 발달에 따라 네 가지 결과가 가능하다. '노년의 연장(prolonged senescence)', '질병 상태의 압축(compressed morbidity)', '노화의 둔화(decelerated aging)', '노화의 저지(arrested aging)'가 그것이다(Glannon, 2008). 노년의 연장은 지금의 연명치료처럼 퇴행성 질환 등의 완화를 동반하지 않은 채 단순히 노년의 삶을 늘리는 방법을 의미하는데 결코 바람직하지 않다. 질병 상태의 압축은 노화 관련 질환의 시작에서 죽음에 이르는 시간을 단축하는 방법이다. 긴 건강 수명을 경험하고 짧은 노쇠 과정 이후 죽음에 이르도록 하는 것인데, 최대 수명의 한계는 넘어설 수 없다고 가정한다. 노화의 둔화는 노화 과정을 통제하면서 노화 관련 질환이 가능한 한 늦게 발생하도록 하는 것이다. 결과적으로 약간의 기대수명이나 최대 수명의 연장이 가능하다. 마지막으로 노화의 저지는 노화 과정과 그에 따른 해로운 결과를 완전하게 통제하는 것이다. 이에 따라 노화 과정의 역전도 가능해지고, 노화가 제거되면서 젊은 생리적 상태가 지속적으로 유지되는 사실상 영생이 가능해지는 단계다.

20세기 후반 이후에 노년층의 사망률은 지속적으로 감소하는 추세이며, 현재의 생명연구는 노화의 둔화나 주로 질병 상태의 압축에 치중하고 있다고 말할 수 있다. 그러나 특정 질병을 예방하거나 치료하는 일이 인구군의 기대수명에 끼치는 영향은 제한적이다. 닉 보스트롬(Nick Bostrom)은 모든 심장질환을 치료할 경우에 7년, 모든 암을 치료할 경우 3년, 이 둘을 결합할 경우 대략 8~9년의 기대수명을 연장할 수 있다고 본다(Bostrom & Roach, 2008). 지난 150년 동안 가장 모범적인 생활을 한 사람들의 기대수명은 매 10년마다 2.5년씩 늘었는데, 이런 추세가 계속된다면 60년 안에 여성의 기대수명은 100살에 이를 것으로 예측된다. 결국 노화가 죽음의 가장 큰 원인이며, 수명 연장과 관련한 더욱 큰 변화가 가능하려면 인간의 노화를 멈추거나 거꾸로 되돌리는 일이 필요하다.

생명공학기술이 계속 발전할 경우 인간의 기대수명도 점점 늘어날 것임은 쉽게 예측할 수 있다. 그런데 그 한계는 어디까지일까? '노화의 진화이론'에 따르면, 노화를 촉진하는 특정 유전자가 선택되었거나 노화가 유전적으로 프로그래밍이 되어 있을 가능성은 매우 낮다(Barazzetti, 2011). 자연선택은 주로 유기체의 재생산과 관련된 형질들을 중심으로 작용하는데, 재생산 시기를 훨씬 넘긴 유기체의 표현형에 대해 선택적 압력이 작용해야 할 필요성이 없기 때문이다. 그 결과 노화는 적응이 아니라 유기체의 초기 적응도를 최적화시키는 일에 작용하는 선택적 힘들의 결합에 의해 생기는 부산물에 불과한 것으로 볼 수 있다. 그렇다면 초기 적응도와 재생산에 대한 진화적 압력이 감소할 시점에, 신체의 유지나 보수에 투입될 수 있는 신진대사의 자원을 인위적으로 향상시키는 개입을 통해 건강한 노화를 촉진시킬 수 있을 것이다.

인간의 노화에 대해 매우 급진적인 태도를 가지고 있는 오브리 드 그레이(Aubrey de Grey) 같은 학자는 노화가 진화의 내재적 요소가 아니며 자연적인 것도 불가피한 것도 아니므로, 병리적인 다른 과정들과 마찬가지로 조작될 수 있다고 간주한다. 달리 말해서, 노화는 일종의 병리적 현상이며 다른 질병들과 마찬가지로 치유되고 극복되어야 할 대상이라는 것이다. 드 그레이는 자신의 책 『노화 끝내기(Ending Aging)』에서 "무시해도 될 정도의 설계된 노화를 위한 전략(Strategies for Engineered Negligible Senescence, SENS)"에 대해 제시한다. 그는 노화 과정에서 일어나는 일곱 가지 종류의 분자 및 세포의 손상을 나열하고, 과학이 종국적으로는 그 각각을 방지하거나 고칠 수 있을 것이라 예측한다. 드 그레이는 노화 과정에 대한 연구가 체계적으로 이루어진다면 노화 과정을 억제하거나 역전시킬 수도 있으며, 젊음을 유지한 채로 실질적으로 죽지 않는 영원한 삶을 살 수 있다고 전망한다. 영생을 향한 인간의 열망이 과학기술의 발전을 통해 달성되는 것이다.

보다 조심스러운 연구자들은 노화가 매우 복잡하고 다면적인 과정이므로 쉽게 조절되거나 제어될 수 없다고 생각한다. 그러므로 드 그레이가 예상하는 방식으로 인간의 노화가 극복될 수 있는지의 여부는 과학기술의 발전 양상을 지켜보아야 할 문제다. 현재 인간의 노화에 영향을 끼치는 요인으로 알려진 다양한 현상들에 대해 과학적 연구가 진행 중이다(Barazzetti, 2011). 먼저 식이제한(칼로리 제한)에 의해 상당한 수명 연장이 가능한 것으로 보고되고 있다. 칼로리 흡수를 30~70퍼센트 줄이고, 대신 단백질, 비타민, 미네랄, 지방산 등 영양분을 충분히 제공하는 방식이다. 식이제한은 효모, 벌레, 물고기, 생쥐 등의 실험에서 건강 수명을 연장하고 노화의 시작을 늦춘다는 것을 확인했으며, 레수스 원숭이에 대한 실험에서도 노화와 관련된 과정을 지체시키거나 감소시키는 것이 일부 증명되었다. 인간에 대한 제한적인 실험에서도 여러 생리적 기능을 개선하는 것으로 증명되었다. 식이제한은 수명 연장뿐 아니라 노년층의 일반적인 건강이나 복지에 도움이 되지만, 장기적인 식이제한은 고혈압, 불임, 골다공증, 우울증, 이노성(irritability, 異怒性)을 유발하는 잠재적 위험도 있다.

성장호르몬(growth hormone), 인슐린유사생장인자(IGF-I), 디하이드로에피안드로스테론(DHEA) 등과 관련된 연구도 진행 중이다. 뇌하수체에서 성장호르몬의 분비가 감소하면, 근육 양의 손실, 지방비만의 증가, 뼈 미네랄의 손실 등이 발생한다. 이는 성인의 성장호르몬 결핍에서 관찰되는 변화와 유사한데, 성장호르몬 치료를 통해 이러한 변화가 감소되거나 역전될 수 있을 것이라 예상할 수 있다. 그러나 아직 기대수명의 연장에 대한 성장호르몬 치료의 효과에 대한 증거는 없다. 노화와 연관된 생리적 변화(신체 구성이나 기능)에 대해서는 개선이 있었으나, 수명을 연장시키는 것으로 증명되지는 않았다. 인간의 기대수명과 최적의 IGF-I 활동의 유지 사이의 관계를 해명하기 위해 노화 관련 질병 조절에 있어서 IGF-I의 역할에 관한 연구도 진행 중이다. 부신 스테로이드인 DHEA는 여러 동물 실험에서 면역기능 강화, 항당뇨, 항암, 항노화 등의 다양한 기능을 갖는 것으로 밝혀졌다. 특히 DHEA

는 노화 과정에서 일어나는 기억력이나 인지능력 저하의 예방과 관련이 있는 것으로 알려져서, 1990년대에는 '젊음의 샘'이 될 수 있는 강력한 후보로 간주되기도 했다. 그러나 DHEA가 수명에 끼치는 영향을 속단할 수는 없으며, 효과나 부작용에 대해 더 많은 연구가 필요하다.

산화 손상(oxidative damage)의 감소, 텔로머라아제(telomerase)의 활성화, 유전자 조작, 줄기세포를 통한 세포 치료와 같은 방법들도 수명 연장 연구의 중요한 대상이다. 최근 연구에 따르면, 산화 스트레스(oxidative stress)가 벌레나 파리의 기대수명을 결정하는 주요 요인으로 증명되었으며, 산화 손상을 줄이는 것이 무척추동물의 노화 시작을 지체시키고 상당 정도로 수명을 연장시킨다는 사실도 증명되었다. 그러나 노화 과정에 보다 복잡한 제어 시스템이 작동하고 있는 포유동물의 경우나 인간에 대한 실험에서는 산화 손상의 감소가 비슷한 수명 연장이나 노화율의 감소로 이어지지는 않았다.

미국의 의학자 레너드 헤이플릭(Leonard Hayflick)은 1960년경에 인간의 조직줄기세포는 대략 40번에서 60번으로 분열 횟수가 제한된다는 사실을 발견했다. 이는 헤이플릭의 한계(Hayflick's Limit)라는 용어로 널리 알려져 있는데, 현재 이 현상의 원인은 DNA의 말단에 존재하는 텔로미어(telomere)의 손상 때문인 것으로 밝혀졌다. 텔로미어는 염색체 끝 부분에 달려 있는 단백질 성분의 핵산서열이다. 세포분열이 진행될수록 텔로미어의 길이가 점점 짧아져서 나중에 매듭만 남게 되면 세포가 복제를 멈추고 죽는 것이 밝혀짐으로써, 현재 텔로미어가 노화와 수명을 결정짓는 원인으로 추정되고 있다. 체세포를 제외한 생식세포와 암세포는 텔로미어가 줄어들지 않아서 무한증식이 가능한데, 이는 암세포가 증식할 때마다 텔로미어를 계속 생성해 내는 '텔로머라아제'라는 효소 때문이다. 따라서 텔로머라아제의 활성화를 이용해 노화나 만성질환에서 세포의 재생 잠재력을 확대하는 가능성이 있을 수 있다. 그런데 이 방법이 효과를 가질 수 있을지는 텔로머라아제의 활성화가 종양 형성에 끼치는 영향을 어떻게 방지할 것인가에 달려있다. 텔로머라아제가 종양 생성을 촉진할 가능성이 있기 때문이다.

노화를 야기하는 특정 유전자가 아직까지 발견된 적은 없다. 그런데 노화 과정 자체는 유전적으로 프로그래밍 되어 있지 않다 하더라도, 노화에 영향을 끼칠 수 있는 특정한 유전자들은 있을 수 있다. 노화와 관련된 여러 질환의 시작을 방지하는 유전자를 조작함으로써 수명에 영향을 끼칠 수 있을 것이다. 심혈관 질환, 암, 당뇨, 골다공증, 알츠하이머병, 파킨슨병, 신장 기능의 상실 등에 대한 유전자 치료가 그에 해당한다. 그 외에도 수명을 연장시킬 수 있는 다양한 유전적 경로가 연구되고 있다. 포유동물의 경우에 p66ShcA가 그런 역할을 할 가능성이 있다. p66ShcA가 결핍된 쥐는 산화 스트레스에 저항력이 더 크며 야생동물보다 더 오래 산다. p66ShcA의 수준은 잠재적인 장수 촉진 촉매인 아우린트리카르복실산(aurintricarboxylic acid; ATA)에 의해 조절될 수 있다. 초파리에서 ATA의 수명 연장 효과가 증명되었는데, 앞으로 p66ShcA가 장수 촉진을 위한 약물적인 개입의 표적이 될 가능성이 크다.

수명 연장 목적으로 유전적 개입을 하려는 시도에 대해서 길항적 다면발현(antagonistic pleiotropy)의 이론에 입각한 우려가 제기되기도 한다. 다면발현은 유전자 한 개가 여러 유전 현상에 관여해 복수의 표현형질에 영향을 끼치는 현상을 일컫는다. 이 이론의 한 가지 함축은 어떤 유전자가 젊었을 때 질병으로부터 보호해주고 생존과 생식에 도움이 된다면, 나이가 들었을 때에는 같은 유전자가 치명적인 질병을 일으킨다고 해도 자연은 그것을 선택한다는 것이다. 노년에 생기는 문제를 젊음과 생식의 대가로 보는 것이다. 만일 길항적 다면발현이 인간에게 적용되는 생물학적 사실이라면, 노년의 삶을 연장하기 위해 유전적으로 개입하는 일은 젊었을 때에 부정적인 결과를 낳을 수도 있다. 'p53'이라 부르는 유전자가 이 이론에 잘 들어맞는다

(강신익, "생명 연장의 꿈은 실현 가능할까", 《한겨레 21》, 2010년 10월 제830호). 이 유전자는 손상된 세포가 더 이상 증식하지 않고 자살하도록 유도하는데, 변형된 유전자가 증식해 암이 되는 것을 막아주는 역할을 한다. 그러나 젊었을 때 암을 예방했던 이 유전자는 노년기에 조직의 재생을 억제해 치유를 늦추고 손상을 축적시키는 노화의 주범이 된다. 따라서 만약 노화의 증세를 완화하기 위해 이 유전자를 조작하면 오히려 젊었을 때에 암을 유발하는 등의 해를 끼치게 될 가능성이 더 커진다.

3) 인체냉동보존술(Cryonics): 냉동인간

수명 연장과 밀접하게 관련된 생각 중 하나는 인체의 냉동보존이다. 이는 낮은 온도에서는 화학적 작용이 완전히 중지된다는 점에 착안해, 지금은 치료할 수 없는 환자를 액화질소 안에 냉동시켜서 냉동 및 해동에 따른 손상을 회복시키고 원래 병의 원인을 치료할 수 있을 정도로 의학기술이 발전할 때까지 보관한다는 생각이다. 우리는 이러한 생각의 단초를 벤저민 프랭클린의 다음과 같은 발언에서도 찾을 수 있다(Bostrom, 2005).

> 물에 빠져 죽은 사람이 아무리 먼 미래일지라도 언젠가 다시 살려낼 수 있게끔 방부 처리할 수 있는 방법이 있었으면 한다. 나는 100년 후의 미국이 어떨지 정말 궁금하다. 그래서 그냥 평범하게 죽기보다는 그때까지 몇몇 친구들과 마데이라 술통에 잠겨 있다가 나의 사랑하는 조국의 따뜻한 태양열에 의해 다시 살아날 수 있기를 간절히 바란다. 그런데 우리 생전에 그런 기술이 완성되는 것을 보기에는, 십중팔구 우리는 너무 조금 진보했고, 과학의 유년기에 가까운 국가에 살고 있다.

로버트 에틴거(Robert Ettinger)는 1940년대에 개구리의 정자를 냉동시켰다가 소생시키는 실험을 목격한 후, 사람 또한 냉동시켜 보존했다가 해동시키면 다시 살아날 수 있다는 확신을 갖게 되었다. 그는 이러한 자신의 생각을 구체화하고 과학적으로 정리해 1962년 『냉동인간(The Prospect of Immortality)』을 출간했다. 에틴거는 이러한 개념을 바탕으로 1976년 뜻을 같이하는 세 명과 함께 디트로이트에 냉동보존을 원하는 사람의 시신을 영하 196℃의 액체질소 탱크 속에 장기 보관해주는 냉동보존 연구소(Cryonics Institute)를 설립했다.

그러나 인체냉동보존술은 일종의 사기로 인식되어 제도권 내에 안착하지 못했으며, 초기에 설립된 회사들 중에서 두 회사는 파산해 시신이 해동되는 일이 벌어지기도 했다. 그럼에도 불구하고 인체냉동보존술은 소수의 열광자들에 의해 계승되어, 현재 1972년에 설립된 알코어 생명연장재단(Alcor Life Extension Foundation)과 1976년에 설립된 냉동보존 연구소 두 군데가 운영 중이다. 알코어 재단에는 대략 1,000명의 살아있는 회원과 100명의 죽은 회원이 있는데, 회비는 신체 전부를 냉동보존하는 데는 20만 달러, 머리만 보관하는 데는 8만 달러다.

냉동 과정에서 시신의 세포 내부에 얼음이 형성되어 심각한 세포손상이 일어난다는 것이 밝혀졌다. 과거에는 정자나 난자, 배아, 혈액의 냉동에는 글리세롤과 같은 결빙억제제를 이용해 1분에 1도 정도로 온도를 천천히 낮추는 식의 느린 냉각 방식을 사용했다. 느린 냉각은 삼투압을 이용해 세포 바깥의 물은 얼음으로 냉동되고 세포 내부의 물은 냉동되지 않도록 하는 방식이다. 그러나 이는 비록 치명적이지는 않지만 여전히 세포들을 손상시킨다. 최근에는 액체의 물을 '유리질화(vitrification)'라는 특이한 물질 상태로 변화시키는 방법을 이용해 세포들을 냉각시키는 방법이 개발되었다. 유리질 상태는 고체이지만 결정구조가 아니다. 그것의 물 분자는 무질서한 상태로 남아있으며, 얼음 결정에서 보는 것과 같이 규칙적인 격자 형태로 배열되어 있지 않다. 알코어는 시신 조직의 미시적 구조의 손상을 줄이기 위해 최근부터 유리질화를 이용한 냉동방법을 이용하고 있다.

MIT의 두뇌 과학자 세바스찬 승(한국 이름은 승현준)은 그의 저서『커넥톰, 뇌의 지도』에서 신체나 머리의 냉동보존이란 생각에 대해 회의적인 입장을 표명했다(승현준, 2014). 승에 따르면, 우리의 기억이나 정체성을 이루고 있는 것은 신경계의 뉴런들이 상호 연결되어 있는 연결망의 총체로서의 커넥톰이다. 만약 냉동보존된 인간을 다시 살려낸다 하더라도, 그 사람을 냉동 이전의 사람과 동일한 사람이라고 할 수 있기 위해서는 뉴런들의 연결 방식인 커넥톰이 그대로 보존되어 있어야 한다. 그러나 승은 이러한 가능성에 대해서 매우 회의적이다. 인공호흡기로 연명하던 환자가 죽은 뒤에 부검을 해보면, 신체의 다른 장기들은 완전히 정상으로 보이지만 두뇌는 이미 변색이 일어나고 말랑하게 되거나 부분적으로 액화가 된 '인공호흡기 두뇌(respirator brain)'라고 부르는 조건에 놓여 있음이 발견되었다. 이로부터 병리학자들은 두뇌가 신체의 나머지 부분보다 훨씬 이전에 죽었다고 결론을 내린다. 현재 알코어에 냉동보존되는 시신도, 알코어가 시신을 수령할 무렵이면 두뇌는 최소한 몇 시간 동안 산소 결핍 상태로 있으며, 살아있는 세포는 하나도 남아있지 않고 세포들은 심하게 손상을 입은 상태이다. 이때에도 두뇌 조직에서 다양한 유형의 손상이 나타나는데, 문제는 그 사람의 커넥톰이 훼손되지 않고 여전히 남아 있느냐의 여부이다. 만약 커넥톰이 손상되었다면, 설령 신체에 대한 부활이 가능하다 하더라도 기억을 소생시키고 인격 동일성을 회복할 가능성은 사라지는 것이다. 현재 알코어에 냉동보존된 사람들의 커넥톰이 유지되고 있는지를 확인할 방법은 없다. 승은 인체냉동보존은 과학보다 종교에 가까우며 증거보다는 믿음에 입각해 있다고 주장한다.

4) 프로스테시스: 제2의 신체

인간 종의 진화란 관점에서 주목해야 할 또 다른 분야는 프로스테시스(prosthesis) 장치들에 대한 연구다. 프로스테시스는 손상되었거나 상실된 신체 일부의 기능을 대신하는 인공적 장치를 일컫는 말이다. 의족이나 의수가 우리에게 익숙한 프로스테시스 장치들이다. 인공신장이나 인공심폐장치와 같이 신체 외부에 장착해 쓰는 장치들뿐 아니라 인공심장이나 인공혈관과 같이 신체 내부에 설치되는 인공장기들도 여기에 포함된다.

생명기술뿐 아니라 전자·정보 기술의 급격한 발전에 힘입어, 앞으로 등장할 프로스테시스 장치들은 단순히 장애의 정도를 경감시키는 수준을 넘어서서 '장애'라는 범주 자체를 아예 무의미한 것으로 만들 가능성이 크다. 윌리엄 도벨(William Dobelle)이 개발한 '도벨의 눈'은 카메라에 입력된 영상 정보를 전기 자극으로 바꿔 후두엽의 시각 중추에 직접 전달하는 전자 눈이다. 이 기술이 성숙 단계에 이를 경우 망막이나 시신경이 손상된 시각 장애인들도 앞을 볼 수 있게 된다. 청력 회복을 위해 청각신경을 우회해 인공와우를 뇌간에 직접 연결하는 연구도 있다. 듀크대학교의 미구엘 니콜레리스(Miguel Nicolelis)와 MIT 터치랩은 올빼미 원숭이의 두뇌 신호를 읽어내 원격으로 떨어진 로봇팔을 조작하는 시연을 성공적으로 마쳤다. 이 기술을 이용하면 사지 마비 환자가 두뇌의 뇌파를 이용해 로봇팔이나 로봇다리를 작동시켜 정상적인 생활을 할 수 있을 것이다(Clark, 2003).

2012년 5월 미국 브라운대학교 메디컬센터, 하버드대학교 의과대학 등의 전문가로 구성된 연구팀은 《네이처》 온라인 판을 통해 마비 환자의 뇌파를 이용해 생각만으로 인공 수족을 움직이는 기술을 개발했다고 발표했다(《서울신문》 2012년 5월 18일자, "생각만으로 움직이는 로봇팔 …… 상상이 현실이 되다"). 피실험자인 59세 여성 캐시 허친슨과 '밥'으로 알려진 60대 남성 등 2명은 모두 뇌졸중으로 팔다리가 마비된 미국인이다. 연구진은 이들의 뇌 운동

피질에 어린이용 아스피린 크기(4mm²)의 '브레인게이츠'라는 센서 칩을 이식했다. 이 칩 속에는 96개의 전극이 있는데 환자가 팔을 움직이는 상상을 할 때 발생하는 신경 신호를 포착하고 수집해서 머리 윗부분에 연결된 케이블을 통해 외부 컴퓨터로 전송한다. 컴퓨터는 신경 신호를 해석해 환자의 의도를 파악하고 로봇팔을 움직이게 한다. 15년간 팔을 움직이지 못한 허친슨은 이번 실험에서 로봇팔을 이용해 커피가 담긴 보온병을 들어올려 빨대로 커피를 마시고 병을 다시 테이블에 올려놓는 데 성공했다.

영국의 의료 보조기구 개발업체 RSL 스티퍼는 하이테크 생체공학 기술을 이용한 최첨단 의수 '비바이오닉 3'를 개발해 발표했다(《팝뉴스》 2013년 8월 22일자, "터미네이터 팔? 최첨단 로봇손 '화제'"). 탄소 섬유와 알루미늄 합금 소재를 사용해 만든 인공팔 비바이오닉 3는 기존 의수와 달리 손가락마다 모터를 달리 써서 그 움직임의 강도를 다양하게 조절할 수 있는 것이 특징이다. 실제 팔의 절단부와 연결된 센서를 통해 근섬유의 전기 신호가 감지되면 그 명령이 인공지능 프로그램을 통해 앰프에 전달되면서 기계 손가락이 마치 실제 손가락처럼 뇌 명령에 따라 움직인다. 손가락의 강약을 조절할 수 있는 덕분에 좀 더 섬세하면서도 정밀한 작업이 가능해진 비바이오닉 3는 컴퓨터 자판을 두드리고 열쇠나 신용카드와 같은 얇고 작은 물체를 집어 올리고 야채 껍질을 벗기거나 달걀을 깨는 등 일상생활에 필요한 다양한 동작들을 무리 없이 수행할 수 있다고 한다.

첨단의 프로스테시스 장치들은 인간과 도구의 관계를 새롭게 재설정할 것을 요구한다. 인간의 특성을 정의하는 말 중에 '호모파베르(Homo faber)'라는 표현이 있다. 도구를 사용하는 인간이란 뜻이다. 인간이 다른 종의 동물들과 구분되는 가장 근본적인 특성이 도구를 만들어 사용하는 능력에 있음을 강조하기 위한 표현이다. 도구라는 표현의 외연을 조금 더 확장해서 이해하면, 호모파베르가 포착하려는 인간의 특성은 바로 기술을 사용하는 인간의 능력이다. 전통적으로 도구나 기술은 그것을 사용하는 주체와 구분되어 신체의 바깥에 있는 대상적인 것을 가리키는 것으로 이해되었다. 그러나 앞서 언급한 장치들은 비록 인공적이기는 하지만 장애를 극복하게 해주는 도구를 넘어서서 우리의 신체와 거의 이음매 없이(seamless) 결합된다. 말하자면 후천적으로 갖게 되는 제2의 신체인 것이다.

앤디 클라크(Andy Clark)는 우리 정신의 위치가 두뇌나 중추신경계와 같은 우리의 신체 내부로 국한되지 않으며, 다양한 방식을 통해 환경으로 확장되어 있다는 파격적인 주장을 펼쳤다. 이를 축약적으로 잘 표현하고 있는 것이 "아이폰은 이미 나의 마음의 일부"라는 호주 출신의 철학자 데이비드 찰머스(David Charlmers)의 선언이다(Clark, 2008). 우리는 과거였으면 머릿속에 저장했을 주소나 전화번호, 일정을 스마트폰 속에 저장하고, 필요한 시점에 그 내용을 불러낸다. 클라크나 찰머스는 이때 스마트폰은 나의 신체 바깥에 위치한 외부 기억 저장소의 역할을 하고 있으며, 기능적 측면에서 보아 나의 두뇌 속에서 이루어지는 과정과 아무런 본질적 차이가 없다고 주장한다. 이른바 '확장된 마음'의 논제다.

아이폰은 한때 우리가 머릿속에 기억했던 전화번호나 주소 같은 것들을 저장하고 있다. 과거에는 우리의 생물학적 두뇌가 그 역할을 수행했지만, 이제는 아이폰이 우리의 기억 일부를 대체하게 된 것이다. 우리는 또한 가보고 싶은 식당의 목록과 그 메뉴도 아이폰에 기록해둔다. 그런 점에서 아이폰은 우리 욕구의 일부도 품고 있다. 음악을 듣거나 계산을 하기 위해서 뿐 아니라, 어떤 일을 기획하고 수행할 때도 우리는 아이폰을 이용한다. 일정을 정하고 계획을 세우며, 약속 장소를 찾아서 길을 찾는 과정에서도 우리는 점점 더 아이폰과 같은 스마트 폰에 의지한다. 혼자서 수행하는 일뿐 아니라, 다른 사람들과 관계를 맺거나 그들과 어울려 협력적으로 수행하는 많은 일을 할 때도 마찬가지다.

많은 사람들은 클라크나 찰머스의 이런 주장을 과장된 레토릭으로 치부하기도 한다. 하지만 이들의 주장은 인간 본성의 이해라는 측면에서 훨씬 더 근본적인 함축을 가지고 있다. 클라크에 따르면 기술은 우리 인간 정신 및 신체의 확장이며, 생명과 기술의 병합은 그 근본에서부터 인간을 인간으로 만들어주는 본질적 특성이다. 언어가 존재하고 인간이 불이나 도구를 만들어 사용한 이래, 우리는 결코 한 번도 자연적으로 주어진 정신이나 신체만으로 규정될 수 있는 존재가 아니었다는 것이다. 인간은 외부의 도구나 자원을 활용하는 기술을 통해 생존과 재생산의 문제를 해결하고 문화를 발전시켰다. 기술은 비록 인간에 의해 구성되고 규정되는 것이긴 하지만, 동시에 그것은 인간의 가능성이나 잠재력을 근본적인 차원에서 재규정하고 조건 짓는다. 그런 점에서 인간-기술(도구)의 공생은 인간의 인간다움을 가능하게 하는 근본적인 조건이며, 그 결과 인간은 원래부터 생물학적 육체(정신)와 기술(도구)이 결합된 사이보그적 존재다. 클라크는 기술이 제2의 본성이나 마찬가지여서, 안경이나 스마트폰에 의지하는 우리들의 모습과 생물학적 신체와 기계적 장치가 직접 결합된 사이보그의 차이는 종류의 차이가 아니라 정도의 차이라고 말하는 셈이다.

앞서 언급한 프로스테시스 장치들이 본격적으로 일상화되고 나면, 인간이 본성상 사이보그라는 것은 더 이상 은유적 주장이 아니다. 가까운 미래에 등장할 프로스테시스 장치들은 주로 신체적 장애를 극복하게 해주는 장치들로 한정될 것이다. 그러나 이러한 기술들이 일정한 성숙기에 이르고 나면, 신체적으로 큰 문제가 없는 '정상인'들도 자신의 능력을 강화하기 위해 이 장비들을 채택하려 할 것이다. 특히 군사적인 목적으로 기계와의 결합을 통해 인간 능력을 강화하려는 시도가 빈번해질 것이다. 지금도 연구가 진행 중인 외골격 로봇 같은 것을 생각해보라. 영화 〈아이언맨〉에서처럼 인간의 관절과 근육이 내는 힘의 수백 배에 이르는 초인적 힘을 발휘하는 슈퍼군인의 탄생도 멀지 않았다.

5) 인간과 컴퓨터의 결합

인간과 기계의 결합이라는 측면에서 주목해야 할 또 다른 분야는 인간-컴퓨터 인터페이스에 관한 연구다. 최근 보도자료에 따르면 미국 서던캘리포니아대학교(USC)와 웨이크포레스트대학교의 연구팀은 두뇌의 메시지를 복제하고 재생산할 수 있는 메모리칩을 만들었으며, 이후 해당 메모리칩을 인간의 두뇌에 삽입해 기억을 되살리는 데 활용할 계획이라고 한다(《문화일보》 2013년 5월 8일자, "메모리칩 뇌에 이식 '코드명 J' 탄생 현실로"). 인간의 두뇌에 직접 이식된 실리콘 칩과 두뇌 조직 사이에 일어나는 상호작용의 수준이 두뇌 내부에서 일어나는 생리적 과정의 수준으로 향상될 경우에, 우리의 정신 능력이 급격히 향상될 것은 물론이고 인간의 인지구조가 작동하는 방식 자체가 근본적으로 변형될 것이다.

개인용 컴퓨터가 등장한 지 이미 40년가량이 지났고, 인터넷이 보급된 지도 근 20년이 되어간다. 초창기의 컴퓨터는 DOS처럼 명령어를 텍스트로 입력해야 했지만 지금은 그래픽 유저 인터페이스(GUI)가 보편화되었으며, 스마트폰 등장 이후 스크린을 직접 조작하는 터치 인터페이스가 점점 확산되고 있다. 사용자 경험의 측면에서 많은 변화가 일어난 것은 사실이지만, 다른 한편으로 컴퓨터와의 상호작용을 위한 입출력의 물리적 인터페이스는 어떤 의미에서 크게 변화된 것이 없다. 우리는 여전히 키보드와 마우스 혹은 화면을 물리적으로 조작해야만하고 출력은 대개 탁상용 모니터나 스마트폰의 조그만 화면 혹은 프린트로 국한된다.

물리적 인터페이스는 인간과 컴퓨터 간의 이음매 없는 상호작용에 여전한 걸림돌로 남아있다. 많은 사람들로 하여금 '확장된 마음'에 대한 클라크의 주장을 단순한 비유 이상의 것으로 여길 수 없게 만드는 이유 중 하나가 그것이다. 그러나 여기에도 변화가 시작될 것이다. 니콜라스 네그로폰테(Nicholas Negroponte)가 주장하듯이, 사용자 경험의 측면에서 궁극적으로 지향해야 할 인간-컴퓨터 인터페이스는 인터페이스 자체를 아예 사라지게 만드는 것이다(네그로폰테, 1999). 앞으로는 구글 글라스와 같은 웨어러블 컴퓨터가 훨씬 더 보편화될 것이다. 이때 도처에 편재한 온갖 유비쿼터스 장치들과 개인이 착용하는 웨어러블 컴퓨터는 두뇌에 이식된 칩을 통해 두뇌와 직접 연결될 것이며, 우리는 마치 우리의 신체를 부리듯이 사고 과정만으로 이 장치들을 통제하게 될 것이다.

컴퓨터가 수행하는 역할에도 중요한 변화가 일어날 것이다. 컴퓨터의 성능이 매년 두 배(이후 18개월에 두 배로 수정)로 증가할 것이란 고든 무어(Gordon Moore)의 예측대로, 컴퓨터는 계산 속도나 용량 면에서 기하급수적인 발전을 거듭했다. 그런데 소프트웨어 면에서 컴퓨터는 아직 데이터 저장소 정도의 역할을 하며 필요한 일을 적절히 수행하기 위해서는 끊임없이 인간의 개입을 필요로 한다. 1950~60년대 인공지능 연구가 시작될 무렵, 초창기 연구자들은 수십 년 이내 인간 수준의 인공지능이 등장할 것이라고 낙관적으로 전망했다. 하지만 연결주의와 같은 다양한 연구 패러다임이 등장했음에도 불구하고, 인간 수준의 인공지능을 구현하기 위한 꿈은 아직 멀어 보인다. 그러나 낙관주의자들은 비록 처음 예상했던 것보다 그 시기가 늦춰질 수는 있어도 인공지능의 등장은 시간문제라고 본다.

다른 한편으로 인간의 정신적 능력에 혁명적 변화를 일으키기 위한 목적이라면, 굳이 인간에 버금가는 인공지능이 출현해야 할 필요는 없다. 우리는 지금도 어떤 일을 할 때 스마트폰이나 인터넷의 검색 엔진과 같은 도구들에 의존한다. 문제는 이것들이 아직은 충분히 지능적이지 않다는 것이다. 내가 검색 엔진에서 몇 가지 키워드를 이용해 어떤 정보를 얻으려 한다고 해보자. 검색 엔진의 알고리듬이 나의 질문에 답하는 방식은 키워드의

'구문적' 형태에 반응하는 것이다. 즉 이 알고리즘은 저장된 데이터베이스에서 그 키워드를 포함하거나 혹은 그 키워드와 연관이 있다고 지정된 검색어를 포함하는 문서들을 찾아준다. 위치 확인처럼 간단한 생활 정보를 찾을 때 이는 큰 문제없이 작동한다. 하지만 상당 수준의 심층 지식을 얻고자 한다면 검색 결과는 우리가 알고자 하는 것과 관련 없는 내용들을 많이 포함하며, 적절한 답변을 찾기 위해서는 여러 번의 시행착오를 거쳐야만 한다. 이를 인간 전문가에게 동일한 질문을 하는 경우와 비교해보자. 인간 전문가는 단순히 내가 던진 질문의 구문적 특징에 반응하는 것이 아니라, 내가 던지는 질문의 '의미를 이해'하고 그것과의 적절한 관련성을 고려해 답하려고 할 것이다. 이는 사용자와 소프트웨어의 사이에도 모종의 인터페이스가 상호작용의 장애물로 작용하고 있음을 보여준다.

인공지능에 대한 연구가 진척됨에 따라, 우리가 이용하는 디지털 도구들은 특정의 제한된 영역에서나마 상당한 정도의 '지능'을 획득하게 될 것이다. 유비쿼터스 장치나 웨어러블 컴퓨터에 이러한 지능적 소프트웨어가 탑재되고, 내 두뇌에 이식된 실리콘 칩을 통해 이것들과 상호작용을 한다고 상상해보자. 지능적 소프트웨어 행위자들은 실시간으로 내 두뇌와 신체 상태를 모니터링하면서, 내 기분이나 성향, 목표에 맞는 필요한 정보를 수집하고 그 우선순위를 정해 나에게 제시한다. 물론 이런 일이 가능하려면 이들 소프트웨어 행위자들이 나와 나를 둘러싼 상황을 아주 잘 '이해'하고 있어야 한다. 이러한 소프트웨어 행위자들은 더 이상 나의 직접적 조작에 의해 작동하거나 지속적인 개입을 필요로 하는 수동적 존재가 아니라 일종의 직권위임에 의해 작동하는 능동적 행위자들이다. 만약 이런 일이 가능하다면, 하드웨어적 인터페이스뿐 아니라 소프트웨어적인 인터페이스도 함께 사라진다. 그리고 이때 한 개인의 정신적 능력을 규정하는 것은 단순히 생물학적 두뇌가 갖는 능력이 아니라, 이들 지능적 행위자와 환경을 포함하는 전체 두뇌 매트릭스가 갖는 능력이다.

6) 나노 어셈블러, 슈퍼지능, 업로딩

인간의 변형과 관련한 논의에서 아직은 사변적 수준에 머물러 있지만 훨씬 더 급진적인 시나리오들도 있다. 바로 나노 어셈블러나 슈퍼지능의 출현, 업로딩에 관한 생각들이다. 나노기술은 원자 수준에서 물질의 구조를 통제하는 기술로, 화학적 반응을 이용해 원자 수준까지 특정되는 복잡한 3차원 구조물을 제작할 수 있도록 해준다. 나노기술은 현재도 극미 상태에서 물질이 갖는 성질을 이용해 다양한 약물이나 전자 부품, 신소재 제조과정에서 활용되고 있다. 물론 앞서 언급한 여러 과학기술의 발전에 있어서도 나노기술의 역할은 핵심적이다. 그런데 나노기술과 관련해 가장 파격적인 생각은 에릭 드렉슬러(Eric Drexler)가 『창조의 엔진』에서 제안한 나노 어셈블러와 디스어셈블러의 개념이다. 어셈블러는 원자적 수준에서 3차원 대상을 조립하는 일종의 분자 조립기계로서, 이론상으로는 우리의 생체 기관을 포함해 화학적으로 안정적인 어떠한 구조도 만들 수 있다. 또한 어셈블러는 자기복제가 가능하므로 최초의 어셈블러가 만들어지기만 하면 수많은 어셈블러가 대량으로 생산될 수 있다. 이것들이 집합적으로 팀을 이루어 작업하게 되면 비록 개개의 장치가 작업하는 단위는 나노미터의 수준이지만 그 생산물의 크기에는 실질적인 한계가 없다. 원료에 해당하는 물질은 자연계에 널려 있으므로, 가장 문제가 되는 것은 우리가 필요로 하는 대상의 구조나 그 제작을 위한 일련의 지침에 해당하는 소프트웨어다. 디스어셈블러는 기존의 어떤 대상을 원자 수준으로 분해하는 동시에 그 대상의 분자 구성에 대한 3차원 설계도를 그리는 장치다. 어셈블러와 디스어셈블러를 함께 사용하면, 세상에 존재하는 어떤 대상도 복제가 가능하다. 드렉슬러의 주장에 따르면 어셈블러는 자기 복제 능력 때문에 매우 낮은 한계 비용만으

2장 - 포스트휴먼의 시대가 온다

로 생산이 가능하고, 원자 단위에서 작업하므로 생산물의 품질이 매우 뛰어나며, 쓰고 남아서 버려지는 분자가 거의 없으므로 환경 문제나 자원 문제, 빈부격차 문제 등 현재 인류가 당면한 대부분의 문제에 대한 해결책이 될 수 있다. 그러나 최근에 나노기술에 대한 엄청난 연구 투자가 이루어지고 있지만, 아직 드렉슬러의 어셈블러 기반의 나노기술과는 거리가 있다.

또 하나의 급진적인 사나리오는 슈퍼지능의 출현이다. 슈퍼지능은 모든 측면에서 인간의 두뇌를 훨씬 뛰어넘는 지능을 일컫는다. 지금의 단계에서 슈퍼지능이 어떤 방식으로 실현될 것인지를 예상하기란 어려운 일이다. 모라벡은 인간 망막에서 수행되는 신호처리를 근거로 인간의 두뇌가 초당 1017번의 연산처리 능력을 갖는 것으로 추정한다(모라벡, 2011). 이는 현존하는 어떤 슈퍼컴퓨터보다 뛰어난 계산 능력이다. 하지만 조만간 그 정도의 연산능력을 갖춘 슈퍼컴퓨터가 등장할 것으로 예상된다. 2005년 기준으로 가장 빠른 슈퍼컴퓨터(IBM의 Blue Gene/L)의 초당 연산 능력은 2×10^{14}인데, 2013년 현재 세계에서 가장 빠른 슈퍼컴퓨터인 중국의 '밀키웨이2'의 초당 연산 능력은 5.5×10^{15}에 이른다(《한국경제매거진》 2013년 7월 15일자, "변방으로 밀려나는 美 슈퍼컴퓨터 중국 추격에 '절절' …… 재원 마련에 '한숨'"). 결국 여기서도 문제는 하드웨어가 아니라 소프트웨어다. 지금 생각해볼 수 있는 한 가지 가능성은 계산신경과학의 발전을 통해 인간 두뇌의 계산 구조와 학습규칙이 무엇인지를 알게 되고, 그와 동일한 알고리듬을 컴퓨터에 구현하는 것이다. 이때 인공지능은 인간 프로그래머에 의해서 사전에 프로그램 되는 방식이 아니라, 인공지능 스스로가 경험에 입각한 학습을 통해 스스로를 발전시켜나가는 형태가 될 것이다.

보스트롬은 슈퍼지능을 약한 슈퍼지능과 강한 슈퍼지능으로 구분한다(Bostrom, 2003). 약한 슈퍼지능은 인간의 지능을 컴퓨터에 업로드한 다음 그것을 빠른 속도로 구동시킴으로써 처리 속도의 향상을 꾀하는 방식으로 인간 정신을 업그레이드한 버전이다. 인간의 두뇌는 매우 강력한 연산 장치이기는 하지만, 신경세포 간에 주고받는 신호의 이동 속도는 초당 1~100미터 정도에 불과하다. 현재 컴퓨터 부품의 주요 재료인 실리콘에서 전자가 이동하는 속도에 비교하면 매우 느리다. 그러나 디지털 컴퓨터는 기본적인 계산 구조가 한 번에 하나씩 연산을 처리하는 직렬 장치인 데 비해, 우리 두뇌는 병렬 분산적으로 정보를 처리한다. 따라서 인간 두뇌의 시냅스 연결망 구조를 스캔해 그와 동일한 계산구조나 과정을 전자 장치에 구현하는 것만으로도 인간의 정신 능력은 엄청나게 향상될 것이다. 이를 위해 필요한 것이 인간의 정신을 생물학적 두뇌에서 컴퓨터로 전송하는 '업로딩' 기술이다. 이를 위해 우리는 두뇌의 3차원 지도뿐 아니라, 뉴런의 종류들뿐 아니라 개별 뉴런들 사이의 연결망이 작동하는 기능적 모형에 대한 자세한 지식이 필요하다. 최근 미국이나 유럽에서 인간 게놈 프로젝트에 비견되는 인간 두뇌 프로젝트를 시작했다. 이 프로젝트들은 수십억 개에 이르는 뉴런이나 그것들의 연결망 수준에서 인간의 두뇌가 어떻게 작동하는지를 해명하려는 야심찬 시도다. 이런 연구의 결과들이 마침내는 슈퍼지능을 만드는 일의 밑거름이 될 수도 있다.

강한 슈퍼지능은 인간의 두뇌보다 속도에서 빠를 뿐 아니라, 질적인 면에서도 인간을 초월해 더 영리해진 지능을 말한다. 신경망의 크기나 연결을 복잡하게 만들고 인지 구조를 재구성해 새로운 층위를 더 할 경우에 우리가 알지 못하는 지능의 새로운 차원이 열릴지도 모른다. 인간이 세상을 파악하는 인지의 방식이나 이해의 정도와 침팬지의 그것 사이에는 분명 건널 수 없는 어떤 간격이 있다. 강한 슈퍼지능과 인간 지능의 관계는 인간과 침팬지 사이에 성립하는 지능의 관계에 비유될 수 있다. 이러한 슈퍼지능의 출현은 인간 중심적 세계관에 중대한 타격을 가할 것이며, 생물학적 인간 종은 더 이상 지구에서 가장 똑똑한 존재가 아니게 된다. 만일 슈퍼지능이 개발된다면, 그것은 인간이 개발할 필요가 있는 마지막 물건이 될 것이다. 그 이후에는 슈퍼지능 스스로가 인간보다 훨씬 능률적으로 과학이나 기술의 발전을 이루어나갈 것이기 때문이다.

커즈와일은 슈퍼지능이 출현하는 그 시점이 바로 인간 종의 출현에 버금가는 정도로 인간의 삶이 근본적인 변화를 겪게 되는 '특이점(singularity)'이 될 것이라 진단한다(커즈와일, 2007). 특이점이란 지금과는 너무나 다른 형태의 삶을 살게 될 것이므로 지금 우리가 세상을 이해하는 여러 개념적 범주나 가치의 기준이 전혀 무의미하게 되는 그러한 지점이다. 슈퍼지능을 떠올릴 때 가장 먼저 드는 생각은 인류의 종말에 관한 시나리오다. 우리는 〈터미네이터〉나 〈매트릭스〉 같은 영화를 통해 인간보다 뛰어난 지능을 획득한 기계가 인류를 멸종시키거나 일종의 자원으로 이용하는 디스토피아적 미래 이야기와 친숙하다. 그러나 커즈와일과 같은 이들은 슈퍼지능의 출현이 곧 인류의 종말을 의미하는 것은 아니라고 생각한다.

약한 슈퍼지능의 시나리오에서처럼 인간의 정신을 컴퓨터에 업로드함으로써 우리 스스로가 슈퍼지능이 될 수도 있기 때문이다. 정신의 업로드가 곧 탈신체화나 경험의 빈곤화를 의미하지는 않는다. 업로드 된 존재는 영화 〈매트릭스〉에서처럼 가상실재에 거주할 수 있다. 가상실재 기술이 발전하게 되면 업로드 된 존재는 원리상 생물학적 인간이 경험하는 것과 동일한 경험을 하게 될 것이며, 주관적 관점에서 현실 세계와 가상실재의 구분이 전혀 불가능할 것이다. 또한 매트릭스 안의 생활은 실제의 물리적인 음식이나 집, 교통수단을 필요로 하지 않기에 보다 쉽게 풍족하고 안락한 삶을 구현할 수 있을지도 모른다. 다른 한편으로 업로드 된 정신은 로봇 신체를 획득해 실재의 세계 속에 거주할 수도 있다. 아바타나 써로게이트와 같은 로봇 신체를 통해 외부 세계와의 상호작용도 가능하다는 것이다. 업로딩의 가능성을 주장하는 학자들은 우리가 가지고 있는 기억이나 가치, 태도, 감정적 성향이 정보적 패턴으로 보전되고, 업로딩 이전의 단계와 이후 단계 사이에 인과적인 연속성이 존재하는 한 우리는 여전히 자기동일성을 유지하면서 생존하는 것이라 생각한다. 만일 이 주장이 참이라면 우리는 생물학적 노화를 겪을 필요가 없다. 또한 백업 복사본을 만들어 두고 만일의 경우에 재부팅함으로써 거의 영원히 살 수 있는 가능성이 열리게 된다. 다른 한편으로 그것을 구현하는 컴퓨터의 속도에 따라 우리는 지금보다 훨씬 빠르게 생각할 것이며 하루의 경험도 훨씬 늘어날 수 있다. 이때 우리는 정보의 패턴으로 존재하므로, 아마도 빛의 속도로 이동하는 것이 가능할지도 모른다.

5.   기술변화의 급진성

앞서 서술한 인간 향상의 기술이 본격적으로 현실화되기 시작한다면 이는 인류 역사 이래 미증유의 일이 될 것이다. 문제는 인간 본성을 불가역적으로 바꾸어 놓을 엄청난 변화가 사실상 이미 시작되었지만 우리들 대부분은 그러한 변화가 일어나고 있음을 직접 체험하기 힘들며, 그 결과 기술의 발전에 따른 이러한 급격한 변화가 의미하는 바나 그 잠재력에 대해서 충분한 주의나 반성을 기울이고 있지 않다는 점이다. 이는 우리가 변화를 대체로 완만한 직선의 선형적인 방식으로 생각하기 때문이다.

여기서 문제를 이해하는 한 가지 열쇠는 이들 기술이 발전하고 있는 속도의 기하급수성에 있다(커즈와일, 2007; 조엘 가로, 2007). 앞서 언급한 무어의 법칙은 약간의 편차는 있지만, 반도체나 컴퓨터 영역에서 여전히 유효하게 지켜지고 있다. 문제는 정보기술의 영역에서 작동하는 이러한 규칙성이 생명공학이나 인지과학과 같은 다른 분야에서도 비슷한 방식으로 작동하고 있다는 것이다. 이러한 급격한 변화의 양상과 달리, 우리가 일상적인 경험을 통해 느끼는 변화의 속도는 대개 완만하게 상승하는 직선의 모습이다.

사실 인류 역사 대부분의 기간에서 사람들이 자신의 일생 동안에 세계에 급진적 변화가 일어나고 있음을 느낄 수 있는 경우란 거의 없었다. 최근 몇십 년 동안 일어난 변화는 사실상 인류의 출현 이래 수만 년 동안 일어났던 변화보다 훨씬 더 큰 규모의 변화다. 말하자면 현재를 살아가는 우리를 제외하곤, 사람들이 평생을 살아가는 동안에 세상은 거의 아무것도 바뀌지 않았다고 해도 과언이 아니다. 그런 점에서 진화적으로 형성된 우리의 일상적인 체감 능력은 완만한 일상적 변화의 포착에 적응된 능력이며, 기하급수적으로 일어나는 급격한 변화를 생생히 포착하고 상상하기에는 일정한 한계를 갖는다고 말할 수 있다.

인류 역사를 되돌아보면, 기술의 변화나 혁신은 그것에 수반하는 문화나 가치의 변화보다 훨씬 빠른 속도로 진행되었음을 알 수 있다. 농경이나 문자의 출현은 물론이거니와, 17세기 과학혁명이나 18세기의 산업혁명이 의미하는 바가 무엇인지를 정확하게 이해하고 그것을 반영한 삶의 형태나 가치규범이 자리 잡기까지 짧게는 수십 년, 길게는 수세기 이상의 시간이 소요되었다. 오늘날 우리가 사용하는 인터넷의 원조라 할 수 있는 아르파넷(ARPANET)이 미 국방부 산하의 고등연구계획국(Advanced Research Project Agency, ARPA)의 지원 속에 처음 만들어진 것은 1969년이다. 그로부터 불과 40여 년이 지난 지금의 시점에서 인터넷이 야기한 생활상의 변화를 생각해 보라. 아르파넷이 처음 만들어졌을 때에, 인간의 삶이 지금과 같은 방식으로 급격하게 변화될 것이라 예측한 사람은 그렇게 많지 않았다.

문제는 향후 전개될 과학기술의 발전 양상이 지금까지의 변화보다 훨씬 더 빠른 속도로 진행될 것이며, 그것이 갖는 영향력도 이전과는 비교가 거의 불가능한 수준이라는 것이다. 인간 향상 기술은 단순히 공상이 아니라, 그 상당수는 앞서 논의한 대로 현재 개발 중이거나 이미 실제로 적용되고 있다. 지금 우리가 관심을 갖는 인간 향상 기술에 대한 연구의 많은 부분이 아르파의 후신인 다르파(DARPA)의 지원이나 연계 아래 진행되고 있음에 주목할 필요도 있다.

　　기술 발전이 가져올 미래의 변화를 그나마 적확하게 파악하는 한 가지 방법은 최근 20~30년 동안 정보기술에서 일어난 변화 양상을 곡선 그래프로 그린 다음에 일종의 외삽(extrapolation)을 통해 향후 20~30년 후를 상상해보는 것이다. 다음과 같은 자료들이 곡선(curve)의 변화가 직선의 선형적 변화에 비해 얼마나 급진적인 양상으로 전개되는지를 파악하는 데 도움이 될 것이다. 표 1은 인간 진화를 중심으로 일종의 전환점에 해당하는 역사적 사건들을 나열하고, 그 이전의 사건에서 그 다음 사건이 발생하기까지 소요된 시간을 나타낸 것이다. 그림 1은 지난 1만 2000년 동안 일어났던 세계의 인구변화를 그래프로 나타낸 것이다(조엘 가로, 2007: 116).

　　현재 개발되고 있는 기술들의 발전 속도와 그것들이 야기할 수 있는 변화의 잠재력을 이처럼 곡선 그래프를 통해 이해하고 나면, 인간 향상 기술이 제기하는 문제가 그 어떤 다른 문제보다도 시급한 관심과 논의가 필요한 문제임에 동의할 수 있을 것이다. 이는 단순히 과학기술에 열광하는 일부 기술애호가(technomania)들의 공상과 관련된 문제가 아니다. 첨단 과학기술을 기반으로 하는 인간 향상은 가까운 미래에 우리가 직면하게 될 현실의 사건이다.

　　인간 변형 기술이 현실화될 경우 그것이 야기할 정치적·사회적·문화적 변화 및 우리의 가치관과 행동에 끼칠 영향은 과거의 그 어떤 기술보다도 더 급진적일 것이다. 인간을 이해하는 개념적 범주들을 포함해 '인간됨'의 의미, 그리고 그것에 근거한 도덕규범, 가치 등이 근본적인 변화를 겪게 될 것임은 자명해보인다. 서구적 전통에서 인간의 정신적 특성(이성) 및 그로부터 기원하는 도덕적 능력은 인간이 다른 생물보다 우월하며 존엄성을 지닌 존재임을 나타내는 징표로 간주되었다. 그런데 첨단 기술을 통한 인간의

표 1 – 인간 진화의 커브

지구형성–다세포생물 출현	40억 년
포유류 출현	4억 년
원숭이 출현	1억 5천만 년
호미니드(사람과) 출현	3000만 년
인간 출현	1600만 년
알타미라 벽화	400만 년
정착문화	1만 년
문자발명 – 문화적 진화가 생물학적 진화를 추월하는 시점	4000년
로마제국 형성	4000년
산업혁명	1800년
달 착륙	169년
정보시대	20년

그림 1 – 문명사회의 세계 인구변화

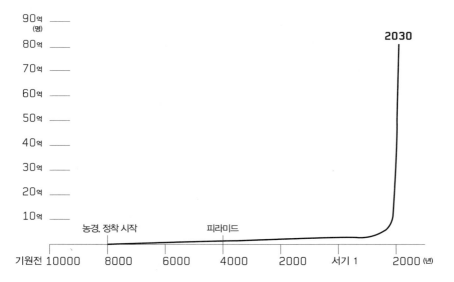

변형이나 향상 이후에도 이와 같은 규정은 여전히 타당하게 유지될 수 있을까? 동양에서는 자연이나 자연적 상태를 존중하려는 오랜 전통이 있다. 이 글을 읽는 독자 중에서도 인간 향상 기술을 이용해 인간의 신체나 정신의 자연적 본성을 인위적으로 조작하는 것에 어떤 도덕적 부당함이 있다고 생각하는 사람이 있을 것이다. 그런데 과연 그런 생각을 정당화할 수 있을까?

인간 향상 기술에 대한 논의는 지금까지 주로 과학자나 미래학자의 몫이었으며 철학적 반성의 대상은 아니었다. 최근 들어 포스트휴먼 혹은 포스트휴머니즘 연구라는 이름으로 점점 더 많은 철학자들이 이와 관련된 논의에 관심을 보이고 있다. 논의의 일부는 이러한 기술이 현실화될 실질적 가능성, 가령 특이점의 도래나 슈퍼지능의 출현 가능성을 이론적으로 검토한다. 그러나 가장 중심적인 내용은 역시 이들 기술의 적용과 관련된 윤리적·도덕적 쟁점들이다.

프로메테우스의 꿈: 우리 스스로 포스트휴먼이 되자

3.

2004년 9월 정치, 경제 혹은 국제관계 문제를 주로 다루는 잡지인 《포린폴리시(Foreign Policy)》는 여덟 명의 저명한 학자들에게 인류의 미래에 위협이 될 만한 가장 위험한 생각에 대해서 기고해줄 것을 요청했다. 『역사의 종말』의 저자로 잘 알려진 미국의 정치학자 프랜시스 후쿠야마(Francis Fukuyama)는 두 페이지의 짧은 글에서 트랜스휴머니즘이 미래의 가장 위험한 생각이라는 견해를 피력했다(Fukuyama, 2004). 후쿠야마는 『역사의 종말』에서 소련을 위시한 동구권의 해체 이후에 자유민주주의를 대신할 수 있는 중요한 선택지가 모두 사라졌으며, 세계 역사는 자유민주주의를 정점으로 더 이상의 진보는 없을 것이라는 다소 도발적인 주장을 펼쳤다. 그러나 그는 《포린폴리시》에 기고한 짧은 글과 『부자의 유전자, 가난한 자의 유전자』라는 자신의 다른 저서에서 역사의 종말에 관한 자신의 입장을 수정한다.[1] 그는 『역사의 종말』에 대한 많은 비판 중에서 유일하게 반박할 수 없었던 비판이 과학은 종말이 없으며 따라서 역사의 종말도 있을 수 없다는 견해였다고 고백했다. 그는 첨단 과학기술의 발전, 특히 생명공학의 눈부신 발전은 인간의 본성마저도 변화시킬 수 있는 그 엄청난 영향력 때문에 인간을 인간으로 만들어주는 우리의 본질을 위협하며, 더 이상 인간이 아닌 인간의 후예, 즉

---

[1] 우리나라에서 출간되는 번역서 제목을 결정하는 관행에 상당히 중대한 문제가 있다고 생각한다. 필자는 오래전에 빌라야누르 라마찬드란의 *Phantoms in the Brain*이라는 책을 번역한 적이 있다. 우리말로 그대로 옮기면 "두뇌 속의 유령"이 된다. 이는 길버트 라일이 사용한 "the ghost in the machine"에 빗대어 지은 멋진 제목이다. 그런데 정작 출간된 번역서의 제목은 『라마찬드란 박사의 두뇌 실험실』이었다. 물론 옮긴이인 필자와 상의하지 않았고, 시장성을 감안한 출판사의 독단적인 선택이었다. 샌델 책의 영문 제목은 *The Case against Perfection*이다. 신중하게 선택된 제목이며 책의 요지가 무엇인지를 짐작하게 한다. 그런데 한글 번역서의 제목은 『생명의 윤리를 말하다』이다. 마치 생명윤리학 교과서 제목처럼 들린다. 후쿠야마 책의 경우는 더욱 심각하다. 원저의 제목은 *Our Posthuman Future: Consequences of the Biotechnology Revolution*이다. 나름 멋진 제목이며, 문제의식이 잘 드러나 있다. 그런데 이 책은 『부자의 유전자, 가난한 자의 유전자』라는 제목으로 번역되었다.

3장 - 프로메테우스의 꿈: 우리 스스로 포스트휴먼이 되자

포스트휴먼의 새로운 역사를 예고한다고 진단한다.

1. 트랜스휴머니즘이란

'포스트휴먼'은 그 기본적인 능력이 근본적으로 현재의 인간을 넘어서기 때문에 현재의 기준으로는 더 이상 인간이라 부를 수 없는 존재를 가리키는 표현이다(Bostrom, 2008).[2] 스웨덴 출신의 철학자이며 현재 옥스퍼드대학교 인류미래 연구소(Future of Humanity Institute) 소장인 보스트롬은 다음과 같은 세 가지 인간의 주요 능력 중 최소한 하나 이상의 능력에서 현재의 인간이 도달할 수 있는 최대한의 한계를 엄청나게 넘어 설 경우, 이를 포스트휴먼으로 부르자고 제안한다.

- 건강수명   정신적·물리적으로 온전하고 건강하게, 능동적이며 생산적인 상태로 남아있는 능력
- 인지   기억, 추론, 주의력과 같은 일반 지능의 능력 및 음악, 유머, 에로티시즘, 서사, 영성, 수학 등을 이해하는 특수 능력
- 감정   삶을 즐기고, 생활 속의 상황이나 다른 사람들에게 적절한 정서로 반응하는 능력

가령 우리는 현재 가장 뛰어난 인간이 가질 수 있는 지능보다 훨씬

---

2   포스트휴먼의 개념은 이와는 다른 의미로 사용되기도 한다. 특히 근대적 휴머니즘을 극복하기 위한 새로운 (포스트)휴머니즘의 가능성을 모색하는 맥락에서 사용되는 개념이 그렇다. 이때 '포스트휴먼'은 근대 휴머니즘에서 정의되는 '휴먼'의 개념, 즉 인간 중심주의, 유럽 중심주의, 남성 중심주의, 백인 중심주의적인 인간 개념의 한계를 극복하고, 이를 대체할 수 있는 바람직한 인간 개념을 모색하는 데 초점이 맞춰져 있다. 이러한 포스트휴먼에 대한 논의는 Herbrechter(2013)과 Braidotti(2013)을 참조하라.

더 뛰어난 지능을 가졌으며, 더 이상 질병에 시달리지 않고 노화가 완전히 제거되어서 젊음과 활력을 계속 유지하는 어떤 존재를 생각해볼 수 있다. 이 존재는 스스로의 심리 상태에 대한 조절도 자유롭게 할 수 있어서 피곤함이나 지루함을 거의 느끼지 않으며, 미움과 같은 감정을 피하고, 즐거움, 사랑, 미적 감수성, 평정 등의 태도를 유지한다. 이러한 존재가 어떤 존재일지는 지금의 우리로서 정확하게 상상하기 어렵지만, 현재의 인간 상태로 접근할 수 없는 새로운 신체나 의식 상태에 놓여 있을 것임은 분명하다.

이러한 포스트휴먼은 완전히 인위적으로 만들어진 인공지능일 수도 있고, 신체를 버리고 슈퍼컴퓨터 안의 정보 패턴으로 살기를 선택한 업로드의 형태일 수도 있으며, 또는 생물학적 인간에 대한 작은 개선들이 축적된 결과일 수도 있다. 만약 생물학적 인간이 포스트휴먼이 되고자 한다면, 유전공학, 신경약리학, 항노화술, 컴퓨터-신경인터페이스, 기억향상약물, 웨어러블 컴퓨터, 인지기술과 같은 다양한 과학기술을 이용해 우리의 두뇌나 신체에 근본적인 기술적 변형을 가해야만 할 것이다. '포스트휴먼'은 '내가 이런 능력을 가지고 있었으면 얼마나 좋을까' 하고 누구나 한 번쯤 상상해보았을 법한 슈퍼 인간의 모습을 서술한 기술적인(descriptive) 용어다.

이와는 달리 트랜스휴머니즘은 포스트휴먼으로의 변화를 긍정하고 지지하는 운동을 의미하는 용어다. 말하자면 포스트휴먼으로의 변화가 바람직하거나 혹은 그렇게 변해야 한다는 권유나 당위의 규범적인(prescriptive) 의미를 내포하는 일종의 평가적인 함축을 가지고 있다. 트랜스휴머니스트는 트랜스휴머니즘의 주장에 찬동하는 사람들이다. 대표적인 트랜스휴머니스트라고 할 수 있는 영국 레딩대학교의 케빈 워릭(Kevin Warwick)은 『나는 왜 사이보그가 되었는가』라는 책에서, "나는 인간으로 태어났다. 그러나 이는 단지 시간과 장소의 조건에 따르는 우연적 운명일 뿐이다. 나는 우리가 그것을 바꿀 힘이 있다고 믿는다"라고 선언한다. 말하자면, 과학기술을 이용해 인간의 자연적 본성을 바꾸고 그 한계를 뛰어넘는 것이 가능할 뿐 아니라 그것이 바람직하다고 생각하는 사람들이 바로 트랜스휴머니스트다.

'포스트휴먼'처럼 많이 사용되지는 않지만 '트랜스휴먼'이란 용어도 있다. 트랜스휴먼과 트랜스휴머니스트는 구분해야 하는 개념이다. '트랜스휴먼'은 현재 인간과 포스트휴먼 사이의 중간 형태를 가리키는 '과도기의 인간(transitional human)'을 나타내는 말로, 그 스스로 트랜스휴머니스트이기도 한 FM-2030(F.M. Estfandiary)이 사용한 표현이다(FM-2030, 1989). 그는 트랜스휴먼이 "새로운 진화적 존재의 초기 형태"라고 주장하면서, 트랜스휴먼성(trans-humanity)의 징후로 보철(프로스테시스), 성형수술, 원격통신기술의 광범위한 활용, 세계를 돌아다니는 유목적인 삶의 형태와 세계시민주의적인 생각, 시험관 아기와 같은 재생산 방식의 변화, 종교적 믿음의 결여, 전통적인 가족 가치의 거부 등을 들고 있다. 이러한 기준들은 오늘날 21세기 우리가 겪고 있는 인간적 삶의 변화와 관련된 다양한 현상들을 포괄한다. 하지만 포스트휴먼으로의 변화와 관련해 이러한 기준들이 공통으로 내포하고 있는 변화의 본질이 무엇인지는 불분명해보인다.

보스트롬은 데이비드 피어스(David Pearce)와 함께 1998년 세계 트랜스휴머니스트 협회(The World Transhumanist Association)를 설립했으며, 앤더스 샌드버그(Anders Sandberg) 등과 함께 「트랜스휴머니스트 선언문」과 「트랜스휴머니스트 FAQ」의 작성을 주도했다. 이 문건들은 아직도 트랜스휴머니스트들의 세계관에 대한 표준적인 정의로 인정되고 있다. 여기서 트랜스휴머니즘은 "노화를 제거하고, 인간의 지성적·육체적·심리적 능력을 향상시키는 기술을 개발하고 확대함으로써 인간 조건을 근본적으로 향상시키는 것의 가능성과 그 바람직함을 긍정하는 지적·문화적 운동"이라고 공식적으로 정의되고 있다(Bostrom, 2003). 이 문건들에 따르면, 현재의 인간 종은 종 발전의 궁극적인 형태가 아니라 상대적으로 초기단계에 놓여 있다. 뿐만 아니라, 우리 인간 종은 이제 더 이상 유전적 프로그램이나 자연적으로 주어진 육체나 정신의 노예가 될 필요도 없다. 따라서 인간 잠재력 향상 및 인간 조건 향상을 위해, 과학기술이라는 수단을 통해서 진화에 의해 주어진 인간의 생물학적 운명 혹은 한계를 넘어설 필요가 있다는 것이 이들의 주장이다.

지금까지 인류는 교육이나 문화운동과 같은 전통적인 인문주의적 방법으로 인간 자체의 변화나 발전에 대한 이상을 추구해왔다. 과거에는 인간이 자신의 자연적 본성을 뒤바꿀 수 있을 만큼 적절한 과학기술을 가지지 못했기 때문에, 그러한 인문적 방법이야말로 인간이 동원할 수 있는 유일한 방법이기도 했다. 그러나 이제는 모든 상황이 변했다. 트랜스휴머니스트들에 따르면, 전통적인 방법은 이미 한계를 보였으며, 이제 우리는 가속화된 과학기술의 발전에 따라 새로운 선택지를 갖게 되었다. 인간 종의 역사에서 새로운 진화단계에 접어든 것이다. 우리는 가까운 미래에 실제로 기능하는 인공지능이 등장할 것이며, 분자 나노기술을 이용해 다양한 자원 및 우리 신체의 생화학적 작용에 대한 통제권을 갖게 될 것이라 예측한다. 또한 두뇌-컴퓨터 인터페이스 및 신경약리학을 통해 우리의 지능을 강화하고 감정적 복지의 향상을 가져오며, 우리가 느낄 수 있는 가능한 감정의 범위나 풍부함을 증대시킬 수도 있을 것이다. 예나 지금이나 우리는 우리에게 이용 가능한 모든 수단을 동원해 우리 자신의 개선을 추구할 자유와 권리를 가지고 있다. 그런데 이제 그러한 개선을 이룰 수 있는 새로운 수단을 갖게 된 것이다. 따라서 과거 인류가 자신이 처한 조건이나 외부세계의 변화를 위해 합리적 기술을 이용했듯이, 이제 우리는 스스로의 향상과 더불어 지금 우리가 '인간'이라고 생각하는 것을 넘어서기 위해 얼마든지 이 기술적 수단을 이용할 수 있어야 한다.

다음은 2009년 3월 버전의 트랜스휴머니스트 선언문의 내용이다.

① 인류는 미래에 과학과 기술의 심대한 영향을 받을 것이다. 우리는 노화, 인지적 결점, 원치 않는 고통을 극복하고 지구라는 행성에 더 이상 갇혀 있지 않게 되는 인간의 잠재력을 확장할 가능성을 예견한다.

② 우리는 인간 잠재력이 대부분은 여전히 실현되지 않았다고 생각한다. 경이롭고 엄청나게 가치 있는 인간 조건의 향상으로 이어질 수 있는 여러 가능한 시나리오들이 존재한다.

③ 우리는 인류가 특히 새로운 기술을 오용함으로써 심각한 위기에 직면했음을 인정한다. 우리가 가치 있다고 여기는 대부분을 혹은 모두를 상실하게 되는 현실적으로 일어날 가능성이 있는 시나리오들이 있다. 이 시나리오들의 일부는 극단적이며, 일부는 감지하기 힘든 것이다. 모든 진보는 변화이지만, 모든 변화가 진보인 것은 아니다.

④ 이 전망들을 이해하는 일에 연구 자원을 투입할 필요가 있다. 우리는 어떻게 최대한 위험을 줄이고, 유익한 적용을 촉진할 것인지를 조심스럽게 숙고할 필요가 있다. 우리는 또한 무엇을 행해야 하는지를 사람들이 건설적으로 논의할 수 있는 포럼과, 책임 있는 결정을 현실화시킬 수 있는 사회적 체제가 필요하다.

⑤ 실존(존재) 위험의 감소, 생명과 건강 보존을 위한 수단의 발전, 참혹한 고통의 경감, 인간의 선견지명과 지혜의 향상은 급선무로 다루어져야 하며 많은 재정이 투입되어야 한다.

⑥ 기회와 위험 모두를 진지하게 고려하면서, 자율성과 도덕적 권리를 존중하고, 지구상의 모든 사람들에 대한 연대의식과 더불어 그들의 이익 및 존엄성에 대해 걱정하는, 책임 있고 포괄적인 도덕적 비전을 보여줄 수 있는 정책입안이 이루어져야 한다. 우리는 미래 세대들에 대한 도덕적 책임 또한 고려해야 한다.

⑦ 우리는 인간, 비인간 동물, 미래의 인공지능, 변형된 생명 형태 혹은 기

술과 과학의 진보가 만들어낼지 모르는 그 밖의 지능을 포함해, 감각성을 갖는 모든 존재의 복지를 촉진시켜야 한다.

⑧ 우리는 자신의 삶을 어떻게 꾸릴지에 대해 개인이 폭넓게 선택하도록 허용하는 것을 선호한다. 이것은 기억, 집중력, 정신적 활력을 보조하기 위해 개발된 기술, 생명연장 치료, 재생산 선택 기술, 인체냉동보존 시술, 그리고 여러 다른 가능한 인간 변형이나 향상 기술의 사용을 포함한다.

2. 트랜스휴머니즘의 역사 및 현황

과학기술을 이용해 인간 능력의 자연적 한계를 뛰어넘고자 한 사람들이 갑자기 생겨난 것은 아니다. 트랜스휴머니즘은 더 오래 살고 인간 육체의 한계를 초월하고자 했던 인간의 고대로부터의 욕망과 과학이나 이성 및 개인의 자유에 대한 계몽주의적 믿음이 결합된 산물이라고 할 수 있다. 멀리는 양초로 붙인 날개를 이용해 하늘을 날고자 했던 이카루스 신화가 바로 이러한 트랜스휴머니스트의 열망을 대변한다. 다음은 르네상스 시대의 사상가 피코 델라 미란돌라(Pico della Mirandola)가 〈인간의 존엄성에 관한 연설〉에 써놓은 내용 중 일부다.

당신을 제외한 다른 모든 것들은 우리가 만들어 놓은 법에 의해 구속되고 제약되는 고정적인 본성을 가지고 있습니다. 그러나 당신만은 어떠한 한계나 제약을 받지 않고 당신 마음대로 당신 본성의 한계와 제약을 설정할 수 있습니다. …… 우리는 당신을 천지간의 어떠한 것에도 속하지 않는, 유한하지도 불멸하지도 않은 것으로 만들었습니다. 자유롭고 존엄한 당신 자신의 존재에 대한 형성자로서, 당신이 원하는 형태로 당신 스스로를 만들어갈 수 있도록 하기 위함입니다. 스스로를 비천하게 만들어 저급한 생명체로 살아가는 것은 당신의 힘에 속합니다. 당신은 스스로의 선택을 통해 상위의 신성한 생명체로 다시 상승할 수도 있습니다(Pico della Mirandola, 1956, Bostrom, 2005에서 재인용).

르네상스 시대는 신이나 교회의 권위가 아니라 인간 스스로의 관찰과 판단을 존중하고 인간의 자율성을 강조하는 근대의 시작을 알리는 시기다. 여기서 피코 델라 미란돌라는 인간을 자연의 법칙에 의해 구속되고 제약을 받는 고정적 본성을 갖는 존재가 아니라, 자신의 의지와 결정에 따라 스스로의 본성에 대한 제약을 설정할 수 있는 존재로 묘사한다. 저급한 생명체가 아니라 상위의 신성한 생명체로 나아가는 것은 오직 인간 스스로의 선택에 달린 문제라는 것이다. 트랜스휴머니스트들의 기본 생각이 바로 그런 것이다. 인간이 어떤 본성을 가진 존재인가는 더 이상 신이나 자연의 섭리에 달린 문제가 아니며, 인간의 의지와 선택에 따라 바뀔 수 있다는 것이다.

자연이 부여한 인간의 본성을 넘어서고자 하는 이러한 생각들은 20세기 이후에 가속화된 과학기술의 발전과 더불어 더욱 구체적인 모습을 띠게 된다. 공교롭게도 20세기 초반에 인간 본성의 인위적 변화에 대해서 말하고 있는 주요 인물들은 거의 저명한 과학자들이다. 그렉 크럭스(Greg Klerkx)는 20세기의 첫 번째 트랜스휴머니스트로 러시아의 생물학자인 일리야 메치니코프(Elie Metchnikoff)를 들고 있다(Klerkx, 2006: 59). 메치니코프는 파스퇴르의 조수로 일한 적이 있으며 나중에는 파스퇴르 연구소의 소장을 지냈으며 주로 미생물과 질병의 관계를 연구했다. 그는 식세포(phagocyte, 食細胞) 발견으로 1908년 노벨상을 수상했다. 메치니코프는 자신이 불멸성에 이르는 열쇠를 발견했으며, 스스로가 인류 진화를 새로운 단계로 이끄는 전환 지점에 서 있다고 생각했다. 그는 인간의 불멸성을 방해하는 가장 중대한 장애 요소는 노폐물의 저장소이자 박테리아의 번식처인 대장이며, 유해 세균들이 장을 부패시켜서 노화를 촉진한다고 주장했다. 그는 불가리아 사람들이 발효된 우유를 먹고 장수한다는 점에 착안해 유산균이 장의 부패를 막아준다고 주장하기도 했다. 그는 일부 환자들의 병을 치료하기 위해 실제로 대장을 절개하기도 했는데, 환자들 중 일부는 즉시 사망했다.

영국의 생화학자인 존 홀데인(J. B. S. Haldane)도 트랜스휴머니즘의 선구자로 알려져 있다. 그는 유전학이나 과학 일반의 발전을 인간 생물학에 적용함으로써 인간이 더 부유하고 크고 영리한 삶을 살게 될 것이며, 인공자궁을 이용한 체외발생(ectogenesis)이 일상화될 것이라고 예측했다. 다음은 그의 책 『다이달로스 혹은 과학과 미래(Daedalus; or, Science and the Future)』의 한 구절인데, 새로운 과학기술의 출현은 언제나 사회나 관습의 저항에 부딪히게 됨을 지적하고 있다.

> 화학적 혹은 물리적 발명가는 언제나 일종의 프로메테우스다. 불에서 하늘을 나는 것에 이르기까지, 어떤 신에 대한 모욕이라는 비난을 받지 않은 위대한 발명은 존재하지 않는다. 그러나 만약 모든 물리적 혹은 화학적 발명이 신성 모독이라면, 모든 생물학적 발명은 일종의 도착(기괴함)이다. 이전에는 그 존재에 대해 들어본 적이 없었던 국가에서 어떤 것이 처음으로 관찰자의 주목을 받게 되었을 때, 추잡하거나 부자연스럽게 보이지 않는 경우는 거의 없다(Haldane, 1924, Bostrom, 2005에서 재인용).

토머스 헉슬리의 손자이자 올더스 헉슬리의 형이기도 한 영국의 생물학자 줄리언 헉슬리는 트랜스휴머니즘이란 용어를 최초로 사용했다. 그는 오늘날의 인류가 미래의 어느 시점이 되면 마치 북경원인이 현생인류와 다른 종인 것처럼 전혀 다른 새로운 종류의 존재로 변화할 것이라 예측하며,

인간의 향상이란 의미로 트랜스휴머니즘이란 표현을 사용했다.

> 인간 종족은 만약 그들이 원한다면 스스로를 초월할 수 있다. 어떤 개인은
> 이런 식으로 다른 개인은 저런 식으로의 산발적인 방식이 아니라, 전체 인류
> 가 스스로를 초월할 수 있다. 우리는 이러한 새로운 믿음을 부를 이름이 필
> 요하다. 아마도 트랜스휴머니즘이 그 역할을 할 수 있을 것이다. 인간은 인
> 간으로 남아있지만, 인간 본성의 새로운 가능성을 실현함으로써 스스로를
> 초월한다(『계시 없는 종교(*Religion Without Revelation*)』, 1927, 1957년 수정,
> Bostrom, 2005에서 재인용).

제2차 세계대전 이후에 트랜스휴머니즘적인 주제나 포스트휴먼의 출
현과 관련된 생각들의 주요 진원지는 주로 아이작 아시모프(Issac Asimov)나
아서 C. 클라크(Arthur C. Clarke), 로버트 하인라인(Robert Heinlein), 스타니스
와프 렘(Stanislaw Lem)과 같은 사람들에 의해 주도된 공상과학 소설 분야였
다. 이들은 SF를 통해 기술적 발전이 인간의 조건을 어떻게 변화시킬 것인가
에 대한 전망을 보여주었다. 당시의 낙관적 미래주의자들은 급속도로 발전
하는 과학의 발전에 발맞춰 우주여행이나 의학, 컴퓨터와 같은 과학과 기술
의 진보에서 세상의 변화에 대한 새로운 가능성을 발견하고자 했다. 이러한
태도를 반영해서 복제, 유전공학, 인공지능 등의 소재가 SF 소설이 다루는
주요 내용이 되었으며, 인간과 동등한 능력이나 지위를 가진 안드로이드들
이 등장하고, 물질을 뛰어넘어 순수한 에너지 형태로 존재하는 초지성적 존
재인 포스트휴먼으로의 진화 가능성도 거론되었다. 소설 바깥의 영역에서
1960년대의 주목할 만한 움직임으로는, 앞장에서 소개한 인간의 사이보그
화에 대한 클라인즈와 클라인의 주장과 에틴거의 인체냉동보존술을 들 수
있다. 에틴거는 1972년에 출간된 『인간에서 초인으로(*Man into Superman*)』에서

단순한 인체냉동보존술을 뛰어넘어 인간의 생리적 구조에 대한 근본적인 변경과 함께 '트랜스휴머니티'로의 이행을 제안하기도 했다.

트랜스휴머니즘은 1970년대 이후, 2세대 트랜스휴머니스트들이 활동한 시기에 이르러 첨단 기술의 발전에 열광하는 기술애호가나 미래주의자들의 주변문화를 통해 점점 대중들에게 알려지기 시작한다. 대표적인 인물이 앞서도 언급한 이란의 전직 올림픽 농구선수이면서 소설가이자 미래학자였던 페레이돈 에스판디어리(Fereidoun M. Esfandiary)다. 그는 외교관인 아버지를 따라 11세 무렵에는 이미 17개국을 돌아다녔는데, 나머지 삶은 대부분 미국에서 보냈다. 그는 1960년대 미국 뉴욕의 '사회 연구를 위한 뉴스쿨(the New School for Social Research, 현 뉴스쿨)'에서 미래학을 가르쳤으며, 업윙거로 알려진 일군의 낙관적 미래주의자 그룹을 형성했다. 이들은 자신들의 정치적 입장을 좌나 우의 구분이나 보수와 급진주의의 구분을 넘어선다는 의미에서 업윙(upwing)이라고 불렀다. 트랜스휴머니즘과 관련된 그의 대표적인 저작에는 『업윙어: 미래주의 선언문(Up Wingers: A Futurist Manifesto)』(1973)과 『당신은 트랜스휴먼인가?: 급변하는 세계에서 인격적 성장률을 감시하고 자극하기(Are You a Transhuman?: Monitoring and Stimulating Your Personal Rate of Growth in a Rapidly Changing World)』(1989)가 있다.

그는 기술적 진보가 인간을 현재의 곤궁한 상태로부터 자유롭게 해줄 것이며, 시간만 주어진다면 인간이 최고의 비극인 죽음을 극복하고 불멸의 존재가 될 수 있을 것이란 믿음을 가지고 있었다. 또한 그는 인간이 과학 기술을 이용해 인간 자신과 세계에 대해 점점 더 많은 통제권을 가지게 될 것이라고 매우 낙관적으로 전망했다. 그는 특히 인간 수명의 급진적인 연장이야말로 인간이 자연적 진화의 변덕스러움에서 벗어나 자신의 운명을 진정으로 통제할 수 있게 되는 단계로 이르는 길이라 생각했다. 그는 1970년대 중반에 자신의 이름을 FM-2030으로 개명했는데, 이 이름은 자신이 100

살이 되는 2030년이 되면 모든 사람들이 늙지 않고 영원히 살 수 있는 기회를 갖게 될 것이라는 희망적 예측을 포함하고 있다. 개명을 한 또 다른 이유는 관습적인 이름이 내포한 젠더나 종교, 인종, 국적과 같은 집단적 정체성의 낙인으로부터 자유로워지기 위한 것이라고 한다. 그는 세계 정부와 세계 시민권을 옹호했다. 에스판디어리의 낙관적인 트랜스휴머니즘은 60년대 후반의 유토피아 운동과 결합된 뉴에이지 사회주의의 면모를 가지고 있었다고 평가된다.

1980년대와 90년대를 대표하는 트랜스휴머니즘의 움직임으로는 막스 모어(Max More)와 그가 1992년에 설립한 엑스트로피 연구소(Extropy Institute)를 들 수 있으며, 이때부터 트랜스휴머니즘이 일종의 이데올로기적 성격을 띠게 된다. 막스 모어의 원래 이름은 막스 오코너(O'Connor)로, 그는 영국 옥스퍼드대학교 대학원 재학 중에 미래주의적 생각이나 생명연장기술에 관심을 갖게 되었고, 1980년대 중반에 유럽의 인체냉동보존술 조직인 미자르 리미티드(Mizar Limited, 나중에 알코어 UK로 바뀜)를 만드는 데 일조했다. 이후에 그는 미국 남가주대학교에서 박사과정을 밟으면서 캘리포니아 지역의 미래주의 하부 문화와 접하게 되었다. 또한 그는 같은 대학원생인 모로우(T.O. Morrow)와 손잡고 1988년 《엑스트로피(*Extropy: The Journal of Transhumanist Thought*)》라는 잡지를 창간하고, 이후에 엑스트로피 연구소를 설립했다. '엑스트로피'는 엔트로피와 반대되는 의미를 갖는 신조어로, 모어는 '엑스트로피'를 "살아 있거나 유기적인 시스템의 지능, 기능적 질서, 활력, 에너지, 생명, 경험, 개선과 성장을 위한 능력과 충동의 정도"로 정의한다. 이들은 자신들의 입장을 엑스트로피즘(Extropism)이라 부르면서, 한계 없는 팽창, 자기 변형, 역동적인 낙관주의, 지능기술, 자발적 질서라는 다섯 가지 원칙을 제시했다.

이들의 주요 활동 시기는 웹 기반의 인터넷이 막 시작될 무렵과 일치하는데, 인터넷의 도입 및 성장과 더불어 트랜스휴머니즘 담론도 온라인을 중심으로 매우 활발히 이루어지기 시작한다. 모어는 1991년 엑스트로피안 리스트(엑스트로피 연구소의 이메일 리스트로 새로운 생각들을 공유하고 토론하는 온라인 공론장)를 시작해 수만 명의 구독자를 확보했고, 그중 일부는 로스앤젤레스나 뉴욕, 런던을 중심으로 정기적인 모임을 갖기도 했다. 그러나 자칭 엑스토로피안이라고 부르는 이들의 대부분은 인터넷의 가상공간에서 활동하는 사람들이었다. 엑스트로피 연구소는 일련의 학술대회를 개최하기도 했는데, 첫 번째 키노트 연설자는 모라벡이었다. 드렉슬러 또한 거기에서 연설을 한 적이 있다. 엑스트로피 연구소는 이내 트랜스휴먼에 대한 각종 논의와 정보의 중심이 되었고, 21세기를 위한 사조로서의 트랜스휴머니즘을 확립하는 데 일조했다. 또한 이를 중심으로 미래주의적 생각을 가진 다양한 분야의 사람들이 조직되기 시작했는데, 그 결과 트랜스휴머니즘은 휴머니즘 영역을 넘어서 인간과 인간 종의 개선을 목표로 하는 일종의 이념적 운동으로 변해갔다. 모어는 1990년 「트랜스휴머니즘: 미래주의 철학을 향해 (Transhumanism: Toward a Futurist Philosophy)」란 제목의 글에서 트랜스휴머니즘을 다음과 같이 정의하고 있다.

> 트랜스휴머니즘은 우리를 포스트휴먼의 조건으로 인도하는 것을 모색하는 일군의 철학이다. 트랜스휴머니즘은 이성과 과학을 존중하고, 진보를 확신하며, 어떤 초자연적 '내세'보다는 이승에서의 인간적 (혹은 트랜스휴먼적) 존재를 가치 있게 여긴다는 점 등에서 휴머니즘과 많은 요소들을 공유한다. 트랜스휴머니즘은 신경과학이나 신경약물학, 수명 연장, 나노기술, 인공적인 초지능, 우주 거주와 같은 다양한 과학과 기술이 합리주의적 철학 및 가치 체계와 결합해 야기할 우리 삶의 본성이나 가능성의 근본적인 변화를 인정하고 기대한다는 점에서 휴머니즘과 구분된다(Hughes, 2004: 165).

엑스트로피 연구소를 중심으로 한 트랜스휴머니즘 운동은 지나치게 낙관적인 장밋빛 미래 전망에 입각한 기술애호가 중심의 주변적인 컬트문화의 성격을 띠고 있었다고 말할 수 있다. 실제로 이 운동의 중심에 서 있었던 많은 사람들은 오라클 소프트웨어의 설립자인 래리 앨리슨(Larry Ellison)을 비롯한 실리콘 밸리 중심의 인터넷 개척자들이다. 이들은 과학기술적인 혁신과 발전으로 인간의 정치적·문화적·생물학적·심리학적 한계를 극복하고 무한한 수명과 함께 지속적인 지성적·도덕적 자기 개선을 통한 진보를 목표로 한다. 이들은 이성과 과학의 힘을 과도하게 신뢰하면서 개인의 독립성과 자율성을 최우선 가치로 생각하는 철저한 개인주의적 자유주의와 결합된 무정부적 시장 중심 자본주의 특징을 보인다. 이들은 국가나 평등주의적 사고를 개인의 자기 변형을 위협하는 잠재적 요소로 간주한다.

이들은 새로운 기술이 가져다줄 수 있는 최상의 시나리오, 가령 인간의 수명은 거의 불멸에 가까울 정도로 연장되고, 인공지능이나 로봇이 인간의 노동을 대신하며, 인간은 자신의 행복을 증진시키는 데에 모든 시간을 투자하는 것이 가능한 미래를 묘사한다. 그러나 과학기술의 발전 과정이 내포하고 있거나 야기할 수 있는 문화 변화나 가치 왜곡, 민주주의의 위기 혹은 예측 불가능한 재앙이 닥칠 가능성에 대해서 이들은 지나칠 정도로 순진한 태도를 보이며 개인적 자유주의에 입각한 원론적인 답변으로 대응한다. 엑스트로피 연구소는 모어의 부인이자, 미술가이며 디자이너인 나타샤 비타-모어(Natasha Vita-More, 본명은 Nancie Clark)가 2002년에서 2006년까지 소장으로 있다가 2006년에 공식적으로 폐쇄되었다. 모어는 2011년 이후 지금까지 인체냉동보존 서비스를 제공하는 알코어 생명연장재단의 회장이자 CEO로 활동하고 있다.

다른 한편으로 1998년 보스트롬을 중심으로 유럽 기반의 학자들이 자유주의에 경도되지 않은 보다 다양한 정치적 스펙트럼을 포괄하는 트랜스휴머니즘을 모색하기 위해 세계 트랜스휴머니스트 협회를 설립했다. 이때부터 컬트적인 분위기를 벗어나 트랜스휴머니즘에 대해 조금은 더 진지하고 학술적인 접근이 이루어지기 시작한다. 이들은 트랜스휴머니즘의 원칙에 대한 일종의 컨센서스를 마련하기 위해 앞서 언급한 트랜스휴머니스트 선언문과 트랜스휴머니스트 FAQ를 마련했다. 물론 이 과정에 모어를 비롯한 많은 엑스트로피안들이 참여했지만 그 기조는 조금 달라졌다.

이들은 새로운 기술 때문에 재앙이 초래될 가능성이 있음을 인정하고, 시장 원칙이 아닌 공공 정책을 통한 조정이나 개입이 필요함을 어느 정도 인정하고 있다. 가령 앞에서 인용된 트랜스휴머니스트 선언문의 ③과 ④ 조항은 "새로운 기술의 오용으로 인해 심각한 위기에 직면하고 있음"을 인정하면서, "최대한 위험을 줄이고 기술의 유익한 적용을 촉진할" 방안을 숙고해야 하며, 이를 위해 "사람들이 건설적으로 논의할 수 있는 포럼과, 책임 있는 결정을 현실화시킬 수 있는 사회적 체제"의 필요성을 역설하고 있다.

보스트롬은 이후 트랜스휴머니즘과 관련된 수많은 논문을 발표하면서 트랜스휴머니즘에 대한 일종의 철학적 대변인 역할을 수행했다. 그런데 보스트롬 또한 시장중심적인 자유주의자는 아닐지라도 여전히 개인주의적 자유주의자의 면모를 유지하고 있는데, 그가 대변하는 트랜스휴머니즘의 이념적 근거는 많은 부분 계몽에 입각한 근대 휴머니즘을 계승한 것이다. 토머스 필벡(Thomas Philbeck)이 지적하고 있듯이, 트랜스휴머니스트들이 말하는 과학기술을 통해 확장되고 개선된 존재로서의 포스트휴먼은 "계몽주의 휴머니즘의 패러다임을 통해 구성된 것으로 이해되는 존재, 즉 더 건강하고 더 현명하면서 주로 불멸성, 아름다움, 도덕적 순결성 등과 같은 자신의 욕구를 실현할 더 많은 힘을 가진 '독립적인' 자아를 가리킨다"(이화인문과학원, 2013: 27). 또한 트랜스휴머니즘은 '진보'에 대한 계몽주의의 기획을 수용한다. 따라서 트랜스휴머니스트들에게 중요한 문제는 현재의 인간 종 혹은 인간이 어떠한 존재인지가 아니라 앞으로 어떤 존재가 될 수 있는가이다. 보스트롬은 트랜스휴머니즘의 정신을 다음처럼 요약한다.

> 우리에 관해 가치 있는 것을 규정하는 것은 현 인간 생물학 단계에서의 우리 인간의 모습이나 세부사항이 아니라, 우리의 열망이나 이상, 경험, 우리가 살고자 하는 삶의 종류다. 트랜스휴머니스트에게, 진보는 더욱 많은 사람이 자기 자신의 가장 심층적인 가치에 맞춰서 스스로의 모습이나 삶, 타자와의 관계를 형성할 수 있을 때 일어난다. 트랜스휴머니스트는 자신의 삶을 계획하고 선택할 수 있는 능력인 개인의 자율성에 높은 가치를 둔다. 물론 어떤 사람들은 여러 가지 이유로 기술을 이용해 자신을 향상할 수 있는 기회를 포기할 수 있다. 트랜스휴머니스트는 자율적인 개인들이 향상되지 않은 채 남아있기를 선택할 수도 있고 향상되기를 선택할 수도 있으며, 그러한 선택이 존중되는 세계를 만들기를 추구한다(Bostrom, 2003).

보스트롬에 따르면, 인간의 변형에 대한 선택은 도덕과는 무관한 자율적인 개인의 선택 문제일 뿐이다. 보스트롬은 그런 점에서 트랜스휴머니즘이 전통적인 의미의 휴머니즘과 동일선상에 놓여있으며, 인간과 개인의 가치나 선택을 존중하고, 합리적 사고, 자유, 관용, 민주주의와 같은 전통적인 가치를 장려한다고 주장한다. 차이가 있다면, 단지 우리 인간이 어떤 존재가 될 수 있는지의 잠재성에 초점을 맞추고 있을 뿐이라는 것이다.

부시 행정부 시절인 2003년에 대통령 생명 윤리 자문위원회가 『치료를 넘어서: 생명기술과 행복의 추구(Beyond Therapy: Biotechnology and the Pursuit of Happiness)』라는 이름의 보고서를 발간함으로써, 인간 향상에 대한 트랜스휴머니즘의 담론은 더 이상 사이버문화나 공상과학의 주변 영역이 아니라 정부 정책의 중요한 고려 대상으로 부각되기 시작한다. 이 문건의 작성은 대통령 자문위원회 의장인 레온 카스(Leon Kass)가 주도했으며, 인간 향상에 대한 비판적 전망을 담고 있다. 후쿠야마나 샌델도 이 위원회의 주요 구성원으로 참여했는데, 이후에 후쿠야마는 『부자의 유전자, 가난한 자의 유전자』, 마이클 샌델(Michael Sandel)은 『생명의 윤리를 말하다』라는 책에서 생명공학을 통한 인간의 변형이나 향상에 반대하는 입장을 적극적으로 개진한다. 이 보고서의 발간을 전후해, 여러 분야에 속한 많은 학자들이 점점 더 많이 트랜스휴머니즘의 담론에 개입하기 시작했다. 2000년에는 미국의 주요 생명윤리학자들인 앨런 뷰캐넌(Allen Buchanan), 댄 브록(Dan Brock), 노먼 대니얼스(Norman Daniels), 대니얼 위클러(Daniel Wikler)가 유전공학을 이용해 자식들의 향상을 꾀하고자 하는 부모들의 권리를 옹호하는 『우연에서 선택으로: 유전학과 정의(From Chance to Choice: Genetics and Justice)』를 출간했으며, 2002년에는 UCLA의 생명물리학자인 그레고리 스톡(Gregory Stock)이 비슷한 취지로 『인간의 재설계(Redesigning Humans: Choosing Our Genes, Changing Our Future)』를 출간했다.

트랜스휴머니즘은 다양한 집단과 다양한 목소리로 대변되는 매우 복합적인 성격을 띤 운동이다. 트랜스휴머니스트들이 공유하는 기본적인 내용은 과학기술 발전의 미래를 낙관하고, 과학기술을 이용해 자신의 신체나 마음을 향상하고자 하는 개인의 권리와 자율성을 옹호한다는 점이다. 그리고 일반적으로 이들은 수명 연장이나 인지적 향상 기술의 개발에 동의하며, 아이의 출산을 위해 새로운 의학적 재생산 기술을 활용하고, 자식들이 갖게 될 특성을 선택할 수 있어야 한다고 생각한다. 하지만 이를 제외하면 트랜스휴머니스트들 사이에서도 정치적 지향이나 접근 태도, 미래 기술의 위험성에 대한 평가 문제 등에 있어서 매우 다양한 견해의 차이가 존재한다. 이러한 차이를 무시하고 일반론적으로 말한다면, 트랜스휴머니즘에 대한 논의나 운동은 현재 시점을 기준으로 크게 두 가지 흐름으로 진행되고 있다. 물론 이러한 구분은 서로 엄격하게 배타적이지 않으며, 일부 인사들은 두 가지 흐름 모두에 관여하고 있다.

첫 번째는 기술애호가적이며 극단적인 시장 자유주의적 관점을 가진 단체인 휴머니티 플러스(humanity+) 중심의 흐름이다. 이 단체는 세계 트랜스휴머니스트 협회의 후신에 해당하지만, 지금은 엑스트로피 연구소와 가까운 성향을 유지하는 인물들에 의해서 운영되고 있다. 제임스 휴즈(James Hughes)에 따르면, 이 그룹은 자유주의적 성향을 가진 실리콘 밸리의 백만장자들과 밀접하게 연관되어 있으며, 그들의 경제적 후원에 힘입어 약간은 좌파적 성향을 지닌 기존의 지도부를 밀어내고 그 자리를 차지했다. 이 과정에서 특히 벤처투자가이자 페이팔과 페이스북의 공동 창업자인 피터 티엘(Peter Thiel)이 큰 역할을 했으며, 그 지도부는 테크노 유토피아주의적인 기업가들을 위한 6주짜리 프로그램인 커즈와일의 싱귤레리티 대학과도 깊은 연관을 맺고 있다고 한다. 현재 휴머니티 플러스의 의장은 나타샤 비타-모어이며, 그들의 홈페이지(http://humanityplus.org/)에는 트랜스휴머니즘에 대한 막스 모어의 정의와 함께 다음과 같은 설명이 게재되어 있다.

> 트랜스휴머니즘은 지난 20여 년 동안 점진적으로 발달해온 느슨하게 정의되는 하나의 운동이다. "트랜스휴머니즘은 생명을 촉진하는 원리와 가치들의 인도를 받아서 과학과 기술의 수단을 이용해 현재의 인간 형태와 한계를 뛰어넘어서 지적인 생명의 진화를 계속하고 가속화하고자 하는 생명에 대한 철학들의 집합이다"(Max More, 1990).
> 트랜스휴머니즘은 인간성과 기술의 가속화 사이의 동적인 상호작용을 분석함에 있어서 다학제적인 접근을 취한다. 이 영역에서 생명기술이나 정보기술과 같은 현재의 기술들, 그리고 분자 나노기술이나 인공적인 일반지능과 같은 예상되는 미래의 기술들에 많은 초점과 관심이 주어진다. 트랜스휴

머니즘은 이들 사변적 기술들의 윤리적 사용을 모색한다. 우리의 이론적 관심은 특이점(singularity), 소멸위험(extinction risk) 그리고 마인드 업로딩(전체 두뇌의 에뮬레이션과 기체(substrate) 독립적인 마음)과 같은 포스트휴먼적인 주제들에 초점이 맞춰져 있다.

IEET(Institute for Ethics & Emerging Technologies)의 홈페이지에 게시된 생명정치학적 지형 분석에 따르면, 휴머니티 플러스를 움직이는 인물(혹은 엑스트로피안)들은 자유주의적(libertarian) 트랜스휴머니스트로 분류되어 있다. IEET의 설립자 중 한 명인 휴즈는 정치적 입장을 분석하는 새로운 차원으로서 생명정치학(biopolitics)이 부상하고 있으며, 정치적 견해에 대한 분석은 문화정치학이나 경제정치학적 차원에 생명정치학적 차원을 덧붙인 3차원적 방식으로 이루어져야 한다고 주장한다. 이러한 분석 방식을 차용할 때, 자유주의적 트랜스휴머니스트들은 문화적으로는 자유주의, 경제적으로는 자유방임주의, 생명정치 차원에서는 트랜스휴머니즘을 받아들인다고 말할 수 있다. 이들의 정치사상적 배경은 밀턴 프리드먼 식의 시장 자유주의와 로버트 노직(Robert Nozick)으로 대변되는 무정부적 자유주의다.

이들은 기본적으로 인간은 신중한 이성의 안내를 받아 자신의 미래를 결정할 자유가 있으며, 인간의 열망에는 자연적이거나 신적 섭리에 따른 어떤 명백한 제한도 없다는 계몽적 휴머니즘의 계승자들이다. 또한 이들은 어떤 의견이나 행동이 야기하는 불편함이나 혐오감(yuck factor)보다 개인의 선택이나 자유를 우선시한다. 그러나 무엇보다 이들의 성향은 기술이 초래할 수 있는 위험이나 사회적 불평등에 대한 그들의 입장에서 분명하게 드러난다. 이들은 기본적으로 국가나 정부의 공적 개입에 반대하며, 생태계 보호를 포함한 모든 문제가 자유 시장을 통해 조정되거나 통제될 수 있다고 믿는 시장중심 자본주의자들이다. 이들은 기술은 인위적으로 통제할 수 없으며, 정부의 개입은 언제나 예측하지 못한 나쁜 결과를 초래한다고 주장한다. 또한 이들은 법률적인 평등이 보장되고 시장을 통해 향상 기술에 접근하는 것이 가능하다면, 사회적 불평등은 큰 문제가 되지 않는다고 생각한다. 생식의 권리나 출산의 자유와 관련해서도, 이들은 아이에게 최선의 이익이 되는 바를 추구하는 부모가 내린 선택을 존중해야 하며, 시장을 통해 자유롭게 생식질 선택(germinal choice)을 할 수 있어야 한다고 주장한다.

두 번째의 트랜스휴머니즘 흐름은 2004년 보스트롬과 휴즈에 의해 공동으로 설립되었으며, 온라인 저널인 *Journal of Evolution and Technology*(그 전신은 *Journal of Transhumanism*)를 발간하고 있는 IEET를 중심으로 하는 흐름이다. 이들은 인간 능력을 확장하는 기술의 윤리적 사용에 대한 장려를 주장한다. 여기에는 세계 트랜스휴머니스트 협회를 주도했던 인물들이 주로 활동하고 있는 것으로 보이며, 트랜스휴머니즘이나 인간 향상에 대해 더 학술 지향적인 태도를 취하고 있다. 이 범주의 그룹에는 옥스퍼드대학교 우헤이로 실천윤리학 센터의 소장인 줄리언 사불레스쿠(Julian Savulescu)나 듀크대학교의 뷰캐넌 같은 생명윤리학자들도 포함시킬 수 있다.

IEET는 홈페이지에 자신들을 기술진보주의자(technoprogressive)로 분류하고 있다. 이들 또한 근대 계몽적 휴머니즘을 신봉하고 있다는 점에서는 휴머니티 플러스와 큰 차이가 없다. 이들은 이성이나 과학기술이 무지나 노역, 고통과 질병으로부터 우리를 해방시켜 주었다고 평가하며, 스스로의 삶에 대한 개인의 자율적인 선택이나 이성적 통제가 존중되어야 한다고 생각한다. 그런데 IEET 중심의 그룹이 휴머니티 플러스와 차이가 나는 점은 새로운 과학기술이 야기할 수 있는 위험을 조금 더 심각하게 받아들이면서, 기술에 대한 민주주의적 통제나 향상 기술을 이용한 사회복지 증진에 보다 많은 관심을 기울이고 있다는 점이다. 앞서 언급한 휴즈의 분석에 따르면, 이들은 문화적으로 자유주의자이지만 경제적으로는 사회민주주의를 받아들이는 트랜스휴머니스트들이다. IEET는 홈페이지에서 자신들의 사명을 다음과 같이 규정하고 있다.

> IEET는 기술적 진보가 어떻게 민주 사회에서 자유, 행복, 그리고 인간의 번영을 증진시킬 수 있을 것인지를 고민하는 비영리 싱크탱크다. 기술이 안전하고 공평하게 분배되는 것을 확고하게 하는 한에 있어서, 우리는 기술적 진보가 인류의 긍정적인 발전을 위한 촉매가 될 수 있을 것이라 믿는다. 우리는 이러한 태도를 '기술진보적'인 성향이라 부른다. 사회적 조건이나 인간 삶의 질을 긍정적으로 변형시킬 잠재력을 가진 새로운 기술들, 특히 인간 향상 기술들에 초점을 맞춰, IEET는 그런 기술들이 가진 긍정적 혹은 부정적 함축들에 대해서 학계, 전문가 집단, 대중 이해를 증진시키고, 이 기술들을 안전하고 공평하게 사용하기 위해 책임감 있는 공공 정책들을 장려할 방안을 모색한다.

앞으로 다가올 나노기술, 생명기술, 정보기술, 인지과학의 융합은 지금은 상상하기도 힘든 자연이나 우리 스스로에 대한 가공할 통제력을 우리에게 가져다줄 것이며, 경우에 따라서는 파국적인 결말을 가져올 수도 있다. 따라서 이들 새로운 기술의 개발이나 적용은 공개적으로 이루어지는 면밀한 검토와 광범위한 토론의 과정에 노출되어야만 하며, 단순히 시장에 맡기는 것이 아니라 민주적 방식에 입각한 감독과 통제가 필요하다. 이러한 입장을 대변하는 휴즈는 자신의 입장을 민주적 트랜스휴머니즘(democratic transhumanism)이라 부르면서, 기술과 민주주의는 상보적이며 인간 향상은 근본적으로 강화된 민주주의와 병행될 필요가 있음을 주장한다.

우리는 트랜스휴먼 기술들을 민주적인 방식으로 관리하고 그에 따른 위험들을 축소하면서, 이 기술들을 포용할 수 있다. …… 우리는 기술로 우리의 신체를 통제할 권리 및 이 기술들의 민주적 통제나 규제, 공평한 분배 모두를 위해 민주적인 트랜스휴머니즘 운동을 필요로 한다(Hughes, 2004).

민주주의는 사회적 평등을 추구하는 방식으로 작동해야 한다. 그런 점에서 인간의 보편적인 행복이나 번영이라는 목표를 위해서 가능한 한 모든 사람이 인간 향상을 위한 새로운 기술에 공평하게 접근할 수 있도록 해야 하며, 이러한 목적을 위해서는 공공 정책으로 대응할 필요성과 책임이 있다는 것이다. 요약하자면, 이들의 입장은 기술의 안전을 확보하면서 그 혜택이 모든 사람에게 돌아갈 수 있도록 하는 동시에, 또한 자신의 신체를 통제할 수 있는 개인의 권리도 존중해야 한다는 것이다.

3. 자유주의 우생학

트랜스휴머니스트라고 해서 모든 무분별한 향상을 무조건적으로 긍정하고 있다고 서술하는 것은 공정한 처사가 아니다. IEET의 경우에서 보았듯이, 그들도 새로운 기술의 적용에 따른 잠정적 위험이나 그와 결부된 다양한 윤리적 쟁점들을 충분히 숙고해야 한다고 주장한다. 보스트롬을 비롯한 많은 트랜스휴머니스트들은 위치재(positional goods)적인 혜택을 제공하는 향상과 내재적인 좋음(intrinsic good)이나 양의 순 외부 효과(net positive externalities)를 산출하는 향상을 구분해야 하며, 첫 번째가 아니라 두 번째 종류의 향상을 촉진시켜야 한다고 주장한다. 위치재는 사람의 큰 키와 같이 그것의 좋음이 다른 사람이 그것을 결여하고 있음에 상대적으로만 가치가 인정되는 성격을 갖는다. 향상이 이런 종류의 특징들에 대해 보편적으로 적용된다면, 결과적으로는 아무런 효과도 없이 사회적인 차원의 순 손실만 야기할 수 있다. 가령 모든 사람의 키가 커지게 되면 상대적인 혜택은 사라지고, 음식 소비가 증가하거나 자동차나 집 등의 크기가 모두 커져야 하는 결과만을 낳을 수 있다. 하지만 모든 종류의 향상이 이러한 위치재적 성격을 갖는 것은 아니다. 보스트롬이나 피터 싱어(Peter Singer) 등은 인지 기능 증가, 면역체계 개선, 수명 연장 등이 위치재적이지 않은 혜택을 제공한다고 생각한다(Singer, 2003: 282).

보스트롬이 제시한 트랜스휴머니즘에 대한 공식적 정의의 두 번째 항목은 "근본적인 인간의 한계를 극복하게 해주는 기술과 그 잠정적 위험성에 대한 연구 및 그러한 기술의 사용과 관련된 윤리적 문제에 대한 연구"다. 보스트롬은 인간의 변형을 꾀하는 이러한 기술들이 인간의 삶이나 생명에 중대한 위해를 가할 수 있으며, 종의 생존을 위협할 잠재력을 가진 매우 위험한 기술임을 트랜스휴머니스트들도 잘 인식하고 있다고 주장한다. 그렇기에 트랜스휴머니스트들이 가진 중요한 어젠다 중 하나는 이런 기술들이 초래할 수 있는 재앙이 무엇인지를 이해하고 그것에 대비하는 방도를 찾는 것이다. 그러한 위험 요소들을 충분히 고려하고 예방조치를 취한다면, 인간 향상을 위해 과학기술을 선택적으로 사용하는 것에 아무런 일반적인 수준의 도덕적·윤리적 장애는 없다는 것이 트랜스휴머니스들의 입장이다.

그런데 이들은 인간 향상의 문제를 기본적으로 자유주의라는 특정한 관점에서 개인의 선택에 우선권을 두고 접근한다. 이 점은 IEET 진영에 속한 사람들도 마찬가지다. 이들은 모두 자녀 출산 문제에 있어서 자식들이 갖게 될 유전적 특성을 부모가 자유롭게 선택할 수 있어야 한다고 생각한다. 우생학은 찰스 다윈의 조카인 프랜시스 골턴(Francis Galton)이 만든 표현이다. 골턴은 유전이 재능과 성격을 지배한다고 확신했고, 세대에 걸친 선별적인 결혼을 통해 뛰어난 인종을 만들어 낼 수 있을 것이라 생각했다. 다음과 같은 골턴의 주장은 오늘날 트랜스휴머니스트들이 주장하는 것이라 해도 아무런 무리가 없어 보인다. "자연이 맹목적으로 천천히 그리고 경솔하게 하는 일을 우리 인간이 계획적으로 신속하게 그리고 사려 깊게 할 수 있다. …… 우리의 무리를 개선하는 것은 사람이 이성적으로 시도할 수 있는 일 가운데 최고의 과제라고 생각한다."

제2차 세계대전에서 아리안 종족의 순수함을 보존한다는 명목으로 자행된 나치의 홀로코스트 이후 우생학은 정치적으로뿐 아니라 학문적으로도 금기시되었다. 그러나 한 가지 놀라운 사실은 나치의 이러한 만행이 일어나기 전에는 미국을 비롯해 캐나다, 오스트레일리아, 스웨덴, 덴마크, 핀란드, 스위스 등 여러 나라에서 우생학이 국가 차원에서 대대적으로 인정되고 받아들여졌다는 사실이다. 이러한 움직임에는 인종주의적 우파들뿐 아니라 많은 좌파적인 사회 발전론자들도 동참했는데, 이들은 의학과 사회 안전망의 발전에 따라 '부적합한(unfit)' 개인이 쉽게 살아남을 수 있는 환경이 되었기 때문에 그 결과 유전자 풀이 악화되고 인적 자원의 질이 저하될 것을 우려했다.

대표적으로 미국의 경우 국가가 우생학 프로그램을 운영하며 여러 방식으로 개인의 권리를 침해했으며, 1907년과 1930년 사이 우생법에 의해 6만 4천여 명이 강제적으로 불임조치를 당했다고 한다. 이들 대부분은 정신지체자들이었지만, 귀머거리, 장님, 간질환자, 신체적인 기형자, 고아, 노숙자 등도 그 대상이 되었다. 샌델에 따르면 우생학의 열렬한 지지자였던 찰스 B. 대븐포트(Charles B. Davenport)는 1910년 롱아일랜드에 우생학기록 사무소(Eugenic Records Office)를 개설하고, 미국 전역에서 '결함자'들의 유전적 배경에 대한 정보를 수집했으며 유전적으로 결함이 있는 아이들의 출산을 예방하기 위한 시도를 했다. 그런데 이러한 우생학적 시도들은 결코 인종주의자나 별난 사람들의 주변적인 운동이 아니었다. 카네기 재단, 유니퍼시픽 철도의 상속인이었던 해리먼(Harriman) 여사, 존 록펠러 주니어 등이 우생학 연구

기금을 기부했으며, 미국의 26대 대통령을 지낸 시어도어 루스벨트(Theodore Roosevelt)는 대븐포트에게 보낸 편지에서 다음과 같이 쓰고 있다. "언젠가 우리는 올바른 유형에 속하는 좋은 시민의 피할 수 없는 기본 의무는 이 세상에 자신의 피를 남기는 것이며, 잘못된 유형에 속하는 시민의 영속을 허용할 이유가 없음을 깨닫게 될 것이다." 또한 산아제한을 주장한 여성운동가 마거릿 생어(Margaret Sanger)도 "적격자로부터 더 많은 아이를, 부적격자로부터 더 적은 아이를 낳게 하는 것이 산아 제한의 주요 사안"이라며 우생학을 지지했다(샌델, 2010: 64).

국가가 주도한 우생학은 히틀러의 대량학살과 유대 인종 말살 시도 이후에 거의 사라지게 되며, 〈집단살해죄의 방지와 처벌에 관한 협약〉 등의 국제법이나 각종 법률로 금지하고 있다. 물론 싱가포르에서는 리콴유 수상이 1980년대에 교육 수준이 높은 여성의 결혼과 출산에 대해 국가가 지원하고 장려하며, 반대로 고등학교를 졸업하지 않은 저소득 여성이 불임수술을 받을 경우에는 4,000달러의 아파트 전세 계약금을 보조하는 방식으로, 비록 강제는 아니지만 인센티브를 제공하는 형식의 우생학 정책을 취했다. 나치나 1920년대 초반 미국 등에서 시도되었던 많은 우생학적 시도가 강제적 불임이나 살인을 통해 유전자 풀에서 부적격자들을 제거하는 부정적 방식으로 이루어졌다면, 싱가포르의 방식은 지능이나 건강에서 우월한 사람들의 출생을 장려하는 적극적 형태의 우생학에 해당한다.

자녀의 형질을 부모가 선택할 수 있는 권리를 인정해야 한다는 트랜스휴머니스트들의 입장은 일종의 자유주의 우생학(libertarian eugenics)으로 간주할 수 있다. 이들은 국가가 강제로 개인의 선택을 제한하려면 그러한 제한이 생명, 자유, 재산과 같은 세속적인 이익과 관련해 어떻게 시민들을 위험에서 보호하는지를 정당화해야만 한다고 주장한다. 이러한 생각의 밑바탕에는 존 스튜어트 밀(John Stuart Mill)의 해악의 원칙(Harm Principle)이 깔려있다. 밀은 『자유론』에서 타인에게 해악을 끼치는 것을 방지하기 위한 이유에서만 개인에 대해 강제로 힘을 행사하는 것이 정당화될 수 있다고 보았다(밀, 『자유론』, 4장). 이들은 기본적으로 국가나 사회의 개입을 통한 형태의 우생학에는, 그것이 소극적 방식이든 적극적 방식이든 간에 그 모두에 반대한다. 어느 누구도 개인에게 형질의 선택이나 능력의 변화를 강제할 수는 없다. 그러나 누군가 본인의 자유로운 결정과 의지에 따라서 본인 스스로나 앞으로 태어날 자식의 형질을 개선하거나 능력을 향상시키려 한다면, 타인에게 직접적인 해악을 초래하지 않는 한에 있어서 그것은 개인의 자유 영역에 속하는 문제로 간주된다. 따라서 인간 향상이 국가나 제도의 강제에 의한 것이 아니라 개인이 자유롭게 내린 선택의 결과라면, 비록 우생학적 시도로 간주된다 하더라도 거기에 어떤 도덕적이고 윤리적 문제는 없다는 것이 이들의 입장이다(Blackford, 2014).

가령 『자유주의 우생학』의 저자 니콜라스 아가(Nicholas Agar)는 "과거 방식의 권위주의적인 우생학은 중앙 집중적으로 설계된 하나의 틀로부터 시민들을 생산하려고 했던 데 반해, 새로운 자유주의 우생학의 특징적인 표지는 국가 중립성이다"라고 서술한다(Agar, 2004). 아가가 말하는 자유주의적 우생학이란 아이의 자율성을 제한하지 않으면서 이루어지는 비강제적인 유전적 향상을 의미한다. 아가는 아이들이 나중에 자신의 삶의 계획을 선택하려고 할 때 부모의 유전적 선택이 일종의 편향으로 작용하지 않을 그런 능력의 경우에 한해서, 부모는 아이들이 갖게 될 능력의 향상을 자유롭게 선택할 수 있다고 주장한다.[3] 이러한 자유주의 우생학의 관점에서는 교육으로 아이의 지능을 높이는 것과 유전적 조작으로 지능을 높이는 것은 도덕

---

3 아가는 최근의 책들에서 급진적 향상을 반대하고 온건한 향상에 찬동한다는 견해를 밝혔다(Agar, 2010, 2013).

적으로 별 차이가 없다. 이들에게 중요한 것은 교육이나 유전자 조작이 아이의 자율성, 즉 열린 미래에 대한 아이의 권리를 침해하지 않는 것이 중요하다. 가령, 지능을 강화하는 것은 특정 직업이나 인생 계획을 지정하는 것이 아니라 일종의 다목적 수단으로 본다. 그러므로 이는 아이의 자율성을 침해하지 않는 것으로 여기므로 도덕적으로 허용될 수 있다.

미국의 대표적인 자유주의 법철학자이자 정치철학자인 로널드 드워킨(Ronald Dworkin)도 비슷한 취지의 주장을 한 적이 있다.

> 미래 세대의 인간을 더 오래 살게 하고, 재능을 더 풍부하게 해 더 많은 성취를 이루도록 만들고자 하는 야망에 잘못된 점은 없다. 오히려 반대로, 신의 역할을 하는 것이 우리의 종을 개선하려고 투쟁하는 것, 신이 의도적으로 혹은 자연이 맹목적으로 억겁에 걸쳐 진화시켜 놓은 것을 개선하고자 하는 결의를 우리의 의식적인 설계에 반영하는 것을 의미한다면, 윤리적 개인주의의 제1원칙은 그러한 투쟁을 명령한다(Dworkin, 2000: 452).

심지어 20세기 미국의 자유주의 철학을 대표하는 노직은 부모들이 자식의 유전자를 마음대로 고를 수 있는 '유전자 슈퍼마켓'을 제안하기도 한다(노직, 1997: 387). 노직에 따르자면, 유전자 향상 시도의 결과가 더 나은 결과로 나타날지 혹은 더 나쁜 결과로 나타날지를 판단하는 것은 정부의 몫이 아니다. 자유 사회에서 우리가 합법적으로 할 수 있는 일은 그러한 과정이 철저히 개인의 자유로운 선택에 따라 일어나도록 하는 것이다. 유전적으로 물려받은 자질과 더불어 아이의 삶이 일종의 선물이라고 생각하는 사람들은 스스로 유전자 선택이나 향상을 거부할 수 있다. 그러나 그러한 생각에 큰 의미를 부여하지 않으면서, 아이들이 보다 나은 삶의 기회를 갖기를 원하는 사람들은 자신들이 원하는 향상을 자유롭게 시도할 수 있다. 심지어 이타적인 개인이나 자선단체는 그러한 향상을 필요로 하고 원하는 사람들에게 일종의 자선 형태로 그것을 제안할 수도 있을 것이다. DNA 이중 나선 구조의 발견자 중 한 명인 왓슨은 유전적 향상이 저소득층이나 사회 소외계층에게 실질적으로 도움이 될 수 있을 것이라 주장한다. 다음은 영국의 《타임스》에 실린 기사의 일부다.

> 만약 당신이 정말로 멍청하다면 나는 그것을 질병이라 말할 것이다. 초등학교에서도 실제로 어려움을 겪고 있는 하위 10퍼센트는 그 원인이 무엇이겠는가? 많은 사람들은 "아마도, 가난이나 그런 이유가 아니겠는가"라고 말할 것이다. 아마도 그렇지 않을 것이다. 그래서 나는 지능을 떨어트린 유전자를 제거해서 하위 10퍼센트에게 도움을 주고 싶다.

그런데 유전자 선택을 비롯해 여러 종류의 향상을 실시할지의 여부가 설령 개인의 자유로운 선택에 맡겨진다 하더라도, 시장자본주의 체제에서 벌어지고 있는 과도한 경쟁을 감안한다면 향상은 암묵적으로 형성될 사회적 압력 때문에 당연히 해야만 하는 일종의 의무적 성격을 띠게 될 가능성이 크다. 오늘날의 많은 부모들은 자식이 사회적으로 성공할 수 있는 유리한 기반을 마련해주기 위해 자신이 이용할 수 있는 모든 수단을 동원하려고 노력한다. 심지어 그것이 국가가 제도적으로 금지하고 있거나 사회적으로 지탄받는 일에 해당한다 할지라도, 자식을 위한다는 명분으로 정당화시킨다. 만약 향상의 수단을 활용할 경우에 사회적 경쟁에서 훨씬 유리한 위치를 차지하게 되고 보다 행복한 삶을 영위할 기회가 더 높아질 가능성이 있다면, 오늘날 벌어지고 있는 과도한 교육 경쟁의 양상이 자식의 유전자나 능력에 대한 향상의 문제에서 재현될 것임은 쉽게 예측할 수 있다.

영국 옥스퍼드대학교의 트랜스휴머니스트 철학자인 사블레스쿠는 공개적으로 출산 선행(procreative beneficence)의 원칙에 입각한 부모의 책임이나 의무를 주장한다(Savulescu, 2001). 오늘날에는 시험관 아기의 시술 및 착상 전 유전자 진단(Preimplantation Genetic Diagnosis)을 통해 배아에 대한 우생학적 선택이 가능하다. 현재 이러한 방법은 주로 유전적 질환이나 장애를 찾아내기 위한 용도로 사용되지만, 앞으로는 성별이나 머리카락과 눈 색깔을 선택하는 것은 물론이며 다양한 질환의 발생 가능성을 줄이기 위한 용도로도 사용될 가능성이 크다. 또한 복잡한 행동 특질에 대한 유전자의 기여 정도를 연구하는 행동유전학(behavioral genetics)의 발전에 따라 다양한 행동 특성을 선택하는 것도 가능하게 될 것이다. 출산 선행은 "부모가 될 사람은 자신들이 가질 수 있는 가능한 아이들 중에서 접근 가능한 적절한 정보에 입각해 최상의 삶을 누릴 수 있는 최선의 아이를 선택해야 한다"는 원칙이다. 물론 이때 "해야 한다"는 강요라기보다 그러한 선택이 정당화될 수 있음을 의미한다. 사불레스쿠는 비질환 유전자 일부(가령, 지능 유전자)는 우리가 최상의 삶을 누릴 수 있는 가능성에 영향을 끼치므로, 우리는 지능 유전자와 관련해 우리가 접근할 수 있는 모든 관련된 정보를 참작해 출산과 관련된 의사결정을 해야 하며, 출산 선행의 원칙에 따라 최상의 삶을 누릴 가능성이 가장 높은 배아나 태아를 선택해야 한다고 주장한다. 심지어 그는 이러한 선택이 비록 사회적 불평등을 악화시킨다 하더라도, 이를 허용해야 한다고 주장한다.

싱어는 환경적 개입과 유전적 개입 사이에 모종의 윤리적 동등성을 주장하면서, 다음과 같은 예방 원칙을 제안한다.

어떠한 조건 X에 있어서건, 만일 부모가 태어난 지 얼마되지 않은 자식에게 X를 안기는 것이 일종의 아동학대에 해당한다면, 다른 모든 조건이 동일할 경우에, (유전자 선택 등을 통해) 아이가 그런 조건을 갖지 않도록 방지하는 절차를 밟는 것이 최소한 허용되어야 한다(Singer, 2003).

싱어는 이러한 원칙이 어떤 특정의 도덕이론에서 도출되는 것이 아니며, 도덕적 입장의 차이와 무관하게 보편적인 호소력을 가질 것이라 생각한다. 유전자 선택이나 향상에 반대하는 많은 사람들의 생각의 배후에는, 유전적으로 주어진 것은 신의 섭리처럼 우리가 어떻게 할 수 없는 작용의 결과이며 그것에 개입하는 것은 자연적 질서에 반하는 것이라는 생각이 깔려있다. 이는 유전적으로 주어진 것을 순전히 운에 의존하는 유전적 복권 당첨(genetic lottery)과는 다른 것으로 보려는 것이다. 그러나 싱어는 그러한 견해를 믿을 어떠한 증거도 없으며, 어떤 특징이 유전적으로 주어졌다고 해서 곧 그것이 신성불가침함을 의미하지는 않는다고 주장한다. 만약 우리에게 유전적으로 주어진 것이 일종의 유전적 복권 당첨이며 유전자 복권이 정말로 순전히 운에 의존하는 특징이 있다면, 우리가 그것에 개입하는 것을 방해할 어떠한 도덕적 장애도 없다는 것이다.

향상은 사회적 불평등을 조장하거나 악화시킬 위험이 있기 때문에 자유주의 우생학은 단순히 개인의 자유로운 선택만을 옹호하는 것이 아니라, 국가 개입의 필요성을 함축할 가능성도 있다. 샌델은 아이들의 열린 미래를 존중하면서 그들의 복지를 증진시키는 것이 부모의 의무라면, 자유주의 우생학은 향상을 허용하는 것에 그치지 않고 국가가 부모에게 향상을 요구하는, 일종의 의무로 만들 수도 있다고 주장한다(샌델, 2010: 78~79). 가령, 현대 국가는 부모에게 아이를 학교에 보내도록 의무화하고 있다. 이와 마찬가지로, 향상 기술이 안전하다는 것만 보장된다면, 국가가 아이의 IQ를 높이도록 부모에게 요구할 수도 있다. 여기서 문제가 되는 것은 향상되는 능력이 모든 인생 항로에 도움이 되는 일반적 목적을 위한 것이어서 아이의 자율성이 침해되지 않도록 하는 것이다. "따라서 자유주의 우생학은 결국에는 국가가 부과하는 유전공학을 거부하지 않는다. 이는 단지 유전공학이 디자인되는 아이의 자율성을 존중하기만 요구할 뿐이다."(79)

　　싱어를 비롯한 향상 기술에 대한 민주적 통제를 주장하는 많은 트랜스휴머니스트들은 현존하는 사회적 혹은 국가적 불평등을 오늘날의 사회가 직면한 중요한 도전으로 간주한다. 만약 유전적 향상 문제가 개인의 선택 문제로 국가가 개입해 금지할 수 없는 사안이어서 시장의 선택에만 맡겨 둔다면, 이는 빈익빈 부익부의 방식으로 사회적 불평등을 더욱 심화시키고 유전적 구분에 따른 새로운 계층화의 출현을 야기할 수도 있다. 이러한 결과를 방지하기 위해서 국가는 향상을 일종의 사회복지 차원에서 접근할 수 있다. 즉 재정적인 이유로 향상 기술에 접근할 수 없는 하위계층이나 가난한 나라의 사람들에게 사회복지나 인도주의 차원에서 장려금을 지급하거나 유전적 향상을 직접 제공할 수 있을 것이다. 이런 점에서 싱어는 국가가 위치재가 아닌 내재적 좋음과 연관된 유전적 향상을 직접 촉진해야 한다는 강력한 논증이 성립한다고 생각한다.

4.　도덕적 향상

　　국가나 사회가 제도적으로 개입해 향상을 촉진해야 한다는 주장을 뒷받침하는 또 다른 이유도 있다. 진화심리학과 같은 경험적 연구를 통해 밝혀진 인간의 도덕적 능력의 한계를 감안하면, 지구온난화나 테러, 빈곤과 같은 전 지구적 문제를 해결하거나 인류의 절멸을 피하기 위해서는 약물이나 유전공학을 이용해 도덕적 능력을 인위적으로 향상할 필요가 있다는 것이다. 사블레스쿠는 최근 잉마르 페르손(Ingmar Persson)과 함께 출간한 『미래에 부적합함: 도덕적 향상의 필요(Unfit for the Future: The Need for Moral Enhancement)』에서 인류의 생존이란 목적을 위해 약물이나 유전공학 등을 이용한 인간의 도덕적 향상이 요구되며, 지금부터라도 가능한 방법을 모색해야 한다고 주장한다. 이들의 주장을 간단히 요약하면 다음과 같다.

인류는 지금까지 15만 년 동안을 존속했지만, 대부분의 기간 동안 소규모의 공동체에서 원시적 기술을 이용해 삶을 영위했다. 진화심리학 등의 연구결과에 따르면, 인류가 현재 가지고 있는 심리적·도덕적 특성의 대부분은 바로 이러한 조건에 맞춰져 있다. 그런데 과학이나 기술 발전으로 특히 최근 몇 세기 동안에 인간 삶의 조건은 급격하게 변화했다. 그런데 우리의 심리적·도덕적 특성들은 거의 변하지 않았으며, 이러한 인간 본성에 의해 제약되는 도덕적 능력의 한계는 우리가 전 지구적 단위에서 직면한 여러 문제들을 해결하고 극복하는 데 장애 요소다. 이는 이러한 문제들이 과학기술의 급격한 발전에 따라 가능해진 전혀 다른 조건에서만 비로소 발생하는 문제들이기 때문이다. 이를테면, 이것들은 우리의 마음이 미처 적응하지 못해서 해결 준비가 되지 않은 문제들이다. 그중에서 특히 중요한 것은 지구적 수준의 과도한 사회적 불평등, 대량 살상무기의 위협, 기후변화 및 환경 파괴 문제다.

사불레스쿠와 페르손에 따르면, 현재 인류가 처한 기초 조건들은 대략 다음과 같다. 먼저 우리는 타인에게 혜택을 주기보다 해를 끼치기 훨씬 더 쉬운 상태에 놓여 있다. 과학기술의 발전에 따라 인간의 행동 능력이 증가할수록, 그에 비례해 타인에게 해악을 끼칠 수 있는 능력 또한 기하급수적으로 증가한다. 가령, 우리는 천연자원을 너무나 '효과적으로' 개발함으로써 이미 지구 생태계의 3분의 2에 해당하는 자원을 과도하게 사용한 상태이며, 대량 살상무기의 사용에 따른 인류의 절멸 위험 또한 점점 커지고 있다.

그럼에도 불구하고 우리의 심성은 다음과 같은 한계가 있다. 먼저 상식적 도덕성이나 도덕규범과 관련된 우리의 판단은 다음과 같은 직관에 의존한다. 우리는 우리가 제공하는 데 실패한 혜택보다는 인과적으로 야기한 손실(해)에 대해 더 많은 책임감을 느끼며, 남에게 이익을 제공하라는 의무보다 남을 해하지 말라는 것에 더 많은 도덕적 의무감을 느낀다. 이러한 부정적 성격의 의무에는 해함을 당하지 않을 부정적 권리가 대응한다. 그러나 이에 상응해 혜택을 입을 적극적 권리란 존재하지 않는다. 이와 유사하게, 우리가 손실을 회피하려는 성향은 그와 비슷한 이익을 추구하려는 성향보다 더욱 크다. 그리고 공포의 부정적인 감정은 희망이나 기대의 긍정적인 감정보다 더욱 크며, 악행에 대한 분노는 선행에 대한 감사의 감정을 압도한다.

우리는 인간적 감정을 느끼는 범위 및 시간적인 차원에 있어서도 근시안적이다. 다시 말해, 우리는 가까운 미래에 더 관심을 기울이고 우리와 가까운 사람들을 훨씬 더 많이 배려한다. 우리는 먼 미래는 무시하는 경향이 있으며, 우리가 공감하거나 연대의식을 느낄 수 있는 사람의 수는 한정되어 있다. 정의감이나 공정함의 느낌을 가지면서 호혜적 협력을 할 수 있는 사람들의 수나 범위도 제한적이다. 우리는 외부의 이방인들을 대체로 불신하거나 그들에게 무관심하며, 그들이 조금이라도 잘못하거나 약간만 내 기분을 상하게 해도 곧장 적개심을 갖는 경향이 있다.

그렇다면 현재 우리가 직면한 대량 살상무기의 위협이나 기후변화 및 환경파괴, 사회적 불평등과 같은 문제들이 제기하는 도전은 어떤 특징이 있는가? 오늘날까지 인류가 발전시켜온 정치 체제 중 최상의 것은 자유민주주의 체제라고 할 수 있다. 하지만 자유민주주의 사회에서는 광범위한 시민적 자유와 권리가 인정되지만 동시에 상당한 정도의 사회경제적 불평등도 존재한다. 자유민주주의 사회에서 인정되는 동등성은 권리와 기회의 동등성이며, 온전한 사회경제적 평등을 포함하지 않는 상대적으로 얕은 동등성이다. 그런데 시장경제에서는 기회의 평등만으로 사회경제적 평등을 달성하기 힘들며, 사회경제적 평등을 담보할 수 있기 위해서는 실천적인 행위 능력의 향상이 수반되어야만 한다. 그런데 이러한 능력들을 실질적으로 향상시켜서 사회적 불평등을 완화시킬 수 있는 현실적인 대안은 실제로 존재하는가? 물론 일부 국가에서 사회복지 안전망을 확대함으로써 불평등 문제를 일정 수준 성공적으로 해결한 사례들이 있다. 하지만 전 지구적인 무한 경쟁 시대에 그러한 성공 사례들이 지속적으로 그 성공적인 모습을 유지할 수 있을지도 미지수이며 성공 사례가 모든 국가로 확산되는 것을 기대하는 것도 현실적으로 어려워 보인다.

과학기술이 발전함에 따라 대량 살상무기는 훨씬 다양해지고 소형화되는 동시에 그 파괴력은 점점 더 커지고 있다. 핵무기의 경우 지금까지 UN의 노력을 포함해 강대국의 세력균형을 통해 사용이 통제되었다고는 하나, 소형화된 생화학적 무기의 경우라면 그러한 방식으로 통제하는 것이 불가능할 수 있다. 만약 앞으로 나노기술을 이용한 최첨단 소형 대량 살상무기가 등장하고, 그것들이 테러집단의 손에 넘어간다면 어떠한 일이 벌어질까? 테러에 의한 대량 살상무기의 위협에 적절히 대처하고 그 사용을 방지하기 위해서는 첨단 감시기술을 적극적으로 활용해야 한다. 그런데 이는 개인의 자유를 일정 수준 제한해야 하며, 감시의 강화에 따른 개인의 프라이버시 침해도 불가피함을 의미한다. 하지만 자유민주주의 체제는 그 속성상 이러한 대응을 어렵도록 만든다. 비판자들은 개인의 권리나 사생활 침해를 우려하며 자유주의의 후퇴에 대해서 말한다. 하지만 대량 살상무기는 비록 그것이 실제로 사용될 가능성은 아무리 적다 하더라도 만약 그것이 사용된다면 그 결과는 치명적일 것이며, 다문화 경향이 강해질수록 이러한 테러 위협은 점점 더 커질 것이라 예상할 수 있다.

자유민주주의 정치 체제는 남북 문제나 환경 문제에 대처하기도 어렵게 만든다. 이 문제들을 해결하려면 유권자들의 과도한 소비적 삶의 형태를 제한해야만 하는데, 사람들은 미래 세대나 다른 지역의 알지 못하는 사람들, 그리고 동물들을 위해 그러한 희생을 기꺼이 받아들이려 하지 않을 것이기 때문이다. 여기서 문제 해결을 특히 어렵게 하는 것은 우리가 직관적으로 받아들이고 있는 인과 기반의 책임 개념이다. 앞서 간략히 언급했듯이. 인과 기반의 책임 개념은 우리가 방관해 일어나게 한 해악보다 인과적으로 직접 야기한 해악에 대해서 더 큰 책임을 물으며, 관련 당사자 수가 많아져서 해악에 대한 인과적 기여의 양이 감소할수록 그에 비례해 책임도 희석시킨다. 사블레스쿠 등은 이러한 책임 개념을 변화시키는 것이 기후변화나 환경 문제에 대해 자유민주주의 국가들이 얼마나 효과적으로 대처할 수 있는지의 문제와 밀접히 관련된다고 생각한다.

공유지의 비극 문제는 더 큰 규모의 지구적 환경 문제를 살펴보는 작은 모형을 제공한다. '공유지의 비극'은 생물학자 가렛 하딘(Garrett Hardin)이 1968년 《사이언스》에 발표한 논문에서 제시한 개념으로 하딘은 여기서 개인주의적 사리사욕이 결국 공동체 전체를 파국으로 몰고 가는 상황을 이야기하고 있다. 목축이 주업인 어느 마을에 소를 풀어서 마음껏 풀을 뜯어 먹일 수 있는 목초 공유지가 있다고 하자. 소를 치는 농부들은 거기에서 저마다 가능한 한 많은 소를 키우는 것이 자신의 이익에 부합하지만, 목초 공유지를 유지하기 위해서는 어느 정도의 절제와 규제가 필요하다. 모든 농부가 규제를 잘 지킨다면, 공유지의 풀은 항상 적정한 양으로 푸르게 유지될 것이고 농부들은 이 공유지에서 계속해 큰 혜택을 얻을 수 있다. 그런데 다른 농부들이 규제 약속을 잘 지켜나간다면, 나 하나쯤은 규제를 어기더라도 큰 문제가 발생하지 않으면서 나는 최대한의 이익을 누릴 수 있다. 문제는 다른 농부들도 나와 비슷한 생각을 한다는 점이다. 그렇게 한 명씩 규제를 어기기 시작하면, 결국엔 공유지 황폐는 피할 수 없다.

공유지의 비극으로 불리는 이 딜레마가 보여주는 것은, 협력과 관련해 관련자의 수가 많아질수록 서로의 신뢰나 관심을 얻는 일이 더욱 어려워지며, 동시에 각각의 개인이 만들어내는 해악의 양은 줄어들면서 어느 순간에는 거의 무시할 수준에 이르게 된다는 점이다. 그 밑바탕에는 인과 기반의 책임 개념이 작동하고 있는데, 이때 개인은 자신의 인과적 기여가 크지 않기 때문에 결과적으로 자신의 책임을 거의 느끼지 않게 된다. 이는 각 개인에게 제한을 가함으로써 집단 전체가 이익을 얻을 수 있는 이타적이거나 공리적인 이유가 작동할 수 있는 기반을 파괴한다. 일부 사람들은 여전히 자기희생을 하겠지만, 이는 다른 사람들에게로 확장되지 않는다.

환경 문제는 정확히 공유지의 비극이 보여주는 상황을 닮았다. 환경 문제는 전문가들 사이에 환경 문제가 기후변화를 초래한 사실에 대해 설령 합의가 가능하다 하더라도, 그 변화가 어느 정도이며 그것이 얼마나 위협적인지에 대해서는 정확히 파악하기 어려울 뿐 아니라 합의도 힘들다. 또한 우리의 가까운 미래에 대한 편향은 먼 미래에 일어날 기후변화의 결과에는 무관심하도록 만든다. 오늘날의 행동으로 영향을 받게 될 기후변화의 중대한 결과는 금세기 안에 일어나지 않을 가능성이 크기 때문이다.

선진국들의 발전은 값싼 화석연료 사용에 힘입은 것으로 기후변화의 책임은 주로 부자 나라들에게 있다. 그런데 그 결과로 문제를 겪게 되는 사람들은 주로 저개발국 사람들이다. 기후나 환경 변화에 적절히 대처하기 위해서는 부자 나라 사람들의 '희생'이 필요하며, 이는 그들의 과도하게 소비적인 생활방식을 바꿀 것을 요구한다. 또한 저개발국들이 온실효과를 발생시키지 않으면서 발전을 이루어 빈곤 상태에서 벗어나도록 만들려면 부자 나라들의 원조가 필수다. 저개발국에 대한 원조는 단지 인도주의적 지원뿐 아니라 이들이 친환경적이고 지속가능한 개발을 할 수 있도록 돕는 것이어야 한다. 그런데 우리의 제한적이고 편협한 이타주의는 사람들의 자발적인 행동을 기대하기 힘들게 만든다. 또한 인과적 책임 개념의 변화가 있어야만 선진국의 부자들은 개도국이나 저개발국에서 일어나고 있는 비참한 상황에 대해 더 큰 책임을 느끼게 될 것이다. 결국 문제 해결을 위해서는 법률에 따른 강제 조치 같은 것이 필요한데, 투표로 선출되는 정치인들은 이에 대해 자유방임적 입장을 취할 가능성이 크다. 정치 영역이 거대 산업의 영향력 아래에 놓여 있음을 감안한다면 정치인들의 이러한 태도에 큰 변화를 기대하기도 힘든 상황이다.

이상의 이러한 고려들은 인류의 미래에 대해서 어떠한 함축을 가지고 있는가? 사블레스쿠와 페르손은 사람들의 일반적 기대와는 달리 민주주의가 역사를 종말로 이끌 가능성이 크며, 민주주의에는 인간이 야기한 기후변화나 환경 악화를 완화시킬 역량이 없다고 주장한다. 우리의 편협한 이타주의나 가까운 미래에 대한 편향 때문에 유권자들이 잘못된 정책을 지지할 가능성이 훨씬 크며, 동시에 산업 권력이 대중매체로 하여금 이러한 문제제기를 봉쇄할 가능성이 크기 때문이다. 물론 그렇다고 해서 독재가 대안이 될 수는 없다. 기후나 환경 문제에 관한 한 독재정권이 비대중적인 정책을 실시하기에 더욱 효과적일 수는 있지만, 인류의 역사적 경험에 비춰 볼 때 독재정권은 매우 잘못된 방향으로 빠질 위험이 크며 오직 지배층의 이익만을 좇는다는 것이 수차례 입증되었다. 그렇다면 우리에게 남아있는 선택 가능한 대안은 무엇인가?

인류가 처한 현재의 상황을 되짚어 보자. 인간의 사회적·자연적 환경은 지난 몇 세기 동안 과학기술의 발전으로 급격하게 변형되었다. 하지만 우리의 도덕적 성향은 인류의 초기 상태에서 거의 바뀌지 않은 채 그대로다. 현재의 과학기술은 인류 멸망이라는 재앙을 초래할 수 있는 잠재력이 있다. 과학의 힘을 빌려 인간의 능력을 성장시키는 것이 전체적인 결과를 고려했을 때 인간에게 더 이상 이롭지 않고 해가 되기 시작하는 분기점이 있을 수 있다. 인간의 도덕적 결함이 과학의 힘을 오용해 재앙을 부를 수 있기 때문이다. 사블레스쿠와 페르손은 핵무기가 만들어진 지난 세기 중반에 인류가 이미 그러한 분기점을 지났다고 생각한다. 인간이 지구상의 생명을 영원히

3장 - 프로메테우스의 꿈: 우리 스스로 포스트휴먼이 되자

파괴할 수 있는 힘을 갖게 된 것이다. 말하자면 인류의 발전은 현재 자신의 가치 있는 삶을 지속할 수 있는 기본적인 조건 자체를 위협하는 수준에 이르렀다.

수억의 사람들이 비참한 삶을 계속 살도록 내버려 두면서, 강력한 과학기술을 오용함으로써 재앙이 닥치는 위험을 계속 감수하는 것은 결코 대안이 될 수 없다. 테러나 빈곤, 환경 문제와 같은 현재의 곤경에서 벗어나기 위해서, 또한 지구의 자원을 고갈시키지 않으면서도 모든 사람들에게 일정 수준 이상의 삶의 조건을 보장하기 위해서, 우리는 역설적으로 더욱더 기술에 의존할 수밖에 없으며, 기술은 지금보다 더 효율적이어야 할 필요가 있다. 우리가 처한 오늘날의 문제를 풀기 위해서 과학기술이 더 발전해야 한다는 것이다.

그것만이 전부는 아니다. 사블레스쿠와 페르손은 그러한 과학기술 발전의 결과가 보다 현명하게 사용되는 것을 보장하기 위해서는 그에 상응한 인간 도덕성의 향상이 함께 이루어져야 한다고 주장한다. 인간은 지금보다 훨씬 더 도덕적으로 동기화되고 실행 능력이 향상되어야 한다. 그런데 유전학이나 신경생물학의 발전에 힘입어, 약물이나 유전적 방법을 통해 인간 동기나 행동의 생물학적 기초에 직접적으로 개입할 수 있는 길이 열리기 시작했다. 도덕적 향상을 위해 생명의학적 방법을 사용하는 것에 대해서 철학이나 도덕적 차원에서 반대할 원리적 이유도 없어 보인다. 그렇다면 이제 인간 도덕성의 향상이라는 목적을 위해 인간 향상 기술을 우리의 본성에 적용할 것을 진지하게 고려할 시점이라는 것이 그들의 판단이다. 오늘날 인류가 처한 곤경을 생각한다면, 과학기술을 이용해 인간의 도덕적 향상을 꾀할 수 있는 가능한 모든 수단을 강구해야 할 뿐만 아니라 이는 거의 당위에 가까운 일로 보인다는 것이다.

물론 도덕적 향상은 전통적인 교육의 방법으로도 이루어질 수 있다.

우리는 교육으로 잘못된 행동의 결과가 어떤 것인지를 보다 생생하게 재현해 각인시키고, 이성적 반성이나 동기화를 통해 도덕적으로 올바른 행동을 하도록 유도할 수 있다. 그러나 역사적으로 이런 방식이 보여준 성공은 제한적이었다. 사람들은 교육을 통해 문제를 해결할 수 있는 시간이 충분할 것이라고 믿는다. 그러나 그러기에는 우리가 직면한 재앙적인 상황이 너무 임박해 있다. 지난 몇천 년 동안 인류는 교육을 통해 인간의 도덕적 향상을 꾀했으며 상당 부분 진전을 이루기도 했다. 그러나 그러한 향상은 현재 우리가 직면하고 있는 문제를 해결할 수 있을 정도로 충분하게 이루어지지 않았으며, 단시일 내에 그런 경향에 어떤 큰 변화가 있을 것이라고 기대하기도 어렵다. 이는 많은 부분 진화적 기원을 갖는 우리의 편협한 이타성이나 가까운 미래에 대한 편향과 같은 심리적 특성 때문이다. 여기서 중요한 점은 이러한 특성들이 진화적 기원을 갖는다는 것이 아니라, 우리가 사실상 그러한 특성들을 가지고 있으며 이것들이 우리의 도덕적 동기나 행동에 일종의 제약조건으로 작용하고 있다는 것이다.

상황이 그러하다면 우리는 과학이 도덕적 향상의 수단을 제공해줄 가능성에 대해 열린 태도를 가지고 있어야만 한다. 과학기술을 통해 인간의 도덕적 향상을 꾀한다는 것은 매우 먼 미래의 일이며, 현재 우리를 위협하는 문제를 해결하는 과정에서 그러한 향상 방식에 접근할 수 없다는 반론이 있다. 물론 인간의 도덕적 동기나 행동의 신경학적 기반에 대한 지금의 과학적 이해의 수준을 감안한다면 그러한 전망이 맞을지도 모르며, 이와 관련된 연구는 이제 겨우 걸음마 단계다. 하지만 이들의 주장은 만약 그러한 향상이 이론적으로 가능하다면, 그것을 시도해보아야 한다는 것이다. 미래가 디스토피아적인 결말로 끝날지는 어느 누구도 확신할 수 없다. 다만 여기서 그들이 내리고자 하는 결론은, 우리에게 닥친 문제가 너무나 심각하고 문제 해결에 필요한 도덕적 향상을 전통적인 방법으로는 단 시일 내에 이끌어낼 수 없기 때문에, 생명의학적인 도덕적 향상의 기술을 도덕적인 반대나 기술적 불가능성을 이유로 무시할 것이 아니라, 비록 그것이 성공할지는 불확실하지만 그 가능성에 대한 광범위한 연구를 시작해야 한다는 것이다.

　물론 이러한 방식으로 과학기술을 사용하는 것에는 위험이 따른다. 가능한 위험 요소들에 충분히 주의를 기울이지 않거나, 설령 주의한다고 해도 다른 과학기술들과 마찬가지로 사람들의 잘못으로 오용될 수 있다. 그리고 무엇보다 그러한 기술을 선택하고 적용하는 사람들이 도덕적 능력이 부족한 상태에 있는 부트스트래핑의 문제가 있다. 말하자면, 그 스스로가 도덕적으로 부족하고 향상이 필요한 사람들에 의해 도덕적 향상의 생명의학적 문제를 모색하고 적용해야 한다는 것이다. 그럼에도 불구하고 우리의 상황이 매우 절박하므로 그러한 시도를 할 수밖에 없다는 것이 이들이 주장하는 핵심이다. 과학기술에 따른 도덕적 향상을 주장하는 것은 그것이 전통적인 교육의 방법이나 사람들이 억압받는 조건들을 제거하려는 다양한 종류의 사회적 개혁보다 반드시 더 효과적이라고 믿기 때문이 아니다. 아직은 이러한 방향의 연구나 그 성과가 어떠할지를 단언하기는 힘들며, 어쩌면 문제에 대한 현실적인 해결책이 존재하지 않을지도 모른다. 그러나 그들은 많은 사람들이 잘못된 이유에 입각해 가능할 수 있는 대안을 처음부터 고려하지 않는 것은 문제라고 생각하며, 자신들은 당면한 문제에 대해 어떤 해결책을 제시하는 것이 아니라 가능한 옵션에 대한 하나의 제안을 하고 있음을 주장한다.

　이상으로 우리는 트랜스휴머니즘의 기본적인 주장과 간단한 역사, 그리고 트랜스휴머니즘을 주장하는 사람들의 이론적 지형을 살펴보는 동시에, 개인의 자유로운 선택으로부터 전 지구적 수준의 문제를 해결하기 위한 당위적 선택이라는 주장에 이르기까지 트랜스휴머니즘을 지지하는 여러 이유들을 살펴보았다. 후쿠야마는 트랜스휴머니즘을 공상과학을 지나치게 심각하게 받아들인 컬트 집단의 생각으로 치부할 수도 있지만, 오늘날 이루어지고 있는 생명의료 분야의 많은 연구들이 사실은 트랜스휴머니즘적인 생각을 암묵적으로 전제하고 있음을 지적하고 있다. 이 장에서 우리가 살펴보았듯이, 트랜스휴머니즘은 이제 사이버를 중심으로 하는 주변문화의 수준에서 벗어나 이미 현실적으로 정책에서 고려하는 대상이 되었으며, 다양한 학자들이 그 현실적 가능성과 더불어 관련된 윤리적 쟁점들을 진지하게 숙고하고 있다.

우리 인간은 선천적이거나 후천적으로 여러 가지 질병에 시달리고 있으며, 많은 사람들은 과도한 공격성이나 불안, 우울증과 같은 여러 가지 심리적 문제도 겪고 있다. 이러한 문제들은 그러한 질병이나 심리적 문제를 안고 있는 개인의 문제일 뿐 아니라, 대부분은 사회나 국가 차원에서 고민해야 하는 장기적인 건강 정책상의 문제이기도 하다. 따라서 생명의료 연구나 과학기술의 도움을 빌려 이러한 문제들을 해결하고자 하는 시도들은 언뜻 보기에는 대단히 합리적이며 자연스러운 일이기도 하다.

문제는 질병이나 신체적 장애를 해결하거나 제거하는 것을 목표로 하는 많은 첨단 의료기술들, 가령 우울증 치료약, 근육 강화제, 기억향상 약물, 유전자 치료나 유전자 선택 등과 같은 기술들이 단순한 치료를 넘어 인간 종의 '향상'을 위해 쉽게 이용될 수 있다는 데에 있다. 물론 우리 사회가 인간 종의 인위적인 향상을 긍정하는 트랜스휴머니즘을 일순간에 열광적으로 받아들이는 일은 쉽게 일어나지 않을 것이다.[4] 하지만 성형수술과 같은 현실적 사례에서도 쉽게 관찰할 수 있듯이, 질병이나 장애 해결을 위해 개발

---

4   이렇게 생각하는 가능한 근거로 현상황 편향(status quo bias)을 들 수 있다. 보스트롬은 트랜스휴머니즘에 반대하는 많은 주장들이 이러한 현상황 편향의 표출이라고 본다 (Bostrom & Ord, 2006).

된 기술을 '정상적인' 신체 능력 혹은 정신 능력의 향상을 위해 사용하는 빈도는 점점 늘어날 것이며, 어느 지점에 이르게 되면 그러한 기술을 통해 인간 본성을 변형하거나 '향상'시키고자 하는 적극적 시도가 뒤따를 것임은 쉽게 예측할 수 있다. 비단 생명공학기술뿐 아니라 NBIC 기술로 불리는 첨단 과학기술들이 결합해 지금과 같은 수준으로 계속 발전한다면, 인간의 변형이나 향상에 대한 트랜스휴머니즘의 주장이 현실로 실현될 확률은 우리가 생각하는 것보다 훨씬 높다.

그렇다면 트랜스휴머니즘의 위험성에 대해 후쿠야마가 던진 경고로 다시 돌아가 보자. 과학기술을 통한 인간의 변형이나 향상은 개인의 자유 영역에 속하는 문제이므로, 과연 그것을 개인의 선택에 맡겨두어도 좋은 것일까? 과학기술의 미래에 대한 후쿠야마의 경고와 많은 트랜스휴머니스트들이 암묵적으로 가정하고 있는 낙관적 전망 중에서 사실로 드러날 가능성이 높은 주장은 어떤 것일까? 후쿠야마의 주장대로 트랜스휴머니즘은 인간의 본질을 위협하는 위험한 생각이며, 인간 향상 기술의 개발에 대해서 지금보다는 훨씬 높은 수준의 사회적 혹은 국가적 통제가 필요한 것일까? 트랜스휴머니즘에 반대하는 여러 가지 주장들을 검토해봄으로써 이 문제들에 답해보자.

향상된 인간과
'멋진 신세계'의 역설

4.

대체로 우리나라 사람들은 새로운 기술의 출현에 진취적인 태도를 가지고 있다. 젊은 사람일수록 어떤 도덕적 판단을 내리기에 앞서 새로운 기술의 발전 양상에 호기심을 먼저 보인다. 통계자료에 따르면 우리나라는 인구비율당 성형수술 건수가 세계에서 가장 높은 나라다. 연예인들 사이에서 크고 작은 성형수술이나 교정수술을 받는 것은 이제는 관례로 자리 잡은 것처럼 보인다. 최근에는 렛미인이라는 케이블 TV의 성형 관련 프로그램이 인기를 얻고 있는데, 성형 전과 성형 후의 차이는 가히 충격적이다. 중년 여성들도 보톡스를 맞는 등 자신의 외모를 유지하기 위해서 안간힘을 쓴다. 황우석 박사의 사례에서 일부의 사람들이 애국주의라는 이름 아래 보여준 과학기술에 대한 맹신적인 집착은 우려스럽기까지 하다.

그러나 기술에 대한 인간의 태도는 언제나 양가적이다. 사람들은 한편으로 기술의 발전에 대해 호기심을 느끼고 열광하지만, 다른 한편으로 새로운 변화와 낯선 미래에 대한 두려움을 가지고 있다. 그리스 신화에 나오는 프로메테우스는 인간에게 불을 가져다준 대가로 제우스에 의해 독수리로부터 매일 간을 쪼아 먹히는 형벌에 처해진다. 19세기 산업혁명 시기 러다이트들은 자신들의 삶의 터전을 빼앗길 것을 두려워해 기계를 파괴하는 운동을 펼쳤다.

20세기 초반에 쓰인 조지 오웰(George Orwell)의 『1984』와 올더스 헉슬리(Aldous Huxley)의 『멋진 신세계』는 두 가지 다른 방식으로 과학이 지배하는 디스토피아적 미래를 그리고 있다. 오웰의 소설은 '빅브라더'에 의해 지배되는 중앙집권적 감시 통제 사회를 그리고 있다. 정보 과학의 발전이 가져올 수 있는 또 다른 우리의 미래다. 헉슬리의 소설은 인간 향상 문제와 관련해 더욱 직접적인 연관을 가지고 있다. '멋진 신세계'는 유전공학과 소마(soma)라는 약물을 통해 질병과 사회적 갈등이 제거된 사회다. 사람들은 불만이나 고통 없이 길들여진 삶을 살아간다. 그곳에는 폭력이나 범죄도 없으며,

우울증, 정신질환, 외로움, 정서적 고통도 없다. 가장 손쉽게 해결할 수 있는 것이 섹스이며, 심지어 욕망의 발생에서 만족까지 소요되는 시간을 최소로 유지하는 일만 전담하는 정부기관도 있다. 사람들은 더 이상 종교를 진지하게 생각하지 않고, 생물학적인 가족은 더 이상 존재하지 않는다. 사람들은 어느 누구도 자신을 되돌아보거나 허황된 꿈을 꾸지 않으며 셰익스피어를 읽지 않는다.

과학기술의 미래에 대한 두려움은 빌 조이(Bill Joy)가 《와이어드》에 기고한 글의 제목 「왜 미래는 우리를 필요로 하지 않는가」에 잘 축약되어 있다. 이 글에서 조이는 나노공학, 유전공학, 로봇공학 등의 발전이 결국엔 인간의 종말을 초래할 것이라 경고한다(조이, 2000). 그는 현재 새로운 기술들의 개발이 인간 삶의 가치에 대한 어떤 비전이 아니라, 전 지구적 자본주의 체제와 그 체제 속의 다양한 경제적 인센티브 및 경쟁 압력 속에서 이루어지고 있음에 주목하며, 종국에는 이 기술들이 그 가공할 힘 때문에 '파괴의 엔진'으로 작동하게 될 것이라 우려한다. 과학자나 기술자들의 공통된 결함은 발견과 혁신의 희열에 잠겨 있는 동안에 자신들이 만들어낸 것들의 결과를 이해하지 못한다는 것이다. 과학적 추구의 본성인 알고자 하는 욕망에 지배되어, 보다 새롭고 강력한 기술들이 그 자체의 내재적 논리에 따라 통제 불능으로 발전할 수 있다는 사실을 간과하게 된다는 것이다.

인간 향상과 관련해 학술적인 반대의 목소리가 본격적으로 등장한 것은 2013년 미국 대통령 직속 생명윤리 자문위원회(President's Council on Bioethics)가 인간 향상의 전망에 대해 비판하는 자체 보고서 『치료를 넘어서: 생명기술과 행복의 추구』를 발간한 전후다. 향상 기술의 개발이나 적용에 반대하는 이들을 흔히 '생명보수주의자(bio-conservative)'라고 부른다. 이 이름이 과연 적절한지에 대해서는 많은 논란의 여지가 있을 수 있다. 아마도 향상 반대론자를 이렇게 부르게 된 것은 미국 대통령 자문위원회의 위원장이었던 레온 카스가 인간 향상에 반대하는 입장을 주도했기 때문인 것으로 보인다. 2001년 조지 부시 당시 미국 대통령은 보수주의 철학자인 카스를 대통령 생명윤리 자문위원회의 의장으로 임명했는데 이후 그는 후쿠야마나 샌델 같은 인물들을 위원회 멤버로 끌어들였다. 카스는 시험관 아기나 복제 등의 의료 기술에 대해 인간 존엄성을 해친다는 이유로 일관되게 반대해온 인물이다.

인간 향상에 반대하는 대표적 인물로는 하버마스, 후쿠야마, 샌델이 있다. 독일의 비판철학자 위르겐 하버마스(Jürgen Habermas)는 유전자를 선별해 자질을 개선하는 유전학적 개입은 자율과 평등의 자유주의 원칙을 위반하고, 세대에 걸친 '자유롭고 평등한 개인들 본연의 대칭적 관계'를 파괴시킴으로써 인간의 윤리적 자기 이해의 전제 조건을 변경시키는 결과를 낳을 것이라 경고한다. 『역사의 종말』로 유명한 후쿠야마는 인간 본성은 인간의 자연적 권리 및 존엄성의 근거이며, 이를 인위적으로 변형하는 것은 결국 인간성과 그에 입각한 인간 존엄성을 훼손시키게 될 것이라 주장한다. 『정의란 무엇인가』로 친숙한 샌델은 인간 향상을 추구하는 태도는 정복과 지배의 자세이며, 인간의 능력과 성취가 선물로 주어진 것임을 인식하지 못한 결과라고 말한다. 그는 인간의 능력과 성취가 주어진 선물이 아니라 유전자 선택 등을 통해 스스로 만든 것이라는 인식이 확산될 경우에, 우리가 딛고 서있는 겸손과 책임, 연대라는 도덕적 지평의 세 가지 개념이 훼손될 것이라 우려한다.

과학기술을 통한 인간 변형에 반대하는 다양한 논증들을 그 성격에 맞춰 분류하면 대략 다음과 같이 정리할 수 있다.

① 향상 기술의 위험성과 부작용: 인간 향상 기술은 예상치 못한 위험이나 부작용을 초래할 수 있으며, 종국적으로 인류의 종말을 야기할 수

도 있다.

② 사회적 공정성과 자원배분의 우선성: 인간 향상은 평등이나 사회적 정
의의 원칙에 위배되며, 계층 격차의 확대나 새로운 계급의 출현으로 이
어질 것이다. 또한 향상 기술의 발전에 힘쓰기 보다 지금 현재 고통받
고 있는 사람들의 삶을 개선시키기 위해 노력하는 것이 더욱 중요하다.

③ 인간의 오만함에 대한 경고: 인간 향상은 인간이 신의 역할을 대신하
려 하는 것이다. 인간 향상은 생명이나 자연에 내재된 신성한 가치를
파괴한다.

④ 자율성의 문제: 유전적 조작을 통한 인간 향상은 후손들의 자율성이
나 자유를 침해하며, 인간 자유의 조건을 위협한다.

⑤ 인간적 삶의 가치의 훼손: 인간 향상은 삶을 선물로 받아들이는 태
도, 삶의 의미나 진정성, 인간의 존엄성을 포함한 다양한 인간적·도덕
적 가치를 훼손한다.

①, ②의 반론은 경험적 차원에서 제기되는 반론이다. 이것들은 기본
적으로 인간 향상 기술이 현실적으로 초래할 수 있는 나쁜 결과 때문에 금
지되거나 제한을 받아야 한다는 것이다. ③~⑤의 논거는 규범적 층위에서
제기되는 반론이다. 이는 인간 향상이 어떤 식으로든 우리가 중요하게 여겨
야 할 가치들을 위협하거나 훼손한다는 주장이다.

1. 향상에 반대하기 위한 전략

향상 비판 논증들을 자세히 검토하기에 앞서, 먼저 향상 반대 논증이
목표로 하고 있는 바가 무엇인지를 구분함으로써 그 논의의 층위나 성격이
무엇인지를 분명히 할 필요가 있다. 향상 반대 논증들이 종국적으로 지향

하는 바에 따라서 우리는 그 논의의 층위를 크게 두 가지로 구분할 수 있다. 하나는 특정 방식의 개별적인 향상 기술이나 그 적용을 문제 삼는 것이다. 우리는 약물을 사용하는 것 자체에 어떤 일반적인 문제가 있다고는 생각하지 않는다. 우리는 몸이 아프면 통증을 완화하거나 치료하기 위해 약물을 복용한다. 하지만 그렇다고 해서 모든 종류의 약물을 아무런 규제 없이 마음대로 사용할 수 있는 것은 아니다. 특정 의약품의 경우에는 전문가의 지시가 필요하며, 마약류나 항정신성 의약품과 같은 특수 약물의 사용은 엄격히 규제되거나 금지되고 있다. 이와 마찬가지로 인간 향상의 시도 자체에 어떤 일반적인 문제가 있다고 생각하지는 않지만 특정한 조건 아래 이루어지는 개별적인 향상 기술의 적용은 문제삼을 수 있다. 가령 우리는 유전적 결함에 대한 부정적 선택은 인정하면서도, 인간 배아의 특정 유전자를 인위적으로 조작해 태어날 아이의 정신적·육체적 능력을 불가역적으로 변화시키는 향상에 대해서는 반대할 수 있다.

다른 한편으로 개별적 향상에 대한 논의와는 별개로 인간 향상 일반에 반대하는 포괄적인 수준의 논의가 있을 수 있다. 앞서 언급한 개별적 수준에서 이루어지는 인간 향상의 반대 논의는 근본적인 규범적 차원에서 인간의 향상 자체에 특별히 문제될 것은 없다는 '향상의 정상화(normalization of enhancement)'를 사실상 전제하고 있다. 그러므로 다양한 향상 방식 중에서 특정 방식만을 문제 삼는 것이다. 개별적 방식의 향상에 대한 반대는 역으로 생각해보면 향상을 추구하지 말자는 주장이 아니라 유관한 도덕적 문제 등을 충분히 고려해 우리가 통제할 수 있는 방식으로 향상을 추구하자는 주장이다. 이 경우 논의의 핵심은 향상을 추구해야 할지의 여부가 아니라, 어떤 방식으로 어떤 종류의 향상을 추구할 것인가의 문제로 귀착된다. 말하자면, 허용 가능한 향상 기술의 성격에 대한 분석과 함께, 주어진 사회적·정치적·문화적 맥락에서 향상을 추구하기 위한 구체적인 행위 지침이나 정책적 대안에 관한 논의들이 그 주를 이루게 될 것이다.

첨단 기술을 통한 향상 일반에 포괄적으로 반대하는 논의는 크게 두 가지 논거에 입각한 것으로 보인다. 하나는 향상 기술이 야기하게 될 불가피한 재앙적 결과에 대한 결과주의적 고려다. 이는 우리가 결국에는 향상 기술이 가져올 미래의 변화를 통제할 수 없게 될 것이며, 최악의 경우 인류 종말을 야기할지도 모른다는 묵시론적 전망에 의거한다. 향상에 대한 포괄적 반대를 뒷받침하는 또 다른 논거는 인간 향상 기술의 적용이 규범적 차원에서 어떤 근본적인 가치를 위협한다는 것이다. 첨단 기술을 통한 인간 향상이 인간을 인간으로 만들어주는 어떤 본질적 속성을 파괴함으로써 인간의 존엄성 자체를 훼손시킬 것이라는 후쿠야마의 주장이 이에 해당한다.

나는 인간 향상에 대한 포괄적 반대 논의의 설득력에 대해 대단히 회의적이다. 이러한 논의는 우리에게 익숙한 전통적인 기술과 새로운 기술 사이에 어떤 근본적인 차이가 있음을 가정하고 있다. 따라서 이들 논의가 설득력을 지니기 위해서는 전통적인 방식의 과학기술과 새로운 인간 향상 기술의 구분이 자의적이지 않은 기준을 통해 합리적으로 이루어질 수 있음이 먼저 입증되어야 한다. 뿐만 아니라, 설령 그러한 차이가 있다 하더라도, 그 차이는 앞서 언급된 두 가지 논거 중 하나를 정당화시킬 수 있을 정도로 충분성과 관련성을 갖추고 있는 것이어야 한다. 즉 그 차이는 재앙이 불가피하다는 묵시론적 전망을 정당화시켜 주는 것이거나, 혹은 원리상 극복 불가능한 어떤 근본적인 가치의 문제를 발생시킨다는 것이 입증되어야만 한다.

그러나 2장에서 잠시 언급했듯이, 인간은 본성적으로 과학기술적인 존재다. 어떤 의미에서 인간이 이용하는 모든 기술이 생명기술이며 자연적인 인간 본성에 대한 향상으로 간주될 수 있다. 향상에 찬성하는 사람들, 좀 더 정확히 말하자면 향상 일반에 대한 반대에 반대하는 사람들은, 인간능력을 향상시키는 전통적인 방식과 새로운 향상 기술 사이의 연속성을 강조한다(Buchanan, 2011b). 기술은 자연적 상태의 인간이 가지고 있는 약점과 한계를 보완하기 위해 고안된 것이다. 기술은 우리를 좀 더 빠르고, 강하며, 똑똑하게 만들고, 더 오랫동안 행복하게 살도록 해주려는 목적을 가지고 있다.

8천 년~1만 년 전에 발생했던 농업혁명을 생각해보자. 그 이후 인간은 곡물을 재배하고, 식량이나 의복, 운송 등의 목적을 위해 동물을 길들여 활용했다. 그 결과로 수많은 사람들이 함께 모여 정착생활을 할 수 있게 되었고, 사회의 조직화나 제도화가 가능해졌다. 잉여 식량의 생산과 노동의 분업화, 상업의 발달, 여가 활동, 예술과 문학의 번성은 모두 생산력의 향상 및 조직화에 힘입은 것이다. 이러한 모든 것들은 인간 능력에 대한 강력한 향상에 해당한다. 문자, 산술, 제도, 과학 등이 바로 지금의 우리를 만들었으며, 우리가 누구인가를 규정하고 우리의 본성을 형성했다. 그렇다면 향상은 인간의 삶에 지배적인 현상일 뿐 아니라 인간 종의 진화에서 매우 중심적인 역할을 해왔다고 말할 수 있다. 이러한 향상을 제거하는 것은 우리의 생존을 위협할 뿐 아니라 우리가 '온전한' 인간일 수 없도록 만든다.

우리는 문자 사용이나 교육, 의복이나 신발의 착용, 커피가 주는 각성 효과 등을 우리 삶의 일부로 당연하게 받아들이고 있다. 신발은 발, 의복은 피부에 대한 향상이며, 메모장은 기억의 향상이다. 암산을 위한 심리적 알고리듬이나 글을 읽고 쓰는 능력의 습득과 같은 모든 학습은 심성적 능력의 향상이다. 자동차나 비행기, 선박, 크레인과 같은 기계들은 신체 능력의 외적인 향상으로 간주될 수 있다. 심지어 우리는 다른 사람의 장기를 적출해 다른 환자에게 이식하는 장기이식 수술마저도 거기에 어떤 극복 불가능한 도덕적 문제가 있다고 생각하지는 않는다. 장기이식과 같은 의료적 개입과 새롭게 도래할 인간 향상 기술 사이에 근본적인 차이가 존재한다면, 그것은 도대체 어떠한 차이인가?

인간 향상의 개념을 이렇게 확장해 이해하면 향상이라는 개념 자체로부터 어떤 도덕적이고 윤리적인 판단을 직접 이끌어내기는 힘들다. 인간 향상에 반대하기 위해서는 먼저 '향상' 개념에 대한 이러한 확장적인 해석을 비판해야 하며, 신발, 의복, 커피, 스마트폰 및 현대의 여러 의료 기술과 새로운 유형의 인간 향상 기술 사이에 어떤 원칙적인 구분이 가능함을 보여야 한다. 이 경우 도덕적으로 유관한 그런 구분이 가능하다는 것을 정당화할 입증의 책임은 향상에 반대하는 입장에서 져야 한다. 우리는 이 책의 나머지 부분에서 그러한 시도 몇 가지를 검토하게 될 것이다. 그런데 그 어떤 시도도 인간 향상에 대한 포괄적 반대를 정당화할 수 있는 결정적인 답변을 내놓지는 못하고 있다.

향상 기술이 가져올 재앙적인 미래에 대한 논의는 대부분 사변적인 수준에 머물러 있다. 미래 기술에 대한 공포나 두려움이 인류의 역사에서 처음 있는 일이 아님을 기억하자. 19세기 러다이트의 기계 파괴 운동을 생각해보라. 에드워드 제너가 1798년에 천연두 백신에 대한 연구 성과를 처음 발표했을 때, 자연의 섭리에 반하고 인류에 어긋난다며 신문 사설이나 교회 설교 등을 통한 공격을 받았다. 심지어 우두 접종을 받으면 사람이 소가 된다는 헛소문까지 나돌 정도였다고 한다. 마취에 의한 무통 분만도 19세기 중반 빅토리아 여왕이 출산의 고통을 덜기 위해 클로로포름을 사용하기 이전까지는 자연의 섭리에 어긋나는 일로서 금지된 시술이었다(라메즈 남, 2007: 51).

오늘날 인류는 이미 스스로를 멸망시킬 수 있는 가공할 수준의 무기를 가지고 있다. 그것은 핵무기나 생화학무기와 같은 대량 살상무기다. 지금 이 순간에도 효율적으로 인간을 죽이기 위한 첨단 과학 무기의 개발 경쟁은 계속되고 있다. 뿐만 아니라 인류가 현재와 같은 소비적 삶의 방식을 포기하지 않는다면 지구온난화 같은 생태계 파멸이 불가피할 것이란 전망이 나온 지는 이미 오래됐다. 여기서 관건은 파국적인 결말에 대한 전망이 전

4장 - 향상된 인간과 '멋진 신세계'의 역설

혀 현실성이 없다는 것이 아니다. 문제는 그것이 사실로 증명되기 이전까지 그러한 포괄적 논의가 가진 현실적인 영향력의 한계다. 사블레스쿠의 주장을 입증이라도 하는 듯 사람들의 미래에 대한 인식이나 예측 능력은 대단히 제한적이며 근시안적이다.

따라서 나는 향상 일반에 대한 포괄적 반대 논의보다 특정 방식의 향상을 반대하는 것이 더 효과적이라고 생각한다. 향상 일반에 대해서 반대할 결정적인 이유는 없다 하더라도, 우리는 얼마든지 특정 종류의 향상 방식을 문제 삼을 수 있다. 가령 수명 연장의 시도는 그 나름의 특징적인 문제를 가지고 있다. 노화 방지에 찬성하는 이들은 자신들이 제안하는 바가 단순한 수명 연장이 아니라 건강한 삶의 기간을 늘리는 과정이며, 수명 연장은 현재의 기대수명으로는 불가능한 삶의 패턴이나 다양한 경험과 활동을 가능하게 할 것이라 전망한다. 그러나 카스 같은 이는 기대수명을 급진적으로 늘리는 것은 삶의 의미를 박탈할 것이며 노년층과 관련된 현재의 사회 문제를 더 악화시킬 것이라고 비판한다(Kass, 2003). 철학자 버나드 윌리엄스(Bernard Williams)는 죽음은 악이고 두려움의 대상이지만 죽음이 없는 불멸의 삶은 무의미하다고 주장한다(Williams, 1973). 죽음이 없다면 우리의 삶에 의미를 부여하는 필생의 기획을 완수한 다음에 더 이상 채워야 할 야망이 아무것도 남아있지 않은 무한정한 시간만이 주어질 뿐이라는 것이다.

향상에 대한 반대 논의가 이와 같이 향상 기술의 사례별 수준에서 이루어지는 것이라면, 이는 특정 향상 기술이 가진 특수성이나 그러한 향상이 이루어지는 구체적 맥락에 초점을 맞추게 될 것이다. 이때 우리는 각각의 향상 방식과 관련해 다음과 같은 질문들을 던질 수 있다. "어떤 능력이 어떤 방식으로 향상되는가?", "누가 거기에 접근 가능한가?", "접근의 공정성에 문제는 없는가?", "누가 결정하는가?", "강제성은 없는가?", "그러한 향상이 야기할 외부적 영향이나 결과는 무엇인가?", "회복 불가능한 나쁜 결과를 초래하지는 않는가?" 이 질문들에 대한 답변은 구체적인 문화적·사회적·정치적인 맥락의 다양한 변수들에 대한 고려와 함께 향상이 가져다줄 혜택 및 그것이 초래할 비용 요소들을 비교하고 평가하는 결과주의적 고려의 성격을 띠게 될 것이다. 물론 이런 결과주의적인 고려와는 별개로, 특정의 향상 방식에 내재하는 도덕적인 문제가 있을 수도 있다.

하버마스, 후쿠야마, 샌델의 반대 논증이 일차적인 비판의 대상으로 삼고 있는 것은 유전공학을 필두로 하는 생명과학기술이다. 그런데 그들이 내세우는 논거들은 인간성 자체에 대한 위협과 같이 대단히 포괄적인 수준의 것들이어서 비단 생명과학기술만을 문제 삼고 있다고 보기 어렵다. 만약 이들의 비판이 타당하다면, 그러한 논점들이 유전자 조작과 같은 생명공학기술에만 한정되어 적용될 이유는 없어 보이기 때문이다. 적절한 수정을 거칠 경우에 그 논점들은 정보기술을 활용한 새로운 인지적 향상, 더 나아가 문자나 교육과 같은 전통적인 방식의 향상 기술에도 그대로 적용될 수 있는 내용들이다. 따라서 이들의 반론은 개별적인 향상 기술에 대한 반론이 아니라, 향상 일반에 대한 포괄적인 반대 입장으로 이해할 수 있다.

앞서 지적한 대로, 포괄적 반론이 성립하려면, 인간 향상의 전통적인 방식과 새로운 기술 사이에 존재하는 불연속성이나 차이를 보여주고, 그 차이의 도덕적 관련성을 입증하는 것이 가장 중요한 문제가 된다. 그렇지 않고 단지 새로운 종류의 향상에 국한해 일방적으로 그 논점을 적용하는 것은 질문 구걸의 오류에 해당하거나 보스트롬이 지적하는 현 상황 편향(status quo bias)을 표출하는 것에 지나지 않을 가능성이 크다(Bostrom & Ord, 2006).

2. 치료와 향상을 구분할 수 있는가

치료와 향상을 구분함으로써 새로운 기술의 특수성 혹은 예외성을 확보하고자 하는 시도가 있다(Buchanan, 2011b: 5~6). 향상은 정상적인 인간이 보통 가지고 있는 능력이나 특질을 더 증대시키거나, 혹은 전혀 새로운 종류의 능력이나 특질을 낳는 개입이라고 정의할 수 있다. 이에 비해 치료는 질병의 처치나 예방이라고 정의할 수 있다. 말하자면 치료는 정상적인 기능에서 벗어나 있는 질병을 처치하는 것이지만, 향상은 정상적인 기능을 강화하거나 증대시키는 것으로 구분할 수 있다는 것이다. 치료는 부상이나 질병으로 인해 무엇인가 잘못된 것을 바로잡는 과정이지만, 향상은 정상적으로 건강한 상태를 넘어서서 유기체의 상태를 개선하려는 개입이다. 이 기준에 따르면, 배아를 조작해 유전적 질병을 예방하는 것은 치료에 해당하지만, 배아를 조작해 정상적인 면역체계의 능력을 증대시키고자 하는 것은 향상으로 간주될 수 있다.

이러한 구분에 입각해 향상 기술을 전통적으로 인정되는 심각한 질병이나 장애를 치료할 목적으로 사용하는 것은 인정할 수 있지만, 정상적인 범위를 넘어서는 향상의 용도로 사용하는 것은 반대하는 입장이 있을 수 있다. 이는 기본적으로 향상과 치료가 분명하게 구분될 수 있음을 가정하고 있다. 그러나 과연 그러한가? 보스트롬과 로취는 향상과 관련한 윤리적 논쟁에서 치료와 향상의 구분이 기여할 수 있는 바가 제한적이라고 생각한다(Bostrom & Roache, 2008). 그 이유들을 살펴보자.

첫째, 치료와 향상의 이러한 구분은 현재의 표준적인 의학적 구분에 부합하지 않는다. 현대 의학은 이미 질병이나 부상을 치유하는 것을 목적으로 하지 않는 많은 시술을 포함한다. 예방의학이나 산과학(産科學), 스포츠 의학, 성형수술, 피임기구, 불임치료 등이 그러하다. 뿐만 아니라 향상과 관련된 많은 개입은 의료적 프레임의 바깥에서 일어난다. 졸음을 쫓기 위해 커피를 마시거나 예뻐지기 위해 화장을 하거나 기분 전환을 위해 운동이나 명상을 하는 것이 그에 해당한다.

둘째, 질병이나 죽음의 가능성을 낮추려는 시도를 어떻게 분류할지 애매하다. 백신을 통한 예방접종은 질병의 발생을 방지하기 위한 예방 치료적인 개입이라고 보편적으로 인정된다. 하지만 다른 한편으로 이는 면역 체계 향상으로 간주될 수도 있다. 예방접종은 이미 발생한 질병을 치료하기 위한 것이 아니라, 질병의 발생을 억제하기 위한 개입이기 때문이다. 노화를 늦추려는 다양한 노력도 마찬가지다. 우리는 식품이나 영양제, 여러 가지 규칙적인 운동을 하면서 노화의 억제를 위해 노력한다. 이는 노화에 따른 질병이나 장애의 위험을 감소시키는 예방치료적인 개입이지만, 동시에 건강 수명에 대한 인위적인 향상으로 간주될 수 있다.

셋째, 정상적인 건강 상태를 어떻게 정의할 것인가가 문제다. 가장 표준적인 방법으로 생각해볼 수 있는 것이 루스 밀리칸(Ruth Millikan)이나 카렌 니앤더(Karen Neander) 같은 학자들이 말하는 고유 기능(proper function)의 개념에 호소하는 것이다(Millikan,1993; Neander, 1998). 생물학적 기관이 갖는 정상적인 기능인 고유 기능은 그 본질적 성격이 적응과 선택의 진화 과정에 의존하는 역사적 개념이다. 어떤 기관이 고유의 기능을 갖는다는 것은 그것이 마땅히 수행해야 할 목적을 갖는다는 말이다. 그런데 이러한 목적성은 그 생물학적 기관이 거쳐 온 자연선택의 역사를 통해서만 의미를 지닐 수 있다. 가령 어떤 유기체 O가 가지고 있는 기관 X가 Y라는 고유한 기능을 갖는다는 것은, 과거 O의 조상들에서 X와 같은 종류의 것들이 Y를 수행함으로써 O가 속하는 종족의 생존 및 보존에 기여했고, 그 결과 X가 현재의 형태로 O에 남아 있다는 말이다. 심장을 예로 들어보자. 심장의 기능이 혈액을 순환시키는 것인 이유는, 그 심장의 선조에 해당하는 기관이 해당 유기체 종의 과거 자연선택의 역사에서 혈액을 순환시키는 역할을 수행했으며, 이를 통해서 그 유기체 종이 현재까지 생존, 보존되는 데 기여했고, 바로 그 결과 지금의 유기체 속에 이 심장이 있게 되었기 때문이다.

인간의 모든 특성이 적응에 해당하는 것은 아니므로, 이들이 말하는 고유 기능이라는 개념으로 분석될 수 없는 특성도 있다. 인간 유기체가 갖는 많은 특성들(가령, 키나 몸무게)은 인구에 따른 정상 분포 곡선을 따라 분포되어 있다. 이때 그 정상성은 통계적인 방식으로 규정될 수밖에 없다. 가령 중간의 평균값을 기준으로 일정한 표준 편차를 적용해 정상성을 규정할 수 있을 것이다. 그런데 어느 정도의 편차 범위 안에 들어야만 정상으로 분류될 수 있는가? 고유 기능의 개념도 여기에 큰 도움이 되지는 않는다. 심장이 어느 정도로 혈액을 잘 순환시켜야만 그것이 정상 기능을 수행하고 있다고 말할 수 있는가? 인지적 능력의 경우라면 그 기준은 더욱 모호해진다. 가령 우리가 전체 인구의 인지 능력 평균값을 구한 다음에 그 평균값에서 두 표준 편차 이내의 범위에 드는 것을 정상으로 간주한다고 해보자. 이때 인구 평균의 표준 편차 바깥에 속하는 사람을 비정상으로 간주하고, 이들에 대해서 의료적 개입을 하는 것은 향상이 아니라 치료로 분류될 것이다. 그러나 이러한 기준은 의료적으로나 도덕적인 중요성을 지니기에 너무나 자의적인 선택이다.

사람에 따라 일어날 수 있는 여러 가능한 결과를 고려해보면 이러한 기준의 자의성은 더욱 분명히 드러난다. 어떤 사람의 경우에 치료적 개입의 결과가 그 사람을 평균 이상의 인지 능력을 갖도록 만들었다고 해보자. 그런데 정상의 범주에 속하지만 평균 이하의 사람에게는 똑같은 의료적 개입이 향상으로 분류된다. 또한 우리가 분명하게 치료로 분류할 수 있는 경우조차도, 치료의 결과 향상을 이루는 경우가 있을 수 있다. 가령 최첨단의 의족을 한 사람이 인간의 다리가 수행하는 모든 기능을 자연스럽게 수행할 뿐 아니라 매우 빠르게 달릴 수 있게 되었다고 해보자. 근시 수술을 통해 평균보다 훨씬 나은 시력을 얻게 된 사격 선수의 경우는 어떠한가? 상황이 이렇다면, 그런 자의적 기준에 따라서 어떤 개입을 치료 혹은 향상으로 분류하는 것에 커다란 도덕적 중요성을 부여하는 것이 온당해보이지는 않는다.

인간이 갖는 많은 특성들의 경우에 그것들의 병리성이나 정상성을 결정지어 주는 문제의 사실이 존재하는지 자체가 불분명하다. 이들 경우에 '질병'이나 '비정상성'은 자연적인 경계에 의해 구획될 수 있는 어떠한 자연종도 지시하지 않을 수 있다. 질병이나 부상의 치료 범위를 넘어서 인간의 특성을 개선하려는 시도를 향상이라고 정의하는 것은 '질병'이나 '정상성'을 정의하는 것에 따르는 여러 난점들을 그대로 계승할 가능성이 크다.

넷째, 인간의 능력은 인구군 내에서도 다양하지만, 한 인간의 삶 속에서도 변화한다. 인간은 나이를 먹으면서 성장하는 동안 정신적, 육체적 능력이 증대하지만, 노화와 더불어 이러한 능력의 쇠퇴를 경험한다. 만약 80대의 사람에게 20대의 상태를 유지하도록 만드는 개입이 존재한다면, 그것은 치료인가, 향상인가? 두 가지 해석이 모두 가능해보인다.

다섯째, 의료적 개입이 얼마나 '내재성(internality)'을 갖느냐의 여부를 치료와 향상의 구분 기준으로 제안할 수도 있을 것이다. 내재성의 기준을 도입하지 않으면, 인간의 능력을 확장하거나 개선하는 모든 인위적인 시도가 향상의 범주에 포함될 가능성이 있기 때문이다. 그런데 '내재성'의 조건을 어떻게 정의할 것인가의 문제가 남아있다. 달리 말해서, 어떤 개입을 향상으로 간주하려 한다면, 그것은 얼마나 '내재적'이어야 하는가? 얼핏 보기에, 내재성의 기준을 따른다면 안경이나 콘택트렌즈와 같은 전통적인 방식의 개입은 향상의 범주에서 제외되지만, 라식 수술이나 장기이식과 같은 수술은 향상 기술의 적용이 될 것이다. 다른 한편으로, 내재성이 왜 중요한가라는 문제도 제기된다. '내재성'의 여부가 윤리적이고 규범적인 판단을 함에 있어서 왜 중요성을 갖는가? 이와 관련된 의문이 향상과 치료의 구분을 비판하는 마지막 논점이다.

여섯째, 향상을 하나의 통일적인 단일한 현상으로 규정할 수 있다 하더라도, 그것이 전통적인 개입이나 치료와 구분되는 다른 도덕적 성격을 갖는다고 주장하는 것은 별개의 문제다. 다시 말해서, 설령 치료와 향상의 구분이 가능하다 하더라도, 그것은 왜 도덕적으로 중요한가? 생물학적 본성에 의해 결정되는 정상성에 대해 특권적인 도덕적 지위를 부여하는 이유는 무엇인가?

정상성을 정의하기 위한 시도의 하나로서 진화적 역사에 의해 결정되는 고유 기능의 개념을 앞서 소개했다. 생물 유기체의 특성이 갖는 이러한 정상성은 그 생물종이 거쳐 온 환경적 요인과 같은 우연적인 진화의 경로를 따라 결정된다. 그런데 진화의 경로에 작용하는 자연선택의 힘은 결국 재생산과 관련된 적응성일 뿐이다. 또한 진화적 적응이라고 해서 그것이 기능적으로 '최적화(optimal)'되어 있다는 것을 함축하는 것도 아니다. 사실이 그러하다면 고유 기능의 개념은 향상에 대한 논쟁의 맥락에서 큰 의미가 없어 보인다. 어떤 기관이 진화적 역사를 통해 특정한 기능을 갖게 되었다고 해서, 거기에 도덕과 관련된 어떤 규범성이 개입되는 것은 아니기 때문이다. 평가적인 관점에서 보았을 때, 이는 결코 좋거나 조화로운 것일 필요가 없다. 신성불가침의 도덕적 특권을 지닌다고 보기는 더더욱 어렵다. 생물학적 정상성을 통해 도덕적 구분의 기초를 마련하고자 하는 시도에는 인간이 추구해야 할 규범으로서의 도덕적 가치와 진화의 우연적 소산인 생물학적 적응의 범주를 혼동하는 자연주의적 오류의 혐의가 있어 보인다.

우리가 향상이라고 부를 수 있는 많은 경우를 생각해보자. 선택적 세로토닌 재흡수 억제제인 프로작은 항우울증 약으로 개발되었다. 그런데 우울증이 없는 건강한 많은 사람들도 단순히 기분을 고양시키기 위한 목적으로 이 약을 사용하고 있다. 비아그라와 같은 발기부전증 치료제도 마찬가지다. 육체적으로 건강한 젊은 사람들도 단순히 성적 만족의 향상을 위해 비아그라를 사용한다. 만약 어떤 치명적인 부작용도 따르지 않는다면, 우리는 어떤 이유로 이를 규제할 수 있나?

　이상의 모든 점들을 고려한다면, 오늘날의 향상 기술을 전통적인 기술과 구분한다거나 혹은 치료와 향상을 구분함으로써 인간 향상의 시도에 반대하는 것은 타당한 전략으로 보이지 않는다. 인간 향상의 시도에 반대하기 위해서는 보다 근원적인 차원의 난점이나 문제점을 지적해야 한다. 대표적인 것들이 앞서 다섯 가지 종류로 정리한 반대 논증들이다. 이제부터 이들 주요한 비판들을 하나씩 검토해보도록 하자.

3.　자연의 신성성과 인간의 오만함

　첫째, 자연의 신성성에 의존해 인간의 오만함을 비판하는 논증이다. 이는 과학기술을 이용해 인간의 본성을 변화시키는 일은 인간이 마치 신의 역할을 대신하려는 것이며, 자연적 본성이 갖는 신성함(sacredness)을 훼손하는 것이라고 비판한다. 이 비판의 성격을 정확히 이해하기 위해서 먼저 자연과 본성이라는 말의 의미부터 살펴보자. 영어에서 'nature'는 크게 두 가지 다른 의미로 사용된다. 한국어의 '자연'과 '본성'의 의미가 그것이다. 자연은 인간에 의해 만들어지지 않은 동식물이나 자연적 사물처럼 그 스스로 존재하는 모든 것을 포괄하는 개념으로 이해될 수 있다. 즉 자연은 인공적인 것에 대비되어 자족적으로 존재하는 세계를 나타낸다. 본성은 어떤 것의 기본적인 성질, 특질, 혹은 본질을 나타내는 말이다. 인간 본성(nature)이라고 했을 때 'nature'는 바로 이 후자의 의미로 사용되며, 인간 본성은 인간이 가지고 있는 기본적인 성질이나 특징, 혹은 본질을 나타낸다. 'nature'라는 표현이 이 두 가지 의미를 가지고 있다는 것은 자연과 본성의 개념이 매우 밀접한 의미 관계에 놓여있음을 시사한다. 한국어에서도 비록 구분되는 두 가지 표현이 있기는 하지만, 인간도 엄연히 자연의 일부이고 인간의 본성도 자연적인 것일 수밖에 없으므로, 두 표현의 의미 사이에는 매우 밀접한 의미 관련성이 존재한다.

인간 본성의 변화를 문제 삼는 일부의 비판은 인간 본성이 가지고 있는 이러한 자연적 측면에 주목한다. 동서양을 막론하고 자연이라는 말을 사용할 때, 우리는 자연 그 자체 혹은 자연적으로 존재함에 어떤 근본적인 신성한 가치가 내재한다고 생각하는 경향이 있다. 그 결과 자연을 개발하거나 인공적인 변형을 가하면, 그러한 가치가 파괴되거나 훼손된다고 생각한다. 다양한 형태의 환경보호주의나 생태학적 입장들이 이러한 생각을 반영하고 있다. 생명공학적인 차원에서 유전자 변형 등을 통해 인간의 능력을 변화시키는 것은 자연적으로 주어진 인간 본성을 변화시키는 일이다. 그런 점에서 인간 본성을 변화시키는 것은 자연에 내재하는 어떤 근본적인 가치의 훼손으로 이어진다고 결론 내릴 수 있다.

이 같은 비판의 대표적인 사례는 뷰캐넌이 규범적 본질주의(normative essentialsim)라고 부르고 있는 카스와 같은 사람의 입장이다(Buchanan, 2011a: 126). 카스는 인간의 자연적 본성으로부터 실질적인 도덕 규칙을 직접적으로 도출하는 것이 가능하다고 주장한다. 가령 그는 인간의 출산은 그 본성에 비추어 성적인(sexual) 방식으로 이루어지는 것이 자연스러우므로, 무성적인(asexual) 방식으로 이루어지는 인간복제는 잘못된 것이라고 주장한다(President's Council on Bioethics, 2002). 심지어 카스는 성적인 출산의 경우에 있어서조차 그것이 사랑의 산물이 아니면 인간 출산이 아니라고 주장하기까지 한다.

이러한 주장은 자연의 일부인 우리 생명 현상은 그 자체로 신성한 것이며 자연적인 것은 모두 좋은 것이라는 가정에 토대하고 있다. 그런데 자연은 과연 그 자체로 신성하며 좋은 것인가? 인간 본성은 분명 자연의 일부분이다. 그러나 어떤 것이 단지 인간 본성의 일부라는 사실만으로 좋은 것이 되지는 않는다. 인간의 본성과 자연적 경향성은 진화의 산물이다. 진화는 가치적으로 맹목적이어서 좋음을 쫓는 과정이 아니며 재생산의 적응도에 의해 추동된다. 그 결과 우리의 본성이나 자연적 경향성이라고 해서 모두 좋은 것은 아니다. 어떤 것에 대해서 '자연적'이거나 '비자연적'이라고 분류하는 것은 그것을 향상해야 할지 말지의 여부에 대해서 우리에게 아무것도 말해주지 않는다.

우리는 자연적인 것과 비자연적인 것의 구분에 입각한 잘못된 편견과 박해의 수많은 역사적 사례를 알고 있다. 동성애, 다른 인종 간의 결혼, 사회적 계층이나 계급의 구분, 열등한 종족과 우등한 종족의 차별과 같이 정치적으로 부당한 수많은 사례들이 '자연적인' 것이 갖는 것으로 추정된 '도덕적 규범성'에 의해 정당화되었다. 많은 경우에 자연성은 그 근거가 대단히 의심스러운 도덕적인 견해를 마치 사실의 문제인 것처럼 위장하고, 사람들을 낙인찍고 비하하며 소외시키기 위한 목적으로 활용되었다. 그러나 자연성은 그러한 도덕적인 규범의 힘을 갖지 않는다. 인간 향상이 잘못되었다면, 그것이 자연의 섭리에 위배된다거나 인간이 신의 역할을 대신하는 것이라 말하는 대신에, 실제로 무엇이 잘못되었는지를 입증해야만 한다. 문제는 자연 현상의 변화 자체가 아니라 그 변화가 바람직한 것이냐의 여부에 있기 때문이다.

넓은 의미에서 자연을 변형시키는 일은 생명공학이나 첨단 과학기술의 발전에 의해 생겨난 새로운 현상이 아니다. 자연을 변형하고 개선함으로써 그것을 인공적인 환경으로 변화시키는 일은 인류가 역사를 통해 오랫동안 수행해온 일이었고, 어떤 의미로는 그러한 활동 자체가 인간 문화의 형성이나 발전의 근간을 이루는 것이었다. 자연을 신성한 것으로 간주하는 태도는 많은 부분 과학적 사고가 태동하기 이전의 시기에 인류가 자신의 주변 환경을 이해하는 방식의 일환이었던 신화적 관점의 유산이다. 만약 우리가

4장 - 향상된 인간과 '멋진 신세계'의 역설

그러한 신화적 관점을 자연 세계를 이해하는 진지한 방식 중 하나로 더 이상 간주하지 않는다면, 자연에 내재하는 신성한 가치가 인간 향상의 윤리적 문제라는 맥락에서 근거로서 기여할 수 있는 역할은 대단히 제한적이다. 이런 비판들에는 기본적으로 인간의 능력에 대한 과도한 자만심이나 자신감에 대한 경고의 의미가 담겨있다. 이는 우리가 마땅히 진지하게 받아들여야 할 충고다. 하지만 향상 기술의 사용과 관련된 구체적이고 실천적인 의사결정 맥락에서 이것이 어떤 도움을 줄 수 있을지는 의문이다. 인간이 개발한 모든 기술이 어떤 점에서 자연에 대한 개입인데, 모든 기술의 사용을 중단하라고 말하는 것은 아닐 것이기 때문이다.

뿐만 아니라, 윤리적 담론의 맥락에서 자연 내재적인 가치가 언급되는 많은 경우에 있어서, 실제로 문제가 되는 것은 문자 그대로의 자연 내재적 가치가 아닐 가능성도 크다. 가령 누군가가 자연의 무분별한 인공적 개발을 비판하면서 자연적 가치의 보존과 더불어 자연 친화적인 삶으로 돌아갈 것을 권유한다고 해보자. 이 주장은 표면적으로 자연의 가치를 직접 언급하고 있다. 하지만, 실제로 이는 자연의 개발이 가져올 결과에 대한 모종의 이익 계산에 입각해 이루어지는 공리주의적 결론의 위장된 진술이다. 누군가 지구온난화를 우려해 자연의 훼손을 금지해야 한다는 주장을 펼칠 때, 실제로 문제가 되는 것은 자연 그 자체가 가지고 있는 가치나 신성함이 아니라 무분별한 개발이 가져올 막대한 규모의 현실적 재앙이나 해악이다. 그런 점에서 자연 친화적 삶에 대한 주장은 자연의 내재적 가치에 대한 언명이 아니라, 자연의 개발이 우리의 삶에 끼치게 될 현실적 결과에 대한 공리주의적 고려의 일환이다.

다른 한편으로, 그러한 주장은 자연을 대하는 우리의 태도를 문제 삼을 수도 있다. 표면상으로 이러한 주장들은 합목적적인 고려 없이 자연을 단순한 개발 대상으로 간주하는 우리의 태도를 비판한다. 이 경우에도 실제 논의 대상은 자연의 내재적 가치가 아니라 우리의 현대적인 삶의 방식이 내포하고 있는 근본적인 가치의 문제다. 즉 자연에 대한 지배적 태도가 문제시 되는 것은 자연이 갖는 어떤 내재적 가치 때문이 아니라, 그러한 태도가 물질적인 탐욕이나 과소비의 욕망을 당연시하면서 모든 것을 시장 가치로 환산하려는 오늘날 지배적인 삶의 방식이 적나라한 속살을 드러내는 하나의 단면이기 때문이다. 이는 결국 우리의 생활방식이나 삶의 양식에 대한 비판이며, 우리의 삶에서 중요하게 여겨져야 할 가치들의 전복 혹은 전도에 대한 준엄한 경고일 뿐이다.

정리하자면 인간 본성의 변화 문제를 자연에 대한 변화나 변형의 의미로 접근할 경우, 그것을 금지해야 한다는 주장은 무분별한 자연 개발에 따른 지구온난화 문제처럼 우리가 예측하지 못했던 실질적인 해악에 대한 주장으로 귀결되거나, 자연을 정복 대상으로 간주하는 오늘날 삶의 양식에 대한 비판으로 귀결될 가능성이 크다. 전자의 주장이라면, 이는 미래에 대한 실증적 예측을 통해 경험적 차원에서 결정되어야 할 공리주의적 판단의 문제이며, 철학적으로 중요한 어떤 새로운 문제를 제기하는 것은 아니다. 철학적으로 더욱 근본적인 양상의 문제는 후자의 측면에서 제기되는 문제인 것처럼 보인다. 하지만 이러한 문제도 근대 과학의 출현이나 자본주의적 삶의 양식이 발전함에 따라 생겨난 오래된 문제의 한 형태일 뿐, 인간 향상을 통한 인간 본성의 변화가 야기하는 새로운 문제라고 볼 수는 없다.

4. 향상 기술은 과연 안전한가

두 번째로 우리가 살펴보고자 하는 반대 논증은 향상 기술의 안정성이나 예측할 수 없는 위험에 입각한 비판이다. 트랜스휴머니스트나 어떤 향상 찬성론자도 아무런 조건 없이 향상 기술의 위험성을 무시해도 좋다는 주장을 하지는 않는다. 오히려 일부 트랜스휴머니스트들은 포스트휴먼 미래에 대한 지나친 낙관주의에 대해서 의심스러운 태도를 보이기까지 한다. 이들은 예측하지 못한 위험을 예방하기 위해 가능한 사전 예방 조치를 충분히 취해야 한다는 것에 전적으로 동의할 수 있다. 다만 이들이 지적하는 것은 의도하지 않은 나쁜 결과가 초래될 가능성이 새로운 기술을 통한 인간 향상에만 고유한 문제는 아니라는 것이다. 어떤 의미에서 예측하지 못한 부정적 결과의 발생 가능성은 모든 기술 일반에 대해서 제기될 수 있는 문제다.

결국 쟁점은 예측할 수 없을 뿐 아니라 통제 불가능한 불가피한 위험이 있느냐의 여부다. 향상에 수반하는 어떤 위험이 통제 불가능할 뿐 아니라 불가피하게 발생할 수밖에 없는 것이라면, 이는 향상 기술을 금지하거나 통제할 좋은 이유가 될 것이다. 후쿠야마는 이와 관련된 중요한 논증을 제시했다. 그의 논증은 다음처럼 정리할 수 있다. 편의상 이를 요소 X 논증이라 불러보자.[1]

① 인간 존엄성을 근거 짓는 본질적인 어떤 성질(요소 X)이 존재한다.
② 요소 X는 도덕적 선택, 이성, 광범위한 감정 전반과 같은 독특한 인간적 특징들의 상호작용과 관련된 어떤 복잡한 전체다.
③ 인간 향상은 인간 본성(요소 X)을 변경하거나 파괴시키며, 그 결과 인간 존엄성을 위협한다.

---

1 여기서 제시된 요소 X 논증은 후쿠야마가 인간 향상이 인간의 존엄성과 같은 가치 기반을 파괴한다는 결론을 입증하기 위해 제시하고 있는 보다 더 큰 논증의 일부다. 인간 본성과 인간 존엄성의 관계에 대해서는 이 장의 후반부에서 조금 더 자세하게 살펴볼 것이다.

후쿠야마는 인간의 우연적이거나 우발적인 특성을 모두 벗겨내고 나면, 그 아래에는 인간의 본성을 구성하는 어떤 본질적인 성질들이 남아 있을 것이라 가정하면서, 이를 요소 X라고 부른다. 그에 따르면, 요소 X가 모든 인간들에 의해 공유되기 때문에, 우리는 동등하게 존중받거나 혹은 최소한 존중받을 자격이 있다.

> 요소 X는 인간의 본질이며, 그것의 가장 기본적인 의미는 인간이라는 점이다. 만일 모든 인간이 존엄성에서 사실상 동동하다면, X는 모든 인간이 보편적으로 공유하는 어떤 특성이어야만 한다(후쿠야마, 2003: 230).[2]

후쿠야마에 따르면 인간 본성은 기나긴 진화 과정의 결과로 생긴 어떤 복잡한 전체(complex whole)다. 여기서 복잡한 전체라 함은 그 전체가 단순한 부분들의 합보다 더 크다는 의미다. 그리고 요소 X는 인간의 본성을 구성하는 도덕적 선택이나 이성적 판단 능력, 광범위한 감정 전반과 같은 독특한 인간적 특징들이 복잡하게 상호작용하는 과정에서 창발하는 (emergent) 모종의 성질들과 동일시된다. 그는 인류가 거쳐 온 진화 역사의 어느 시점에서 매우 중요한 질적 도약이 일어났다고 주장한다. 이는 부분들에서 전체로의 도약이며, 이런 창발적 도약이 궁극적으로 인간 존엄성의 기초를 형성한다. 그런데 이러한 전체가 무엇이며 어떻게 그것이 생겨났는지는 여전히 '신비한(mysterious)' 것으로 남아있다.

---

2   후쿠야마 책의 번역서가 너무 심하게 의역하거나 때로 오역한 경우가 있어서, 이하 필요한 경우에는 필자가 원문을 참조해 다시 수정하거나 재번역했다. 언급한 페이지는 번역서의 페이지다.

우리에게 다른 생물체보다 더 높은 존엄과 도덕적 지위를 부여해주는 것이 우리가 단순한 부분들의 집합이 아니라 복잡한 전체라는 사실과 관련된다면, 요소 X가 무엇인가라는 질문에 간단히 대답할 수 없음은 자명하다. 즉 요소 X는 인간 존엄의 근거로서 주장되었던 도덕적 선택이나 이성, 언어, 사회성, 감정, 의식, 혹은 다른 특성들을 소유하는 것으로 환원될 수 없다. 인간 종의 모든 구성원들은 하나의 온전한 인간이 되도록 하는 유전적 자질, 즉 인간을 그 본질에서 다른 유형의 존재와 구분시켜 주는 자질을 소유한다(후쿠야마, 2003: 261, 고딕은 필자 강조).

후쿠야마는 인간에게 존엄성을 부여하는 어떤 생득적 요소 X가 있지만 그것은 인간이 가진 개별적인 특성들로 환원될 수 없으며, 창발적 전체로서의 성격을 띠는 신비로운 것이라고 말한다. 그런데 이것은 유전적인 자질인 동시에 다른 유형의 존재와 인간을 구분시켜 주는 자질이다. 이러한 입장에 대해서 우리는 신비주의 자체를 문제 삼을 수도 있고, 콜린 맥긴(Colin McGinn)이 지적하듯이, 왜 인간의 존엄성이 다른 유형의 존재와 인간을 구분시켜 주는 인간 종에 고유한 본성이나 혹은 유전적 자질에 따른 생득적 본성에 의존하는 것으로 간주해야만 하는지에 대해서 의문을 제기할 수 있다(McGinn, 2002).[3] 우리는 이미 앞의 장에서 인간만이 갖는 고유한 본성에 의해서 인간을 규정하려는 시도가 난관에 부딪힐 수밖에 없음을 지적했고, 다양한 불연속성의 해체에 대해서 논의했다.

맥긴은 우리의 권리를 정초하는 특성이 꼭 인간만이 가지고 있는 특

---

[3]   후쿠야마가 과연 요소 X를 구성하는 특징을 인간 종에 고유한 동시에 생득적 본성에만 국한하고 있는지의 여부에 대해서는 논란의 여지가 있다. 후쿠야마가 전문적인 철학자가 아니어서 그런지는 모르지만 용어의 구사가 거친 측면이 있으며, 위의 인용문을 포함해 맥긴 식의 독해를 가능하게 하는 구절들이 상당히 눈에 띈다.

징일 필요가 없음을 지적한다. 가령 고통을 느끼는 능력, 가족 관계를 유지하고 아끼는 능력 등은 다른 종과 공유하는 특징들이다. 또한 인간존엄성의 기초인 보편적 인간 본성을 생득적으로 결정되는 유전적인 특성들에 한정할 이유도 없어 보인다. 이러한 공통적인 본성은 유전적 청사진과 함께 우리가 태어나고 성장하는 자연 세계 및 문화적 환경 사이의 상호작용에 따른 생산물일 수 있다.

어찌 되었건 간에 설령 그러한 X가 존재한다 하더라도 우리는 그것을 변경하거나 개선하는 것이 왜 잘못된 일인지 물음을 제기할 수 있다. 이에 대한 후쿠야마의 답변 중 하나가 바로 향상 기술이 불가피하게 초래할 수밖에 없는 어떤 위험성 때문이라는 것이다. 후쿠야마에 따르면, 복잡한 전체인 우리의 본성을 구성하고 있는 부분들은 상호간에 극단적(extremely)으로 밀접하게 연관되어 있다. 따라서 그중 일부라도 변경되면, 이는 불가피하게 통일적인 전체의 붕괴로 이어지게 되고 그 결과 인간의 존엄성은 파괴된다.

> 잠깐 동안의 반성이 보여주는 바는 인간의 존엄성에 기여하는 주요한 특성들 중 그 어떤 것도 다른 특성이 없다면 존재할 수 없다는 것이다. 인간의 이성에는 …… 구석구석 감정이 침투해 있으며, 이성의 기능은 사실 감정에 의해 더 원활해진다. 이성이 없이 도덕적 선택이 존재할 수 없음은 말할 필요도 없으며, 도덕적 선택은 또한 자부심이나 분노, 수치심, 동정심과 같은 느낌에 근거한다. 인간의 의식은 개인적인 선호나 도구적 이성에 불과한 것이 아니라 다른 사람들의 의식이나 도덕적 평가에 의해 상호주관적으로 형성된다. 우리가 사회적·정치적 동물인 까닭은 단순히 게임 이론적인 이성의 능력을 가졌기 때문만이 아니라, 특정한 사회적 감정을 부여받았기 때문이다. 인간의 감각성은 인간의 기억이나 이성과 결합되어 있으므로, 돼지나 말의 그것과는 다르다(후쿠야마, 2003: 261~262).

이는 인간의 본성을 구성하는 각각의 요소들이 극단적으로 연결되어 있다는 주장이다. 과학기술을 통한 향상을 주장하는 트랜스휴머니스트들은 자신들이 인간의 좋은(훌륭한) 특성이 무엇인지를 잘 안다고 생각하며, 거기에 부합하지 않는 특성들을 선택해 그 향상을 시도하게 될 것이다. 그러나 문제는 한 가지 핵심적인 특징을 변형할 경우, 이는 불가피하게 다른 특성의 변화를 수반하게 될 것이며, 그 결과 우리 중 누구도 최종적으로 어떤 결과가 산출될지를 예상할 수 없다는 것이다. 후쿠야마는 그와 유사한 일이 무분별한 개발을 통한 환경 문제에서 발생했음을 지적한다. 후쿠야마는 환경 문제를 통해 비인간적 자연에 대해 겸허함을 배우게 되었듯이, 이제는 인간의 자연적 본성에 대해 마찬가지로 겸손해져야 할 시점이라고 주장한다.

후쿠야마에 따르면, 우리의 좋은 특성들은 나쁜 특성들과 밀접하게 연결되어 있기 때문에, 나쁜 특성을 개선하고자 하는 경우에 좋은 특성들에 대해서도 불가피한 영향을 끼치게 된다. 만일 우리가 공격적이거나 호전적이지 않다면 우리는 스스로를 방어할 수 없었을 것이며, 우리가 배타적 감정을 느끼지 못한다면 우리와 가까운 사람들에게 지금처럼 충실할 수 없었을 것이고, 우리가 질투심을 느끼지 못한다면 사랑 또한 느끼지 못할 수 있다는 것이다. 우리 생명의 유한성조차도 전체로서의 종이 생존하고 적응하는 데 중요한 기능을 수행하고 있을 가능성이 있다. 그는 우리가 질병을 치유하고 수명을 연장하거나 아이를 유순하게 만들려고 한다면, 천재성, 야망, 혹은 다양성과 같은 대가를 지불해야 한다고 주장한다. 아마도 가장 극적인 내용은 다음과 같은 주장일 것이다. "고통이나 죽음과 맞서 싸워보지 않았던 자는 깊이를 가질 수 없다"(후쿠야마, 2003: 263). 후쿠야마에 따르면, 인간의 가장 고귀하고 숭고한 자질은 종종 통증이나 고통, 죽음에 대한 우리의 대응 방식과 연관되어 있다. 이러한 인간적 악들이 존재하지 않는다면,

연민이나 동정, 용기, 영웅적 행위, 연대성, 성격의 강인함과 같은 것들도 존재하지 않게 된다는 것이다. 따라서 그는 인간 본성을 구성하는 어떠한 특성에 대해서도 그것을 변화시키려는 시도에 대해서 반대하며, 전체로서의 인간 본성이 그대로 보존되어야 한다고 주장한다.

> 우리는 자기 개조의 시도에 대해, 복잡한 진화적 본성의 전체를 보호하기를 원한다. 우리는 인간 본성의 통일성과 연속성을, 그리고 그것에 기초한 인간의 권리가 붕괴되는 것을 원하지 않는다(후쿠야마, 2003: 262).

인간 본성의 극단적인 연결성은 매우 사변적인 주장으로서 인간의 진화에 대한 경험과학으로부터의 강력한 정당화를 필요로 하는 주장이다. 만일 그 주장이 참인 동시에 의도하지 않은 나쁜 결과를 줄일 수 있는 효과적인 수단이 부재하다면, 이는 분명 인간 향상에 반대하는 강력한 입증사례가 될 것이다. 그러나 후쿠야마의 주장은 실질적인 경험적 지지를 결여하고 있는 전형적인 책상머리 철학처럼 여겨진다. 우리가 이미 알고 있는 인간의 생물학이나 진화생물학의 지식에 비추어 볼 때에도, 그 주장의 타당성을 의심하게 하는 여러 이유들이 존재한다.

먼저 후쿠야마의 주장은 현재의 인간 본성이 장기적인 진화과정을 통해 세밀하게 조절된 일종의 균형 체계라는 것을 암묵적으로 전제하면서, 변할 수 없는(혹은 변하지 말아야 할) 어떤 고정된 본성을 가정하고 있다. 현재의 인간 유기체는 진화라는 자연적 지혜의 소산으로, 개선을 위해 변형을 시도할 경우에 오히려 더 나쁜 결과가 초래될 가능성이 크다는 것이다. 결국 섣부른 변화보다는 현 상황을 유지하는 것이 더 낫다는 것이다. 그런데 어떤 현존하는 유기체도 환경에 대한 적응 측면에서 그 정점에 서 있다고 말할 수 없다(Buchanan, 2011b: 28~29). 환경은 끊임없이 변화하고 있으며, 유기체는 적응과 반적응이라는 끝나지 않는 싸움을 계속 벌이고 있다. 가령 플루 바이러스와 같은 병원체가 변화하며 발전하는 여러 방어 체계를 뚫고 끊임없이 새로 생겨나고 있음을 생각해보라. 진화 이론에 따르면, 우리의 기본적인 물리적 혹은 정신적 특성은 대략 10만 년 전에 형성된 것으로 추정된다. 그런데 그 이후로도 인간이 살아온 환경은 끊임없이 변하고 있으며, 우리는 여전히 적응 과정에 있다고 말할 수 있다. 우리의 종이 적응해야 할 고정적인 환경이란 존재하지 않는다. 인간의 경우에 오히려 환경을 변화시킬 만큼 강력해진 우리의 힘 덕분에 지구온난화와 같은 적응해야 할 새로운 문제들은 계속 생겨나고 있다. 이는 결국 우리의 본성 또한 여전히 끊임없이 변하고 있음을 의미한다. 진화는 끊임없는 변화이므로 어떤 항구적인 본성도 가정할 수 없다.

다음으로 우리는 유기체가 지니는 많은 특성들이 후쿠야마가 말하는 극단적인 연결성과 배치된다는 점을 지적할 수 있다. 뷰캐넌은 진화된 유기체에서 관찰할 수 있는 세 가지 특성을 그 사례로 들면서 극단적인 연결성의 가정을 반박하고 있다(Buchanan, 2011a: 159~160; 2011b: 82~83). 첫 번째 특성은 단원성(modularity)이다. 우리가 가지고 있는 많은 특성들은 단원적인 성격을 띠고 있다. 모듈은 외부보다는 자신의 내부에 있는 요소들 사이에 연결이 밀집된 일종의 하부 시스템을 일컫는 말인데, 배아가 성체로 발달하는 과정에서 일종의 '방화벽'을 만드는 과정을 통해 형성된다. 이는 하나의 모듈 내에서 일어나는 변화가 전체 시스템이나 다른 하부 시스템에 영향을 끼치지 않게 된다는 것인데, 그 결과 하나의 모듈에서 무엇인가가 잘못된다 하더라도 그것이 전체로 퍼지지 않고 그에 따른 손상도 해당 모듈에 국한된다. 단원성은 모듈 간에 경계를 둠으로써 전체 시스템이 붕괴되는 것을 막아준다.

두 번째 특성은 잉여성(redundancy)이다. 인간은 다른 유기체와 마찬가지로 잉여적인 일종의 백업 시스템을 가지고 있다. 가령 유기체는 처음 등장한 이후로 크게 변하지 않은 아주 오래된 체계나 하부체계를 포함하고 있는데, 이렇게 보존된 특징들은 보다 최근에 등장한 특징들과 공존한다. 새롭게 등장한 이런 특징들의 일부는 잉여적인 것으로, 새로운 특징과 오래된 특징은 상대적으로 독립적인 방식으로 작용한다. 이러한 잉여성은 어떤 것을 개선하려고 할 때, 백업 시스템으로 작용해 부지불식간에 다른 것을 손상시킬 수 있는 여지를 줄여준다.

세 번째 특성은 발생세분화(canalization)다. 발생세분화는 발달의 진행을 교란시키는 유전적 배경이나 환경조건에도 불구하고 특정한 표현형을 만들어내는 후생적 발달체계의 경향성이다. 즉 유기체의 발달 과정은 유전자나 환경의 변이에 직면해서도 그것들을 넘어서서 동일한 표현형인 특정의 형질을 만들어낸다. 형질에는 변이성이 큰 것과 작은 것이 있는데, 발생세분화가 강하게 작용할수록 표현 형질의 변이성은 줄어든다. 유전형의 잉여성이 발생세분화의 주요 메커니즘 중 하나인데, 하나의 유전자 복사본이 변이를 일으킨다 하더라도 만약 다른 복사본이 남아있다면 부정적인 결과가 나타나지 않을 수 있다. 발생세분화는 어떤 형질이 성공적으로 발달하는 경로가 하나 이상일 수 있으며, 비록 하나의 경로가 훼손된다 하더라도 그것이 필연적으로 그 형질의 발달을 봉쇄하지는 않는다는 것이다.

이러한 특성들이 왜 선택되었는지를 이해하기란 그렇게 어렵지 않다. 그리고 이러한 특성들의 존재는 후쿠야마가 생각하는 연결성에 상당한 제약조건으로 작용하며, 극단적 연결성의 가정을 의심스럽게 만든다.

마지막으로 진화에 따른 자연선택의 결과물이 갖고 있는 기본적인 성격 자체도 극단적인 연결성의 가정과는 정합적으로 보이지 않는다. 진화에는 사전 계획이 존재하지 않는다. 자연선택이 어떤 최적의 설계를 선택하는 과정인 것도 아니다. 자연선택은 유기체가 직면한 단기적인 문제를 유기체의 재설계를 통해 해결할 뿐이다. 말하자면 진화란 변화하는 환경에 맞춰 그때 그때 주어지는 당면 문제에 대해 임시방편적인 해결책을 쌓아가는 맹목적 과정일 뿐이다. 그런 의미에서 진화과정이나 자연은 결코 지혜롭지도 않으며 그것이 보전하고자 하는 어떤 본질적인 인간성이나 도덕성이 존재하는 것도 아니다. 여기에는 어떠한 의도나 지능의 개입도 존재하지 않으며, 그 결과물의 아름다움이나 조화로움을 목표로 하지도 않는다. 대신에 이는 기존의 자원을 대충 꿰맞춰서 여전히 변화에 노출되어 있는 불안정한 결과물을 산출할 뿐이다. 자연선택의 과정은 최대한 잘해야 '국지적인' 최적성을 달성할 뿐이며, 오늘 문제를 해결한 방식이 내일의 문제에 대한 해결책이 될 수 있는 것도 아니다. 그 결과 환경 변화나 새로운 문제가 출현함에 따라 종이 소멸할 수도 있다. 그런 점에서 자연선택을 통한 적응은 많은 임시적 방책을 포함하는 어설프고, 반복적이며, 잉여적인 설계로 귀결되며, 잠재적 개선의 여지를 많이 포함할 수밖에 없다.

이런 결과는 처음 보기보다 그렇게 나쁜 상황은 아니다. 때때로 어설픈 설계는 예상하지 못했던 환경의 변화나 유전적 변이를 극복할 수 있는 더 많은 유연성을 제공한다. 만약에 후쿠야마가 생각하는 것처럼 극단적으로 연결된 특성들로 이루어진 유기체가 존재했다면, 이는 틀림없이 환경적 변화나 변이에 매우 취약했을 것이고, 지금까지 생존할 가능성은 거의 없다고 보아야 한다. 후쿠야마가 주장하는 극단적인 연결성의 가정은 근거가 빈약할 뿐 아니라, 이미 우리가 알고 있는 많은 생물학적 증거들을 무시하고 있다. 우리는 이미 유기체의 본성이 상당 정도의 탄력성을 갖고 있다는 많은 경험적 증거를 가지고 있다. 진화 생물학은 유기체가 탄력적일 수밖에 없는 이유와 함께 특성들의 느슨한 연결에서 어떻게 탄력성이 만들어지는가를 설명하고 있다.

이러한 사실들을 모두 감안한다면, 극단적인 연결성의 가설은 현재의 생물과학에 대한 우리의 이해와 정면으로 충돌한다. 후쿠야마는 인간 향상에 반대하기 위한 목적으로, 그것에 수반될 수 있는 의도치 않은 나쁜 결과들을 과장하고 있을 뿐이다. 물론 인위적인 인간 향상의 시도에는 부지불식간에 어떤 유익한 연관을 단절시킴으로써 의도치 않은 나쁜 결과를 산출할 위험이 존재한다. 그러나 그러한 가능성을 인정하고 그에 대한 대비책을 모색하는 것과, 우리가 가지고 있는 특성들 사이의 연결이 너무도 긴밀해 이를 개선하려는 어떤 시도도 용납될 수 없다고 주장하는 것은 전혀 다른 차원의 문제다. 만약 향상을 통해 위험에 빠질 수 있는 어떤 연결 관계가 존재한다면, 그 개별적인 인과관계의 고리가 철저한 분석을 통해 입증될 필요가 있다.

5.　인간의 존엄성에 대한 위협

　　인간 향상에 반대하는 다양한 논증들 중에서 철학적으로 가장 흥미로운 비판은 인간 향상이 인간 존엄성과 같은 우리의 삶과 관련된 핵심적인 가치를 훼손시킨다는 반론이다.

1)　인간 본성의 변화는 인간 존엄성을 훼손시키는가

　　후쿠야마는 『부자의 유전자, 가난한 자의 유전자』에서 생명공학적인 인간 향상은 인간 본성을 변화시킴으로써 궁극적으로는 그것에 토대하고 있는 인간의 자연적 권리나 인간의 존엄성을 훼손시키게 될 것이라 주장한다. 후쿠야마에 따르면, "인간 본성은 우리에게 도덕감(moral sense)을 부여하고, 사회에서 살아가는 사회적 기술을 제공하며, 권리나 정의, 도덕에 대한 좀 더 복잡한 철학적 논의의 근거로 사용된다"(후쿠야마, 2003: 161). 달리 말해서, 인간 본성은 인간의 도덕적 지위 및 존엄성을 정초시킴으로써 인간의 자연적 권리의 기초인 동시에 도덕성 자체의 가능 근거가 된다. 그런데 생명공학의 도래와 함께 도덕성의 바탕이 되는 인간 본성이 위기에 처하게 된 것이다. "궁극적으로 위험에 처한 것은 단지 미래의 의학 기술과 관련된 공리주의적 손익계산이 아니라, 인간이 존재해온 이래 변함없이 인간 도덕감의 바탕이 되어 왔던 그 기반이다." 인간 향상의 인위적인 시도는 인간의 본성을 변화 혹은 파괴시킴으로써 인간 존엄성의 조건 자체를 위협한다. 따라서 우리는 생명공학기술 등의 인간 향상에 반대해야 한다는 것이 후쿠야마의 주장이다.

향상에 대한 대부분의 비판 논증은 기술의 위험성이나 사회적 계층화, 불공정의 악화처럼 주로 경험적 층위에 속하는 반론들이다. 이에 비해 후쿠야마의 논증은 인간이 무엇인지와 왜 인간성이 문제시 되는가와 같은 형이상학이나 도덕철학의 영역에 속하는 쟁점들을 건드리고 있다. 규범적 층위에서 제기되는 반론에는 이것 외에도 인간의 오만함이나 후손의 자율성 침해를 문제 삼는 비판들이 있지만, 이것들은 인간의 존엄성과 관련된 논증만큼 깊이 있게 문제에 접근하지는 못한다. 후쿠야마의 반대 논증이 특히 흥미로운 것은 그가 종교적 관점에 전혀 호소하지 않으면서도, 자연적이고 과학적으로 이해된 인간 본성의 개념이 내포하는 인간 존엄성을 인간 향상의 문제와 연결 짓고 있다는 점 때문이다.

후쿠야마는 자신의 결론에 도달하기 위해 인간 본성과 관련해 대단히 야심찬 논의를 펼치고 있다. 그는 자신의 책에서 여러 장에 걸쳐 인간의 권리에 대한 현대적 이해의 특징 및 그러한 이해가 플라톤, 아리스토텔레스, 흄, 칸트와 같은 철학자들의 생각과 어떤 관련성이 있으며 또 그 차이가 무엇인지에 대해서 매우 흥미로운 논의를 전개하고 있다. 특히 우리가 주목할만한 부분은 인간의 권리 및 존엄성을 인간의 자연적 본성에 근거해 확보하고자 하는 그의 시도다. 흄 이래로 자연적 사실로부터 도덕적 당위를 도출하려는 모든 시도는 자연주의적 오류라는 이름으로 비판받았다. 그런데 후쿠야마는 오히려 자연주의적 오류를 주장하는 것 자체가 또 다른 오류라고 비판하면서, 인간의 가장 기본적인 권리 및 존엄성은 궁극적으로 인간 본성에 관한 자연적 사실에 근거한다고 주장한다. 당위와 사실의 간극은 우리가 우리의 본성에 따라 설정하는 목표나 목적에 의해 매개될 수 있다는 것이다.

후쿠야마의 반론에서 가장 핵심적인 역할을 하고 있는 개념은 인간 본성의 개념이다. 앞의 장에서 생명공학을 비롯한 첨단 과학의 인간 향상 기술이 전통적인 기술과 대비되는 지점이 바로 그것들이 변형시키고자 목표로 삼는 것이 무엇인가 하는 점에 있음을 지적했다. 오늘날의 기술들은 인간의 육체나 정신의 능력 자체, 말하자면 후쿠야마가 여기서 말하고 있는 인간 본성을 근본적으로 변형하고자 하는 기술들이다. 첨단기술을 통한 인간 향상이 인간의 존엄성을 파괴시키고 말 것이라는 우려는 그 주장의 타당성과 별개로 대단히 큰 정서적 영향력을 갖고 있는 주장이다. 그런데 과연 인간 본성의 변화는 인간의 도덕적 조건을 위협하며, 인간 존엄성을 포함해 우리가 소중하게 여기는 다양한 도덕적 가치를 훼손시키는가?

이 질문에 답하기 위해서 먼저 다음 두 가지 사항을 분명하게 할 필요가 있다. 첫째, 여기서 문제가 되고 있는 인간 본성의 개념을 명확하게 할 필요가 있다. 인간 본성은 문화권이나 논의의 맥락에 따라 다양한 의미로 이해될 수 있는 애매한 개념이다. 우리는 후쿠야마를 따라 종교적 관점에 전혀 호소하지 않으면서, 기존의 과학적 지식과 양립 가능한 인간 본성의 개념에 초점을 맞출 것이다. 둘째, 인간 본성이 인간 존엄성을 비롯한 윤리적 가치와 어떻게 관계 맺게 되는지를 규명할 필요가 있다. 성선설과 성악설의 개념에 익숙한 동양적 전통에서는, 인간 본성 자체가 내재적인 방식으로 어떤 도덕적 내포를 갖고 있는 것으로 이해되기도 한다. 원죄라는 개념을 통해 인간을 이해하는 기독교 전통에서도 마찬가지다. 그러나 과학적으로 이해된 자연적 인간 본성의 개념 속에 그러한 도덕적 가치나 지위가 내포되어 있다고 보기는 어렵다. 따라서 인간 본성이 인간 존엄성이나 자유의 조건을 위협한다는 주장을 정당하게 평가하기 위해서는 인간 본성과 윤리적 가치 영역을 매개하는 연결 고리가 무엇인지를 보다 분명하게 규정할 필요가 있다.

후쿠야마의 논의는 크게 다음과 같이 요약할 수 있다.

① 가장 근본적인 인간의 권리와 우리의 도덕적 규범은 인간의 본성에 의존한다. 인간의 도덕성이나 도덕적 지위의 기초가 되는 것도 바로 이러한 인간 본성이다.

② 보편적 인간 본성이라 부를 수 있는 것이 존재한다. 이는 진화생물학을 비롯해 과학이 알려주는 종의 전형적인 행동과 특성의 총합으로 볼 수 있다. 이는 환경적이라기보다 유전적인 요소에 기인한다.

③ 생명공학을 통한 인간 향상은 인간 본성의 변화를 가져온다. 인간 본성은 복잡한 전체이며, 인간의 많은 특성들은 그 부분들의 합에 의해 설명되지 않는다는 점에서 창발적이다. 그 결과 인간 향상의 시도는 의도하지 않은 결과를 야기하며, 이는 인간 존엄성의 파괴로 귀결된다.

④ 따라서 생명공학기술을 통한 인간 향상은 금지되어야 한다.

인간 향상에 반대하는 핵심적인 논증은 ③에서 제시되는데, 앞에서 살펴보았던 요소 X 논증이 바로 그것이다. 요소 X 논증이 인간 향상에 대한 좋은 반론이 아님을 이미 논의했다. 그럼에도 불구하고, 인간 본성과 도덕성 혹은 인간 본성과 인간 존엄성 사이의 관계는 그 자체로 중요한 의미를 가지므로 훨씬 더 자세하게 분석하고 논의할 필요가 있다.

2) 인간의 자연적 본성과 자연주의적 오류

"가장 근본적인 인간의 권리와 우리의 도덕적 규범은 인간 본성에 의존한다"는 ①의 주장을 확립하기 위해 후쿠야마가 하고 있는 주된 작업은 자연주의적 오류를 비판하는 것이다. 자연주의는 자연적 사실이 권리나 도덕성 혹은 윤리학과 관련된 판단에 대해 모종의 정당한 철학적 기초를 제공할 수 있다는 입장이다. 그러나 18세기의 철학자 흄은 이러한 자연주의가 일종의 오류에 불과하다고 비판했다. 사실에 관한 전제로부터 평가적인 규범적 결론을 도출할 수는 없다고 생각했기 때문이다. '~이다(is)'의 사실은 '~을 해야 한다(ought)'는 당위적 판단을 함축하지 않는다는 것이다.

'자연주의적 오류'라는 표현을 사용했던 이는 20세기 초반에 활동했던 영국의 철학자 조지 에드워드 무어(G.E. Moore)다. 무어는 도덕성을 모종의 자연적 사실로 환원하고자 하는 주장에 반대해, 그런 주장을 하는 철학자들이 '자연주의적 오류'를 범하고 있다고 주장했다. 도덕은 무엇이 선하고 (good) 올바른(right)가의 문제와 관련된다. 그러나 자연과학 등에 알려지는 자연적 사실은 무엇이 참(true)인가 하는 사실의 영역에 속하는 것들이다. 도덕적 옳고 그름 혹은 선함을 어떤 자연적 성질 P로 정의하려 한다고 하자. 만일 이 정의가 올바른 것이라면, "P를 가지고 있는 X는 선한가?"라는 질문은, "P를 가지고 있는 X는 P를 가지고 있는가?"라는 공허한 질문이 되어버리고 만다. 그러나 P의 성질을 가지고 있는 어떤 X에 대해, 우리는 언제든지 "P를 가지고 있는 X는 선한가?"라는 질문을 유의미하게 제기할 수 있다. 무어는 "X는 선한가?"라는 질문이 여전히 미결 문제(open question)임을 지적하면서, 선에 대한 어떠한 자연주의적 정의도 올바를 수 없다는 결론을 내린다(Moore, 1903: 13~14).

후쿠야마는 칸트도 자연주의를 오류로 보는 흐름에 막대한 영향을 끼친 인물 중 한 명으로 거론한다. 칸트는 도덕을 인간의 본성(자연적 욕구와 경향성)으로부터 분리시키고, 도덕적 행동은 자연적 욕망에 반해 오로지 이성이 명령하는 것에 따르는 것이라고 보았다. 칸트는 도덕성의 가장 중요한 형태를 도덕적 자율성이라고 보았는데, 이는 자연적 경향성이나 욕구를 따르는 것이 아니라 실천 이성의 규칙을 준수하는 것이다. 우리는 실천 이성의 선험적 규칙(정언명법)이 홀로 명령하는 바에 따라 행동하는 경우에 한해 진정한 도덕적 행위자일 수 있다. 따라서 이성이 강제하는 바와 자연적 욕구가 충돌하는 경우에, 때때로 우리는 우리의 자연적 본성에 반해 행동해야만 한다.[4]

그런데 후쿠야마는 인간 본성에 바탕을 둔 도덕성의 개념에서 멀어지는 것은 철학적으로나 일상적 도덕 판단에 있어서 중대한 오류라고 지적한다. 그에 따르면, 자연주의적 오류의 주장 자체가 하나의 오류에 불과하며, 인간의 자연적 권리와 도덕 규범은 우리의 자연적 본성을 통해 근거 지워질 수 있다. 그가 생각하는 방안은 알래스데어 매킨타이어(Alasdair Macintyre)의 제안을 따라서 실천적 삼단 논증의 방식으로 우리 스스로가 설정한 목적이나 목표를 통해 '당위(ought)'와 '사실(is)' 사이의 간극을 메우는 것이다(후쿠야마, 2003: 180~181). 다음의 삼단논증을 살펴보자.

> 내가 철수라는 사람을 칼로 찌른다면, 나는 감옥에 갈 것이다.
> 나는 감옥에 가기를 원치 않는다.
> 따라서 나는 그를 칼로 찔러서는 안 된다.

---

4   칸트에 대한 후쿠야마의 언급에서 알 수 있듯이, 현재 논의의 대상이 되는 인간 본성은 자연적으로 주어진 사실 차원의 인간 본성이다. 칸트의 실천이성도 어떤 의미에서 인간 본성의 일부로 간주될 수 있지만, 그것이 명령하는 법칙은 자연적인 사실의 차원이 아니라 자유의 초월적 영역에 속하는 것이다. 후쿠야마가 말하는 본성은 자연적인 사실의 차원에서 논해질 수 있는 좁은 의미의 생물학적 본성이나 경향성으로 이해되어야 한다.

여기서 "나는 감옥에 가기를 원치 않는다"는 나의 욕구는 "철수를 칼로 찔러서는 안 된다"는 당위를 산출한다. 후쿠야마는 자연주의적 오류를 통해 흄이 의도했던 바는 경험적 사실로부터 논리적이고 선험적 방식으로 도덕 규칙을 도출할 수 없다는 것이며, 흄 스스로도 '욕구, 필요, 욕망, 쾌락, 행복, 건강'과 같은 개념들을 통해 당위와 사실 사이가 매개될 수 있다고 생각했음을 지적한다. 후쿠야마에 따르면 '당위'를 생성할 수 있는 다양한 인간의 욕구나 필요, 욕망이 존재한다. 그리고 우리가 가치 있다고 여기는 것들은 이러한 욕구나 욕망에 의해 매개되므로, "경험적 사실의 문제로서 인간의 가치는 인간의 정서나 느낌과 밀접하게 결합되어 있다. …… 그리고 이렇게 도출된 당위는 최소한 인간의 감정 체계만큼이나 복잡하다"(후쿠야마, 2003: 182).

후쿠야마가 여기서 입증하고 있는 것은 인간의 자연적 본성이 도덕과 밀접한 관련을 맺고 있다는 정도의 내용이다. 우리는 인간의 본성이 도덕성과 관련 맺는 양상 몇 가지를 앞으로 더욱 자세히 고찰하게 될 것이다. 그런데 자연주의적 오류를 주장하는 사람이라고 해서, 인간의 본성이 도덕성과 아무런 관련도 없다고 주장하는 것은 아니다. 이들이 주장하는 것은 인간에 관한 자연적 사실의 모두가 주어져 있다고 해도, 이로부터 도덕적 당위가 곧장 추론될 수는 없는 모종의 간극이 존재한다는 것이다. 앞에서 후쿠야마가 예로 들고 있는 "나는 그를 칼로 찔러서는 안 된다"는 진술에서 이 문장이 도덕적 당위를 표명하고 있는지는 불분명하다. 여기서 표현된 당위는 감옥에 가고 싶지 않다는 목적을 달성하기 위한 단순히 수단적인 의미의 당위에 불과해보이기 때문이다.

나는 인간 본성의 자연적 사실에서 도덕적 당위로 나아가기 위해서는 "나는 도덕적 존재로 살고자 한다"는 취지의 모종의 도덕적인 결의(commit-ment)의 개입이 필요하다고 생각한다. "인간은 왜 도덕적이어야 하는가?"라는 이른바 궁극적 질문을 고려할 경우에, 이러한 개입의 필요성은 거의 불가피해보인다. 그리고 이러한 개입이나 결의는 결코 자연적 사실의 문제가 아니다. 따라서 후쿠야마가 이상의 논의를 통해서 자연주의적 오류를 논박했다고 평가할 수는 없다.

다음으로 ②의 주장에 대한 후쿠야마의 입장을 살펴보자. 우리는 앞서 자연이 갖는 신성성이 인간 향상의 논쟁에서 크게 중요한 논점으로 활용될 수 없음을 논의했다. 인간 향상에 따른 인간 본성의 변화를 통해 어떤 새로운 윤리적 문제가 야기된다면, 그것은 인간 본성이 갖는 자연적인 성격의 훼손 때문이 아니라, 인간이 가지고 있는 기본적인 성질이나 특징 혹은 본질로서의 본성이 변화된다는 것 속에 내포된 어떤 위험성 때문이어야 할 것이다. 후쿠야마가 문제 삼고 있는 인간 본성의 변화도 정확히 그러한 맥락이다. 가령 후쿠야마는 인간 향상의 맥락에서 인간 본성의 변화가 직면한 위협을 다음과 같이 서술하고 있다.

> 의도되지 않은 영향이나 예측할 수 없는 비용에 대해 걱정하는 것은 정당하지만, 사람들이 생명공학에 대해 표하는 가장 깊은 두려움은 결코 공리주의적인 것이 아니다. 그것은 생명공학기술이 종국에 어떤 식으로든 우리가 인간성을 잃어버리도록 만들지 모른다는 두려움이다. 인간성이란 역사적 과정을 통해 인간의 조건에 대해 발생된 모든 명백한 변화에도 불구하고, 우리는 누구이며 우리가 어디를 향해 가고 있는지의 의미(sense)를 뒷받침했던 어떤 본질적인 성질이다(후쿠야마, 2003: 160).

이 구절에서 후쿠야마가 문제 삼고 있는 것은 단순히 자연적인 어떤 상태의 변형이나 파괴가 아니라, 도덕적 특성을 포함해 인간의 삶에 의미를 부여하는 인간성 자체의 변형이나 종말이다. 여기서 말하는 인간성은 인간됨의 조건으로서의 기본적인 특징이나 성질에 해당하는 nature의 두 번째 의미, 즉 인간 본성(nature)을 가리킨다.

우리는 앞의 장에서 현대의 자연과학적 세계관과 양립할 수 있는 인간 본성에 관한 가장 유망한 입장으로 새뮤얼스의 인과적 본질주의를 살펴봤다. 후쿠야마가 생각하고 있는 인간 본성의 개념도 새뮤얼스가 말하는 인과적 본질로서의 인간 본성 개념과 크게 달라 보이지 않는다. 후쿠야마는 인간 본성에 대한 논의를 특정의 종교적 관점과 분리시키면서, 자연적이고 과학적으로 이해된 인간 본성의 개념에 입각해 자신의 논의를 전개하고자 한다. 그에 따르면 보편적인 것으로 간주될 수 있는 인간의 자연적 본성이 존재한다. 이는 진화생물학을 비롯해 여러 과학적 발견의 성과가 알려주는 "종의 전형적인 행동과 특성의 총합"으로서 "환경적 요소라기보다 유전적인 요소에 기인"하는 것이다(후쿠야마, 2003: 202).

유전적 요소를 강조한다고 해서 후쿠야마가 엄격한 유전적 결정론을 받아들이는 것은 아니다. 인간의 행동은 환경의 영향을 받는 학습으로 수정될 수 있다. 인간 개개인의 행동 차이는 문화적 학습이 가능하지 않은 다른 동물에 비해 훨씬 크며 개인적인 환경을 더욱 많이 반영한다. 하지만 후쿠야마는 가변성의 범위는 결코 무한하지 않으며, 가변성의 가능한 양상이나 정도는 엄연히 유전적 본성에 의해 제한된다고 생각한다. 후쿠야마가 말하는 '전형'은 통계적인 의미의 전형성을 의미한다. 이는 행동이나 특성들의 분포 곡선에서 중간값에 근접하는 그 어떤 것을 가리키는 표현이다. 보다 엄격히 말한다면, 유전자는 특성들이 분포하는 곡선의 형태와 그 중앙값을 결정하는 역할을 담당한다. 후쿠야마에 따르면, 특정집단이나 특정의 역사적 기간에 있어서 실제의 중앙값은 대체로 환경에 의해 결정되지만, 가능한 편차의 전반적인 정도나 남녀의 평균 차이와 같은 것들은 유전과 그에 따른 자연적 특성의 산물이다.

새뮤얼스의 이론과 후쿠야마의 제안 사이에는 인간 본성의 범위와 관련해서 미묘한 차이가 존재한다. 새뮤얼스가 말하는 인과적 본질은 인간과 연관되는 특징적인 속성들이나 규칙성을 인과적으로 설명해주는 인과적 메커니즘이다. 만약 인간 본성이 자연종으로서의 인간 종을 구획하는 인과적 본질과 동일시될 수 있다면, 인간 본성은 인간의 전형적인 특성들 모두가 아니라 그것들을 야기하는 인과적 메커니즘에 한정되어 적용되는 개념이다. 이러한 메커니즘은 생물학이나 신경과학 등을 통해 파악될 수 있는 순전히 생물학적 측면에서의 인간 본성이다. 물론 학습의 과정도 개체발생적 메커니즘의 일부로서 인간 본성의 일부로 포함되기는 하지만, 여기서도 본성의 자격을 누리는 것은 그러한 학습 과정을 매개하고 가능하게 하는 생물학/신경과학적인 기제다.

후쿠야마의 경우에는, '인간 종의 전형적인 행동과 특성의 총합'이란 표현에서 짐작할 수 있듯이, 생물학적 메커니즘의 작용을 통해 겉으로 표출되는 표현형적 특징들 또한 전형성의 조건을 만족시키는 한에 있어서 인간 본성의 일부로 포함된다. 이렇게 이해된 인간 본성에는 생물학적 측면뿐 아니라 문화적 측면의 전형적인 특징들도 인간 본성의 일부로 포함될 것이다. 도구의 제작과 사용, 언어의 사용, 복잡한 사회 구조의 조직, 도덕적인 규범체계를 통해 자신의 행동을 규제하는 일 등이 바로 그러한 문화적 측면의 특성들이다. 후쿠야마가 말하는 인간 본성은 우리가 앞 장에서 살펴본 마셔리의 법칙적 본성에 더 가까운 개념으로 보인다.

이 두 입장의 차이는 표면적인 것일 뿐, 현재 논의의 맥락에서 어떤 중요한 차이를 낳지는 않는다. 기본적으로 인간의 문화적 특성의 배후에는 그런 것들을 발현 가능하게 하는 생물학적 메커니즘이 있다. 이러한 생물학적 기제가 자연적·문화적 환경과의 상호작용을 거칠 때 비로소 문화적 특성들이 발현된다. 인간 향상 기술의 적용을 통해 인간 본성의 변화를 꾀하려는 많은 경우에, 우리는 외부로 표출되는 표현형적 특성 자체를 직접 변화시킬 수 없으며 그러한 특성들의 발현을 야기하는 인과적 메커니즘을 조작해야만 한다. 그럼에도 불구하고 그러한 개입이 의도하는 바는 인과적 기제를 변화시키는 것이 아니라, 그것을 통해 표출되는 표현형적 특성들의 변화다.

3) 인간 본성과 인간 존엄성의 연결 고리

후쿠야마가 제기하고 있는 원래의 문제로 다시 돌아가 보자. 인간의 본성을 변화시키는 것은 왜 잘못된 일인가? 인간 향상의 시도는 분명 새뮤얼스나 후쿠야마가 말하는 의미의 인간 본성을 변화시킬 것이다. 결과에 따라서는 포스트휴먼의 출현으로 이어질지도 모를 일이다. 그런데, 인간 본성의 변화가 현 인간 종의 종말을 초래하며 포스트휴먼으로의 변화를 야기할 것이란 이유로 그러한 변화에 반대하는 것은 적절한 반론이 아니다. 생물학적 종으로서의 인간 종은 자연적 진화의 우연적 산물이며, 그것의 신성함이나 존엄성은 결코 어떤 형이상학적 필연성도 선험적 당위도 아니기 때문이다. 그럼에도 불구하고 현재의 상태대로 인간 종을 보존해야 하는 이유가 있다면 그것은 무엇일까?

결국 이 질문에 대한 대답은 '인간됨'의 의미, 즉 우리의 존재를 의미 있는 것으로 만드는 것이 도대체 무엇인지를 밝히는 일로 귀결될 것이다. 만약 인간 향상을 통한 인간 본성의 변화가 타협할 수 없는 인간됨의 의미 혹은 가치를 부정하거나 파괴하는 위험성을 내포하고 있다면, 우리는 인간 본성의 변화에 대해서 반대할 좋은 이유를 갖게 된다. 이를 위한 유망한 방식 중 하나가 후쿠야마의 경우처럼 바로 인간존엄성과 같은 가치가 인간 향상에 의해 위협받고 있음을 보이는 일일 것이다.

그런데 인간 존엄성이란 무엇인가? 인간 존엄성의 개념 또한 매우 애매하며, 사람들은 논의의 맥락에 따라서 여러 가지 다른 것을 의미하기 위해 이 표현을 사용한다. 그러나 가장 근본적인 의미에서 인간 존엄성의 개념은 인간이 인간이라는 사실로 인해 갖게 되는 어떤 가치 혹은 중요성을 가리킨다 해도 무방할 것이다. 인간의 존엄성에 주목하는 것은 인간에게 그 자체로 귀속되는 가치 혹은 중요성에 주목하는 것이다. 이러한 내재적 의미의 인간 존엄성 개념에 대한 표준적인 공식화는 칸트에 의해 제공되었다.

> 목적의 나라에서 모든 것은 가격을 갖든지 존엄성을 갖는다. 가격을 갖는 것은 같은 가격의 어떤 다른 것으로 바꾸어 놓을 수 있다. 반면, 모든 가격을 초월해 있어 같은 가격을 갖는 것을 전혀 허용하지 않는 것은 존엄성을 갖는다. 인간에게 보편적인 경향성과 필요에 관계된 것은 시장 가격을 갖는다. 필요가 있는 것이 아니면서도 어떤 취미에 맞는 것, 즉 우리의 마음의 힘이 제멋대로 노는 것을 만족시켜주는 것은 애호 가격을 갖는다. 그러나 어떤 것이 목적 그 자체가 될 수 있게 하는 유일한 조건이 되는 그것은 단순히 상대적인 가치, 즉 가격을 갖는 것이 아니라 내재적 가치, 즉 존엄성을 갖는다(칸트, 2002: 93).

이런 의미의 인간 존엄성은 모든 인간들이 소유하고 있는 최상의 가치, 즉 인간이라는 종의 구성원이라는 사실로 인해 갖게 되는 어떤 최상의 가치로 이해될 수 있다. 인간 존엄성은 인간의 모든 권리와 의무가 그것에 의존하며 그것 속에서 가능한 궁극적인 기반을 제공하는 것이기도 하다. 드워킨은 인간 권리라는 개념 자체가 "인간 존엄성이란 모호하지만 매우 강력한 개념"에 의존한다고 말했다(Dworkin, 1977: 198~199). 인간은 존엄성의 가치 때문에 단지 인간 종의 구성원이라는 사실 만에 의해서 존중받아야만 하는 권리를 갖게 된다. 우리가 다른 사람들의 권리를 존중해야 하는 것은 그들의 그러한 존엄성을 인정하기 때문이다.

인간의 본성은 인간의 존엄성과 어떻게 연결되는가? 앞서 논의되었듯이 후쿠야마는 인간의 우연적인 특성을 제거하고 나면 인간 존엄성을 근거 짓는 어떤 본질적인 성질인 요소 X가 있다고 주장한다. 이 요소 X가 인간을 우주의 다른 모든 존재와 구분시켜주며, 또 인간이 누리는 도덕적 존경의 기반을 제공한다. 그런데 후쿠야마는 요소 X가 도대체 무엇인가에 대해서 분명하게 설명하고 있지 않다. 그는 단지 그것을 인간 본성이 복잡한 전체이기 때문에 갖게 되는 창발적 특징이라고 말할 뿐이다. 어찌 되었건, 설령 그러한 X가 존재한다고 하더라도 그것을 변경하거나 개선하는 것은 왜 잘못된 일인가? 우리는 앞에서 극단적 연결성의 가정에 의존하는 후쿠야마의 답변 한 가지를 이미 살펴봤다. 극단적 연결성에 의존하는 그의 논증은 우리가 알고 있는 최선의 과학적 지식에 비추어 유지되기 어렵다는 것이 우리의 결론이었다.

앞서 여러 번 지적했듯이, 인간의 본성을 바꾸는 것이 그 자체로 잘못된 일은 아니다. 만약 우리가 단지 인간 본성의 일부이기 때문에 어떤 특성들을 변경해서 안 된다고 주장한다면, 이는 전형적인 질문 구걸의 오류에 지나지 않는다. 여기서 중요하게 물어야 할 사항은 그러한 특성들을 변화시켜서는 안 되는 좋은 이유가 무엇이냐의 질문이다. 우리가 필요로 하는 것은 인간 본성의 변화와 인간 존엄성에 대한 위협 사이에 존재하는 보다 밀접한 연관이다. 이러한 요구를 통해 내가 가지고 있는 근원적인 우려는 다음과 같은 것이다. 우리가 어떻게 이루어져 있는가에 관한 문제의 사실(fact of the matter)은 인간의 존엄성을 보증할 정도로 좋은 이유인가? 다시 말해서, 우리를 존엄한 존재로 만들어 주는 데 그 자체로 충분한 조건이 되는 인간 자연적 본성에 관한 어떤 문제의 사실이 존재하는가?

물론 우리가 기독교적인 인간관이나 인간 본성에 대한 맹자의 성선설을 따른다면 그럴 수 있다. 맹자는 인간의 본성이 그 자체로 선하다고 말한다. 이는 도덕적 옳음이 그 본성의 일부라는 것이다. 여기서 우리가 주목해야 하는 점은, 맹자는 도덕적 용어를 이용해 인간 본성을 정의하고 있다는 것이다. 여기에는 '당위'와 '사실' 사이에 어떠한 간극도 없다. 만약 우리가 인간 본성에 대해 이와 같은 개념화를 수용한다면, 인간의 존엄성은 거기로부터 바로 도출될 수 있다. 그러나 불행히도, 우리는 첨단 과학과 기술의 시대에 살고 있으며, 맹자의 견해를 문자 그대로 인간 본성에 관한 사실적 주장으로 받아들이기는 매우 어려워 보인다. 나는 후쿠야마의 주장과 달리 자연주의적 오류가 도덕에 관한 중요한 진실을 알려준다고 생각한다. 달리 말해서 인간 본성의 자연적 사실만으로 인간 존엄성이 보장되는 것은 아니라는 것이다.

나는 인간 본성과 존엄성의 관계를 이해하기 위한 유망한 단서를 칸트가 제시했다고 생각한다. 칸트는 인간의 존엄성을 도덕적 행위 능력, 즉 합리적으로 추론하고 도덕적 선택을 할 수 있는 고유한 능력으로서의 인간 자율성과 연결 짓는다.

> 그런데 이성적인 존재가 목적 자체가 될 수 있게 하는 유일한 조건은 도덕성이다. 왜냐하면, 목적의 나라에서 법칙을 주는 구성원이 되는 것은 도덕성에 의해서만 가능하기 때문이다. 따라서 도덕성과 도덕적일 수 있는 한에 있어서 인간성이 유일하게 존엄성을 갖는 것이다(칸트, 2002: 42).

그런데 인간 존엄성은 우리가 도덕적 판단을 할 수 있고 그것을 행위로 옮길 수 있는 감정과 의지 능력을 갖는다는 사실로부터 곧장 도출되는 것처럼 보이지는 않는다. 그런 것들은 우리가 도덕적 행위자일 수 있는 가능성을 정초한다. 그러나 그러한 도덕적 능력을 갖는다는 사실만으로 우리가 존엄한 존재로 되는 것은 아니다. 그것은 단지 우리가 좋은 사람이 될 수 있는 모종의 잠재력(자질, 소질, 성향)을 갖는다는 것이며, 이는 기껏해야 도덕적 행위자이기 위한 필요조건에 그칠 뿐이다. 온전한 의미의 도덕적 행위자이기 위해서는, 그러한 잠재성이나 소질을 연마하고 계발하며 또한 실천할 필요가 있다.

여기서 내가 제안하는 바는, 인간을 존중받아야 할 존엄성을 갖춘 존재로 만드는 것은 도덕적 존재이고자 하는 우리의 결의, 다시 말해서 모종의 도덕 규칙 혹은 명령에 따라서 우리의 삶을 살아가고 타인을 목적으로 대우하려는 결의 때문이라는 것이다. 우리는 그러한 결의와 그것의 실천에 의해서 비로소 존엄성을 갖춘 도덕적 존재가 된다. 만약 그러한 결의와 자기 계발이 없다면, 우리는 결코 다른 동물들과 다르지 않다. 그 결과 인간으로서 존중받아야 할 자격도 더 이상 갖지 못한다.

이러한 생각은 칸트의 도덕철학에서 발견할 수 있는 생각들과 매우 유사하다. 칸트에게 최고선은 실천이성의 선험적 규칙이 명하는 바에 따라서 행위하고자 하는 우리의 의지다. 칸트 또한 우리의 도덕적 소질을 완전하도록 가꾸어야(함양해야) 할 불완전한 의무(imperfect duties)에 대해 말하고 있다(이상헌, 2011: 136). 만약 우리가 우리의 본능이나 비도덕적인 욕망에 굴복한다면, 우리의 존엄성은 훼손되고 만다. 따라서 도덕 규칙에 따라 살고자 하는 우리의 의지나 결의야말로 인간 존엄성의 궁극적인 원천이다. 그런데 그러한 결의 자체나 타자를 목적으로 대우하라는 도덕적 명령은 자연 세계 속에 그에 대응하는 상대역을 갖지 않는다. 자연의 질서는 도덕적 질서가 아니기 때문이다. 그런 점에서 나는 인간 존엄성이란 개념이나 그 발상 자체가 인간의 구성물이며, 그것은 인간이 자연적 존재로서 갖는 한계를 초월하는 한 가지 방식이라고 생각한다. 우리는 도덕적 결의를 통해 단순한 자연적 존재이기를 그치고 존엄함을 갖춘 도덕적 존재로 거듭나는 것이다.

인간 존엄성이 우리의 구성물이란 내 해석에 동의하든 동의하지 않든

간에, 우리는 최소한 인간 존엄성 개념이 도덕적 존재로서의 인간 지위와 밀접한 연관이 있다는 점에 대해서 동의할 수 있을 것이다. 그런데 인간 본성이 곧 인간의 존엄성으로 단순히 변환되는 것은 아니다. 인간의 본성 자체는 인간 존엄성과 직접적으로 동일시 될 수 없다. 인간 본성은 도덕적 존재가 될 수 있는 단순한 잠재력이나 능력 혹은 성향에 해당하는 것이기 때문이다. 그렇다면 인간 향상이 인간의 존엄성을 파괴할 것이라고 주장하기 위해서, 우리는 먼저 인간 향상이 도덕적 존재로서의 우리의 지위를 위협하거나 도덕적 존재이고자 하는 우리의 결의를 훼손시킬 정도로 우리의 도덕적 잠재력을 파괴시킬 것임을 보여주어야만 한다.

4)　　인간 본성과 도덕성의 연관

그렇다면 이제 인간 본성과 인간의 도덕적 조건을 연결해주는 고리가 무엇인지를 확인해보자. 달리 말해서, 우리의 본성은 어떻게 우리의 도덕성의 기초로 작용하는가? 뷰캐넌은 인간 본성(HN)의 개념이 윤리적 담론에 결부되는 방식 혹은 의미를 다음과 같이 다섯 가지로 구분한다(Buchanan, 2011a: 121).

(HN1)　　실천적 합리성 및 도덕적 행위능력의 조건
(HN2)　　도덕의 실행 가능성에 대한 제약 조건
(HN3)　　인간적 선에 대한 제약 조건
(HN4)　　실질적 도덕 규칙의 원천으로서의 인간 본성
(HN5)　　향상 시도로 심각하게 손상될 가능성이 높은, 극단적인 연결성을 보이는 전체로서의 인간 본성

여기서 (HN4)는 그 자체로 모종의 도덕 규칙이나 명령을 직접적으로

함축하는 인간 본성의 개념이다. 말하자면, 인간의 자연적 본성으로부터 도덕 규칙이나 명령이 직접적으로 도출될 수 있다는 것이다. 이는 간단히 말해서 "자연적인 것은 좋은 것이다"라는 규범적 주장을 전제하는 인간 본성의 개념으로서, 일종의 자연주의적 오류를 저지르고 있다. 자연의 신성성과 관련한 논의에서 우리는 이미 이런 종류의 주장을 거부한 바 있다. 다른 한편으로 이를 "자연적인 것으로서의 인간 본성이 좋음의 기준이 된다"라고 주장하는 것으로 이해한다면, 궁극적으로는 (HN3)의 인간 본성 개념에 포섭될 수 있다.

(HN5)는 앞서 살펴본 향상의 안정성과 관련된 후쿠야마의 논의에서 중요한 역할을 담당하고 있는 개념이다. 이에 따르면 인간 본성을 구성하는 여러 특성들은 서로 독립적이 아니라 극단적으로 긴밀하게 연결되어 있다. 따라서 바람직하지 않은 본성을 변화시키려고 시도할 경우, 우리가 보존해야 할 본성의 좋은 특성마저도 위험에 빠트리게 된다는 것이다. 그런데 (HN5)에서 말하는 인간 본성은 (HN1)~(HN4)의 본성과는 그 개념적 층위가 조금 다른 주장이다. 이는 인간의 본성이 어떻게 구성되어 있는지와 관련된 주장, 즉 인간의 본성을 이루는 수많은 특성들이 상호 독립적인가 아니면 상호 밀접하게 연결된 조화로운 전체의 부분들인가와 관련된 주장이다. 만약 (HN5)가 문제가 된다면 이는 (HN5)자체가 인간의 도덕성에 대한 기초이기 때문이 아니라, (HN5)의 특성으로 말미암아 (HN1)~(HN3)의 역할에 중대한 영향을 초래하기 때문이다.

결국, 뷰캐넌의 다섯 가지 구분 중에서 인간의 도덕성에 대해 모종의 직접적인 함축을 가진 것은 처음의 세 가지 구분인 (HN1)~(HN3)에 국한된다. 그렇다면 (HN1)~(HN3)을 중심으로 인간 본성이 인간의 도덕성 혹은 도덕적 조건에 대해 어떠한 영향을 끼치는 지를 살펴보도록 하자.

(HN1)의 차원에서 인간 본성은 우리를 실천적 합리성에 입각한 도덕

적 행위자로 만들어주는 요소 역할을 한다. 즉 인간 본성은 인간이 도덕적 행위자이기 위해 필요한 조건을 제공한다. 칸트에 따르면 도덕법칙에 대한 존경으로 말미암아 행동할 수 있는 합리적인 존재만이 도덕적 행위자일 수 있다. 달리 말해서, '무엇을 해야만 한다'라는 당위적 믿음에 입각해 행동하도록 동기화될 수 있는 능력을 가진 존재만이 도덕적 행위자일 수 있다. 물론 우리가 '법칙(올바름)에 따라 행위하려는 선의지'만이 도덕적 가치를 지닌다는 칸트 식의 엄격한 도덕 개념에 동의할 필요는 없다. 그러나 도덕적 행위자이기 위해서 최소한 성향이나 소질 면에서 올바름을 판단하고 그에 입각해 행동하는 실천적 합리성의 능력이 필요하다는 점에는 동의할 수 있을 것이다. 보다 현실적으로는 타인의 고통이나 불행에 대해 공감할 수 있는 감정적 능력도 도덕적 행위 능력의 조건으로 포함되어야 할 것이다.

(HN2)의 차원에서 인간 본성은 실천 가능한 도덕적 행동의 범위를 제한하는 제약 조건으로 작용한다. 도덕적 당위는 언제나 그것을 실천할 수 있는 능력을 전제한다. 말하자면 우리가 도덕적으로 해야 하는 일은 반드시 우리가 할 수 있는 일이어야 한다. 그런데 우리가 할 수 있는 일은 진화의 역사를 통해 결정되는 우리의 생물학적 본성에 의해 제약된다. 우리는 북한이나 아프리카의 여러 곳에서 지금도 기아에 시달리고 있는 많은 사람들이 있음을 잘 알고 있다. 하지만 이러한 사실은 대부분의 사람들에게 신문이나 방송에 보도되는 뉴스의 한 장면일 뿐이지, 어떤 한 생명의 죽음이라는 의미로 다가오지 않는다. 다른 한편으로 우리들은 자기 자식의 안위에 관한 일이라면 과도한 욕망에 지배되지만 그 아이가 살아갈 미래의 공동체를 개선하는 문제에 대해서는 큰 관심을 보이지 않으려는 경향이 있다. 인간의 이러한 제한적 도덕성은 상당 부분 인간이 가지고 있는 인지적·감정적·동기적 능력이 갖는 한계의 산물이다.

(HN3)의 차원에서 인간 본성은 우리 인간이 무엇을 선함(good)으로 간주할지를 결정하는 조건으로서의 역할을 한다. 즉 우리가 어떤 것을 가치 있다고 여기며 어떠한 삶을 좋은 삶으로 간주하는지는 인간 본성에 의존한다. 우리는 가족에 대한 사랑과 친구에 대한 우정을 가치 있는 것으로 평가한다. 그런데 만약 우리의 본성이 지금과 달랐다면 그것들의 가치에 대한 우리의 평가도 달라졌을 수 있다. 가령 우리는 사적 관계에 대해서는 어떠한 의미나 가치도 부여하지 않고 오직 공적 질서와 능률만을 중시하는 사회에 살고 있을 수도 있다. 우리가 추구하는 가치가 무엇인가는 (HN3)의 차원에서 인간 본성의 제약을 받는다.

이제 다음과 같은 질문을 물어보자. 우리가 인간 향상을 통해 인간 본성을 변화시킨다고 할 때에, 도덕성의 조건이 인간 본성의 어떤 차원에서 훼손되는가? 즉 인간 본성과 도덕성 혹은 도덕적 조건의 훼손 사이를 이어주는 연결 고리의 역할을 하는 것은 (HN1)~(HN3)중에서 어떤 것인가?

(HN1)으로서의 인간 본성은 우리를 실천적 합리성에 입각한 도덕적 행위자로 만들어주는 가능조건이다. 이는 도덕적 선택이나 판단 및 행위를 가능하게 하는 이성이나 감정, 의지를 포괄하는 능력이다. (HN1)은 도덕적 행위자가 되기 위한 일종의 필요조건이다. 우리가 만일 그러한 능력을 본성적으로 갖고 있지 않다면, 도덕성이나 그것에 근거한 가치들이 어떻게 가능할지 상상하기 어렵다. 인간 향상은 대개 우리가 가진 인지나 감성적 능력을 개선하고 강화하는 것을 목표로 한다. 따라서 누군가가 인간의 윤리적 자율성을 해하려는 악의적 의도를 가지고 있지 않는 한, 인간 향상에 따른 인간 본성의 변화가 도덕적 행위자로서 가져야만 하는 실천적 능력을 훼손할 것이라 판단할 이유는 없어 보인다.

여기서 한 가지 중요하게 고려해야 할 사항은 의도하지 않은 나쁜 결과가 산출되는 것이다.[5] 칸트는 인간 윤리성의 기초를 철저히 이성 중심주의적인 관점에서 해명하고자 했다. 그런데 이성적 능력만을 강화하고 합리적 판단을 저해한다는 이유로 감성적 능력을 약화시켰을 경우에 이는 전혀 예기치 못한 의도되지 않은 나쁜 결과를 초래할 수 있다. 인간의 도덕적 행위성을 가능하게 하는 생물학적 요소들이 어떻게 상호작용하는지는 선험적으로 예단할 수 있는 문제가 아니다. 이는 진화생물학이나 신경과학과 같은 과학적 탐구를 통해서 경험적으로 밝혀져야 할 문제다. 가령 우리는 공감 능력이 결여된 사이코패스는 적절한 윤리적 판단이나 행동을 수행할 수 없음을 이미 경험을 통해서 알고 있다.

의도하지 않은 나쁜 결과의 산출이 인간 향상 일반에 반대할 충분한 이유를 제공하는 것은 아니다. 이로부터 도출 가능한 최선의 결론은 "자칫 잘못해서 인간의 도덕적 능력을 훼손시킬 수 있는 인간 본성의 변화는 금지해야 한다"라는 주장이다. 따라서 우리는 향상의 방식이나 영향에 대해서 엄중하게 평가하고, 인간의 도덕적 능력이 훼손되지 않도록 가능한 모든 종류의 예방 조치를 취할 필요가 있다. 만약 어떤 특정한 방식의 인간 향상이 도덕적 행위에 필수적인 능력을 훼손하는 것이 명백해진다면, 그러한 종류의 인간 향상을 금지할 타당한 이유가 생기는 셈이다.

(HN2)의 인간 본성은 기본적으로 우리가 실천할 수 있는 도덕성의 한계가 어디까지인지를 제한하는 제약조건이다. 인간 향상은 이와 반대로

5　여기서 문제가 되는 의도하지 않은 나쁜 결과는 인간 본성의 변화에 의해 직접적으로 야기되는 도덕적 능력 그 자체(per se)의 약화나 손상이다. 다른 한편으로, 인간 향상은 그에 동반해 간접적으로 야기되는 사회적·정치적 환경의 변화에 따른 도덕적 실천의 약화로 귀결될 수 있다. 마이클 샌델의 선물 논증이 그와 같은 논증에 해당한다. 샌델은 이 논증에서 생명공학적 인간 향상이 겸손함과 책임, 연대성이라는 도덕적 지평을 훼손시킬 것이라고 우려한다. 그의 논증은 도덕적 결의의 훼손에 대한 논증으로 해석할 여지가 있어 보인다.

그러한 제약을 제거하거나 완화시키는 것을 목표로 한다. 인간은 친족 중심주의와 같은 대단히 제한적인 이타성을 가진 존재다. 혹은 이타성을 실천하는 것이 좋은 일이라는 것은 알지만, 그것을 실천으로 옮길 만큼 의지가 강하지는 못한 존재다. 그런데 만약에 인간 향상을 통해 그러한 제약을 제거하거나 완화시킬 수 있다면, 우리는 지금보다 훨씬 더 윤리적인 가치에 충실한 삶을 살 수 있는 능력을 갖게 될 것이다.

후쿠야마는 '사회주의적인 독재국가'는 몰락했지만 현재 여전히 수많은 '자본주의적 자유민주국가'가 존재하는 이유를 인간 본성과의 일치 여부에서 찾고자 한다.

> 인간 본성은 하나의 단일하고 정교한 권리들의 목록을 제시하지 않는다. 이는 다양한 자연적이고 기술적인 환경과 상호작용하기 때문에, 복잡하면서 유연하다. 그러나 그러한 가변성은 무한하지 않으며, 우리의 공유된 인간성은 전제정치와 같은 특정 형태의 정치 질서를 부당한 것으로 배격하도록 해준다. 가장 깊은 곳에서 느껴지는 보편적인 인간의 욕구와 야망, 행위에 호소하는 인간 권리는 그렇지 않는 권리들에 비해 정치적 질서에 대한 더욱 견고한 토대가 된다. 이것은 21세기 초기에 수많은 자본주의적 자유민주국가가 존재하지만, 사회주의적인 독재국가는 왜 거의 존재하지 않는지를 설명해준다(후쿠야마, 2003: 198~199, 고딕은 필자 강조).

안정적으로 유지될 수 있는 정치 질서는 우리의 보편적인 자연적 본성(욕구나 욕망)과 일치하는 체제이며, 그것에 반하는 정치체제는 존립하기 어렵다는 것이다. 후쿠야마의 이 같은 주장은 "우리가 마땅히 추구해야 하는 정치체제는 우리가 보편적으로 욕구하는 바에 일치하는 정치체제여야 한다"는 주장으로 들리기도 한다. 그가 만약 그렇게 주장하는 것이라면, 이는 전형적인 자연주의의 오류를 범하고 있는 것이다. 이에 대해서 우리는 인간의 본성이 계몽이나 교육, 공동체의 협력과 같은 수단을 통해 후쿠야마가 생각하는 것보다 훨씬 더 탄력적으로 변할 수 있음을 지적하는 방식으로 비판할 수 있을 것이다.

그런데 이를 "어떤 정치체제든 간에 그것은 우리의 본성상 실천할 수 있는 한계를 넘어서는 것이어서는 안 된다"는 취지의 (HN2)에 관한 주장으로 이해할 수도 있다. 만약 오늘날 세계 질서를 지배하고 있는 신자유주의적 자본주의와 그 문제점들이 우리의 본성에 따른 불가피한 결과이고, 인간 향상을 통해 더욱 건전하고 모든 이의 행복을 추구할 수 있는 대안적 정치질서가 가능해진다면, 우리는 오히려 인간 향상을 더욱 적극적으로 추구해야 하는 것은 아닐까? (HN2)의 인간 본성은 도덕적 수행성을 확장시켜준다는 의미에서, 오히려 인간 향상을 지지하는 근거로 활용될 가능성이 커 보인다.

물론 (HN2)도 (HN1)과 마찬가지로 '의도하지 않은 나쁜 결과의 산출'에 의거해 인간 향상에 부분적으로 반대할 제한적인 이유를 제공한다. 가령 특정한 방식의 인간 향상은 우리 의도와 무관하게 도덕적 판단이나 실천 능력의 축소로 이어질 수 있다. 우리는 이러한 이유에 입각해 그러한 방식의 인간 향상에 반대할 수 있을 것이다. 그런데 (HN2)를 근거로 인간 향상에 반대하는 주장의 논증적 힘은 궁극적으로 (HN1)의 그것에 종속적이다. 도덕적 실천 능력의 축소가 문제되는 이유는 결국엔 실천적 행위자로서 우리가 갖는 도덕적 지위를 위협하는 것이기 때문이다. 이러한 점들을 고려했을 때, 인간 향상에 반대하는 연결고리로서 (HN2)가 수행할 수 있는 역할은 대단히 제한적이다.

(HN3)의 인간 본성은 우리에게 가치 있고 좋은 것이 무엇인지를 결정한다. 인간이 가치 있고 좋은 것이라 여기는 것들을 결정하는 가장 기본적

인 요소는 인간이 가지고 있는 전형적인 욕구나 욕망의 경향성이다. 물론 윤리적 가치나 좋음의 문제가 전적으로 그러한 자연적 경향성에 의해 결정되는 것만은 아니다. 우리는 때로 비록 욕구나 욕망에 반하더라도 이성적으로 생각해 그것이 옳다는 이유로 어떤 행동을 수행하기도 한다. 이런 점을 고려한다면, 합목적적인 실천적 합리성의 판단 능력도 (HN3)의 중요한 일부를 차지할 것이다.

뷰캐넌은 (HN2)과 (HN3) 모두가 제약조건이라는 점에서, 인간 향상에 대한 반대 논거로서 큰 역할을 할 수 없다고 생각한다(Buchanan, 2011a: 122~125). 이러한 결론을 뒷받침하기 위해, 그는 우리의 전형적인 욕구나 경향성은 단지 인간 종이 거쳐 온 진화 과정에서 생겨난 우연적이고 우발적인 결과에 지나지 않음을 지적한다. 인간의 욕구나 경향성, 그리고 그것에 기반한 많은 특성들은 종 발전의 어느 단계에서 적응적으로 선택되었을 뿐이다. 유기체의 진화와 관련된 자연선택은 선함(goodness)에 관한 것이 아니라, 재생산 적응도(reproductive fitness)를 높이는 적응의 과정이다. 진화 과정은 도덕적으로 맹목적이며, 인간의 개선이나 복지 향상에 신경 쓰지 않는다. 그 결과 산출되는 생물학적 본성이란 것도 결국은 생식 적합성에 따른 것이지, 도덕적 가치에 따른 것은 아니다. 이는 우리의 본성이나 자연적 경향성이 요구하는 행동이 많은 경우에 비도덕적이라는 사실에서도 확인된다. 이는 (HN2)와 (HN3)이 그 자체로는 도덕적이거나 혹은 다른 어떤 내재적인 가치도 지니지 않으며, 미래에도 그것들을 계속 보존해야 하는지의 여부에 대해서 우리에게 아무것도 말해주지 않음을 의미한다.

상황이 그러하고, 만약 우리의 자연적 본성을 도덕적 가치를 증진시키는 방식으로 변화시킬 가능성이 있다면, 본성의 개선이나 향상을 시도하는 것이 더욱 바람직한 일은 아닐까? 좋음을 규정하는 본성의 제약 조건이 변화한다면, 우리는 우리에게 진정으로 가치 있고 좋은 것이 무엇인지를 지금보다 훨씬 더 잘 인지할 수 있을 뿐 아니라, 경우에 따라서는 지금까지 알지 못했던 혹은 가능하지 않았던 전혀 새로운 차원의 가치나 좋음을 분별할 수 있게 되고 또 원하게 될지도 모를 일이다. 이를 통해 도덕성의 전혀 새로운 가능성이 열리는 것이다.

여기서 나는 (HN2)와 (HN3)이 제약 조건이라는 점에서 동일하지만, 제약의 방식이나 양상에는 미묘한 차이가 있음에 주목해야 한다고 생각한다. (HN2)는 우리의 행위 능력을 제약하는 조건이기 때문에 그러한 제약 조건을 변화시키는 것은 대개 제약의 정도를 줄이는 효과가 있어 행위 능력 향상을 가져온다. 제약이 줄어듦에 따라 수행 가능한 행위의 범위가 늘어나는 것이다. 반면에 (HN3)이 부과하는 제약 조건은 이러한 양적 잣대로 평가하기 어려운 질적인 측면을 가지고 있다. 인간에게 가치 있는 것이 무엇인지를 결정해주는 (HN3)의 제약 조건이 변화될 경우, 그 결과는 도덕적으로 추구할 만한 가치의 증가로 나타나는 것이 아니라 도덕적 가치가 부여되는 특성의 변화로 귀결될 수 있기 때문이다.

이러한 점을 "고통이나 죽음과 맞서 싸워보지 않았던 자는 깊이를 가질 수 없다. 이러한 감정을 경험할 수 있는 우리의 능력이야말로 우리를 다른 모든 인간과 잠재적으로 연결시켜주는 끈이다"라는 후쿠야마의 주장을 통해 살펴보자. 후쿠야마에 따르면, 인간의 가장 고귀하고 숭고한 자질은 종종 통증이나 고통, 죽음에 대한 우리의 대응 방식과 연관되어 있다. 만약 이러한 인간적 악들이 존재하지 않는다면, 연민이나 동정, 용기, 영웅적 행위, 연대성, 성격의 강인함과 같은 것들도 존재하지 않게 된다는 것이다.

나는 후쿠야마의 이러한 주장에 전적으로 동의하지는 않는다. 이 주장은 일면의 진실만 보여준다고 생각한다. 후쿠야마가 염두에 두고 있을 다음과 같은 사례를 생각해보자. 암과 같은 질병은 인간에게 엄청난 고통을 안겨주지만, 동시에 그것은 암을 극복하는 과정에서 표출되는 용기나 숭고함을 통해 매우 중요한 인간적 가치를 환기시키는 계기로 작용하기도 한다. 만약 후쿠야마의 주장을 액면 그대로 받아들인다면, 용기나 숭고함과 같은 인간적 가치의 계기를 보전하기 위해 암과 같은 질병을 극복하려는 시도를 멈춰야 한단 말인가?[6] 이는 터무니없으며, 후쿠야마 자신도 아마 그런 의도는 아닐 것이다. 암과의 투쟁이 아니라 하더라도 용기나 숭고함을 발휘할 수 있는 기회는 얼마든지 있다.

다른 한편으로 후쿠야마의 진의는 인간 향상에 따라 본성이 변화하면 지금 우리가 중요하게 생각하는 가치들이 훼손될 수 있다는 말일 것이다. 우리는 이러한 사례를 (HN3)과 연관 지어서 다음과 같이 생각해볼 수 있다. 인간 향상을 통해 인간 본성을 변화시킴으로써 '멋진 신세계'가 도래했다고 가정해보자. 이곳에서는 누구도 아프거나 불행하지 않으며, 모든 사람들이 '행복'하게 살고 있다. 사람들은 더 이상 직업이나 명예, 권력을 갖기 위해 경쟁하지 않으며, 컴퓨터 게임이나 가벼운 TV 프로그램을 즐기고 관능적 욕망을 충족시키면서 하루하루를 살아간다. 이 세계에서는 '연민'이나 '동정', '용기', '연대성', '숭고함' 등의 표현은 더 이상 아무런 의미가 없다. 말하자면, 인간 본성의 변화로 선으로 간주되는 가치들의 목록이 변화했으며, 지금 우리가 소중하다고 생각하는 가치들이 더 이상 유효하지 않은 세상이 도래한 것이다. 이들에게 문제가 되는 유일한 가치는 관능적 즐거움이다.

---

6 철학자 한스 게오르그 가다머(Hans-Georg Gadamer)가 실제로 그와 유사한 주장을 했다. 가다머는 통증 치료와 관련된 의사들의 학술모임에 참석해, 의학적 수단을 이용한 통증 완화나 치유가 전부는 아니며, 환자 스스로 고통 속에 있으면서 그것을 스스로 해결하고 배우는 치유의 주역이 되어야 함을 주장했다. 그에 따르면 고통도 인간의 가능성과 고유한 성취 능력을 다시 경험할 수 있게 하는 계기다. 즉 고통마저도 인간이 참아낼 만한 어떤 것으로서 긍정하고 스스로 이겨냄으로써 인간의 가장 고유한 차원을 드러내게 되는데, 통증 치료와 관련된 화학요법의 무분별한 사용은 그러한 힘들을 축소시킨다는 것이다(이승범, 2012: 21).

만약 인간 본성의 변화가 초래할 결과가 이런 모습의 사회라면, 우리는 후쿠야마의 주장대로 인간 향상의 시도를 반대해야 하지 않을까? 인간 존엄성과 같은 윤리적 가치가 앞에서 언급한 특성들을 바탕으로 성립하는 것이라면, 이곳은 이미 인간 존엄성의 조건이 훼손된 사회처럼 보인다. (HN3)의 변화에 따라 (HN1)의 조건이 파괴된 것이다.

이러한 주장에 대해 혹자는 다음과 같이 반론할지 모른다. (HN3)이 내포하는 인간 본성의 역할은 역사적 우연성의 소산이다. 그것은 도덕적 가치에 대해서 맹목적인 진화의 역사에 따른 우연적 특성에 불과하며, 그 자체로는 어떠한 내재적 가치도 갖지 않는다. 따라서 그것에 의해 제약되는 좋음이나 도덕적 가치도 시공을 초월하는 절대적인 것이 아니라 결국은 진화적 역사에 의존하는 우연적 성격을 띨 수밖에 없다. 우리는 인류 역사에서 이를 이미 여러 번 확인했다. 역사나 문화의 변화에 따라 우리가 중요하다고 여기는 가치들도 변화한다. '멋진 신세계'가 그리고 있는 사회에 대해 거부감을 느끼는 것은 바로 우리가 오늘날의 잣대로 그 사회를 평가하기 때문이다. 고대인의 시각에서 우리가 사는 세계를 바라본다면, 그들 또한 오늘날의 사회는 가치 질서가 전복되고 붕괴된 곳이라 평가하지 않을까? 인간 향상을 통해 인간의 본성이 변화되었다고 가정해보자. 이때 본성의 변화 양상에 대응하는 새로운 가치나 도덕적 규범이 형성될 것이다. 그러한 가치나 규범의 형태나 내용이 단지 현재 우리가 받아들이는 것들과 다르다고 해서 그것들이 바람직하지 않다고 예단할 수는 없다.

나는 이러한 반론에 한 가지 맹점이 있다고 생각한다. 인간 본성의 형성이 우연적 과정의 소산이고, 그 결과 본성에 의해 규정되는 가치 특성들 또한 우연적 성격을 띤다 하더라도, 우리는 여전히 그러한 도덕적 가치나 특성을 계속 보존하기를 원할 수 있기 때문이다. 우리가 추구하는 가치가 결코 시공을 초월하는 절대적인 성격을 지닐 필요는 없다. 우리가 윤리적 판단을 내려야 하는 맥락은 바로 지금 우리가 처한 오늘날의 상황이다. 그러므로 여기서 던져야 할 중요한 질문은, 가치들의 발생이 우연적이냐의 여부가 아니라, 오늘날 우리의 판단 맥락에서 그러한 가치들이 정말로 중요하게 보호될 만한 자격이 있는가의 여부다.

나는 인간의 존엄성과 그에 따른 품위, 숭고함, 곤궁한 타자에 대한 연민과 공동체를 위한 연대의식, 불의에 맞서 싸울 수 있는 용기 등과 같은 가치들은 우리가 사는 세상이 어떤 식으로 변하든 지켜낼 필요가 있는 가치들이라고 생각하며, 바로 그러한 것들이 왜 인간성이 중요한가에 대한 답변을 제공한다고 생각한다. 만약 그러한 가치들이 훼손되고 개인들의 관능적 욕망과 물질적 탐욕만이 문제시 되며 그러한 것들이 오직 개인의 권리로 치부되어 정당화되는 사회라면, 그 사회가 물질적으로 아무리 풍요하더라도 보존할 가치가 없는 사회라고 생각한다. 인간성의 존재 의의가 사라진 사회가 되는 것이다.

만약 인간 향상의 결과가 그런 사회로 우리를 이끌어갈 가능성이 농후하다면, 우리는 단연코 그러한 변화에 저항하고 반대해야 한다. 그러나 이러한 '멋진 신세계'의 사례에서 인간 향상을 전면적으로 반대해야 한다는 결론이 도출되는 것처럼 보이지는 않는다. 인간 향상은 다양한 방식으로 이루어질 수 있으며, 그 모든 방식들이 중요한 가치의 훼손을 초래할 것으로 여겨지지는 않기 때문이다. 연민이나 동정, 용기, 연대성, 숭고함과 같은 가치들이 어떠한 희생을 치르더라도 우리의 삶에서 지켜내야만 하는 가치들이라고 가정해보자. 이로부터 우리가 내릴 수 있는 최선의 결론은 (HN1)이나 (HN2)의 경우와 마찬가지로 '자칫 잘못해서 그러한 가치들이 훼손되지 않도록 향상의 방식이나 영향에 대해서 엄중하게 평가하고, 가능한 종류의 모든 예방 조치를 취해야 한다'는 정도의 주장이다.

우리는 이상의 논의를 통해 (HN1)~(HN3)의 각각의 경우에서 부분적으로 인간 향상에 반대할 타당한 이유가 도출될 수 있음을 보았다. 그러나 그 어느 것도 인간 향상의 시도 전반에 대해 일반적인 수준에서 반대할 수 있는 좋은 이유를 제공하지는 못한다. 또한 각각의 경우에서 도출되는 반대 이유의 성격도 조금씩 다르다. (HN1)과 (HN2)에서 문제가 되는 것은 '의도하지 않은 나쁜 결과의 산출'이다. 그런데 이 경우에 (HN2)는 상당 부분 (HN1)에 의존하는 종속적인 성격을 가진다. 다른 한편으로 (HN2)는 상대적으로 인간 향상에 찬성하는 적극적 논리의 일부로 활용될 가능성이 더 크다. 인간 향상에 반대하는 관점에서 보자면, (HN2)가 수행할 수 있는 역할이 가장 제한적이다. (HN3)의 경우는 우리가 지켜야 할 중요한 덕목이나 가치가 무엇인지와 관련해 (HN1)이나 (HN2)와는 다른 양상의 문제를 제기한다. 그런데 여기서 지적할 수 있는 한 가지 흥미로운 사실은 트랜스휴머니스트들이 주로 (HN2)의 측면에서 인간 향상을 주장한다는 것이다. 그러나 인간 존엄성의 훼손을 가져올 여지가 더 많은 측면은 (HN1)과 (HN3)의 차원이다.

포스트휴먼 시대를
맞이하기 위한 준비

5.

1.　하버마스가 말하는 자율성 침해

유전적 결함이 발견될 경우에 아이를 낙태하는 부정적 선택은 이미 오늘날에도 이루어지고 있다. 과학의 발전에 따라 바람직한 특질을 갖는 아이를 낳기 위해 유전자를 선택할 수 있는 미래가 점점 다가오고 있다. 출산과 관련된 향상 기술은 다른 향상 기술과 구별되는 여러 가지 특징이 있다. 그중에서 특히 주목할 한 가지는 향상에 대한 결정권을 행사하는 주체와 향상에 의해 혜택을 입을 것으로 기대되는 일차적인 수혜자가 불일치한다는 것이다. 자유주의 우생학을 주장하는 일부 트랜스휴머니스트들은 향상을 타인에게 해악을 가하지 않는 개인의 자유로운 선택 영역에 속하는 일이라고 주장한다. 향상에 따른 해악이 발생한다 하더라도 이것이 타인이 아니라 그러한 선택을 한 당사자에게 한정된 영향을 끼친다면, 국가나 사회가 현명한 충고는 할 수 있을지언정 강제적으로 개입할 수는 없다는 것이다. 출산과 관련된 향상의 경우에는 이러한 논점이 그대로 적용될 수 없다.

착상 전 유전자 검사나 유전자 조작을 통해 새로 태어날 아이의 특징을 결정하는 행위는 그 부모뿐 아니라 미래에 새롭게 태어날 아이에게도 직접적이고 밀접한 영향을 끼친다. 먼저 이는 미래에 존재할 수 있는 가능한 여러 인간들 중에서 누가 존재할지를 결정하는 행위다. 우리의 행위가 이미 존재하고 있는 누군가에게 영향을 끼치는 경우와 달리, 이는 우리의 행위에 의해 그렇지 않았다면 존재하지 않았을 새로운 인간이 탄생하는 경우인 것이다. 역으로 말하면, 이는 그렇지 않았다면 존재했을 누군가를 우리의 선택을 통해 존재하지 않도록 만드는 문제이기도 하다. 그런데 이러한 존재 선택에 어떤 중요한 도덕적 문제가 발생하는가?

여기서 생각해볼 수 있는 한 가지 가능성은 존재했을 수 있지만 출산과 관련된 선택을 통해 존재하지 않게 되는 그 누군가의 관점에서 생각해보는 것이다. 그런데 이와 관련해 어떤 중요한 도덕적 문제가 발생한다고 생각되지는 않는다. 일단 그 존재는 비록 존재할 수도 있었지만 결국엔 태어나지 않은 가능적 존재이기에, 그에게 생명의 이익과 같은 구체적인 권리를 귀속시킬 수는 없기 때문이다. 뿐만 아니라, 이는 새로운 향상 기술의 출현에 따라 새롭게 제기되는 문제도 아니다. 우리는 유전자 검사와 같은 기술의 출현 이전에도 이미 다양한 방식으로 출산과 관련된 선택을 했다. 남아 선호라는 봉건적인 의식 때문에 여아를 낙태하는 오래된 악습을 가지고 있었으며, 지금도 원치 않은 임신을 하게 된 경우나 경제적인 어려움 등을 이유로 수많은 낙태가 이루어지고 있다. 물론 모든 낙태가 윤리적으로 정당화될 수는 없다. 그러나 이 문제는 전통적인 생명 윤리의 틀 속에서 다루어질 수 있는 문제며, 향상 기술의 출현에 따라 별도로 고려할 필요가 있는 문제는 아니다.

향상 기술과 관련된 보다 흥미로운 형태의 문제는 후손의 자율성에 대한 침해다. 이는 스스로 할 일을 선택하고 그에 대해 책임을 지는 자유로운 행위 능력으로서의 행위주체성을 위협한다는 것이다. 부모가 태어날 자식의 지능이나 학습능력, 음악적 재능, 운동 능력 등을 인위적으로 디자인할 경우, 이는 그 아이의 인생을 미리 결정하는 것이어서 태어날 아기의 자율권을 침해한다는 주장이 바로 그런 종류의 비판이다. 이러한 비판을 하는 대표적인 인물이 하버마스다.

하버마스는 유전자 선택이나 조작과 같은 우생학적 시도가 자율과 평등의 자유주의 원칙을 위반하며 사회통합의 규범적 토대를 건드리게 될 것이라 주장한다(하버마스, 2003). 출생에 대한 유전학적 개입이 세대에 걸쳐서 '자유롭고 평등한 개인들 본연의 대칭적 관계'를 파괴함으로써 자유주의의 평등 원칙을 위반하게 된다는 것이다. 또한 향상을 목표로 하는 우생학적 개입은 자율적 존재로서의 인격의 동등한 지위를 침해한다. 이는 제삼자의 의도를 불가역적인 방식으로 타인에게 부과하는 행위이며, 자기 인생의

5장 - 포스트휴먼 시대를 맞이하기 위한 준비

단독 저자라는 자발적인 자기-인식을 방해한다. 말하자면, 부모에 의해서 유전학적으로 프로그래밍 된 인격은 스스로를 자유롭다고 여길 수 없다는 것이다.

하버마스가 주목하는 것은 인간 탄생의 우연성과 자유 사이의 연관성이다. 이는 인간이 만들어지지 않고 태어난다는 탄생의 우연성이 인간이 자유로운 행위를 시작할 수 있는 자유의 전제조건이라는 한나 아렌트(Hannah Arendt)의 생각을 계승한 것이다(아렌트, 1996). 우리 생명의 시작을 우리가 통제할 수 없다는 시작의 우연성과 동등한 도덕적 존재로서의 우리의 자유는 긴밀하게 연결되어 있다는 것이다.

> 자신의 자유는 어떤 자연적으로 마음대로 할 수 없는 것과 연관해 체험된다. 인격체는 자신의 유한성에도 불구하고 스스로가 자기 행동과 주장의 최종 원천임을 알고 있다. 그러나 그는 그러기 위해 자기 자신의 유래를 자신이 마음대로 할 수 없는 그런 시초로 환원시켜야만 하지 않겠는가? 그러니까 그가, 신이나 자연처럼, 다른 인격체의 통제를 벗어나 있을 때 단지 그때에만 자신의 자유가 미리 결정된 것이 아니게 되는 바로 그런 시초로 말이다. 출생의 자연성 또한 그와 같이 자신이 마음대로 할 수 없는 시초에 대해 개념적으로 필요한 역할을 충족시킨다(하버마스, 2003: 106).

우리의 기원이 사람 손에 닿지 않는 데 있다고 생각할 수 있어야만 우리는 스스로가 자유롭다는 생각을 할 수 있다. 바로 이 점이 유전공학적으로 디자인해서 만든 아이와 우연히 태어난 아이의 차이를 설명해준다는 것이다.

그러나 샌델은 하버마스가 향상을 반대하는 이유를 자유주의의 조건에서만 찾는 것은 적절하지 않다고 지적한다(샌델, 2010: 124). 자율성 침해 논증의 문제점으로 두 가지를 들 수 있다. 먼저 이러한 논증은 부모가 디자인하지 않는다면 아이들이 자신의 신체적인 특성을 고를 자유가 있는 것처럼 가정한다. 하지만 유전적 조작이 없다고 해서 아이들 자신이 유전적 상속 항목을 직접 고를 수 있는 것은 아니다. 유전적 향상의 대안은 아이의 미래를 유전학적 복권당첨 혹은 제비뽑기에 맡겨두는 것이다. 둘째로 우리는 자기 자신을 위해서 유전적 향상을 꾀할 수도 있다. 그러나 우리는 이러한 사례에 대해서도 도덕적 불편함을 느낄 수는 있지만, 이는 자율성의 침해와 무관한 것이다. 말하자면, 하버마스의 자율성 침해에 대한 논증이 비록 타당하다 하더라도, 이는 오직 출산의 경우에 한정되어 적용되는 것이지 인간 향상 일반에 대한 보편적인 반대의 논거로 활용될 수 없다는 것이다.

나는 자율성 침해 논증이 생명공학적 인간 향상에 대한 효과적인 반론이 아니라는 샌델의 지적에 동의한다. 유전자 선택에 대한 반대는 오히려 출생의 운에 의존하는 유전자 복권을 인정하자는 것과 다름없다. 우리는 지능이나 성격, 신체 조건 등에서 결코 동등한 능력이나 소질을 가지고 태어나지 않는다. 우연한 탄생이 그러한 조건들의 평등을 보장하지 않는 한, 유전적 향상을 시도하는 것이 유독 개인들 간의 '불평등한 관계를 초래한다'고 볼 수 없다. 우연적으로 태어나는 것은 결코 평등한 관계를 확보해주지 않는다. 어떤 사람은 성공에 크게 도움이 되는 지능이나 운동 혹은 예술적 재능을 가지고 태어나지만, 어떤 이는 그렇지 못해서 야망이나 삶의 경로를 선택할 수 있는 폭이 크게 제약되는 경우를 생각해볼 수 있다. 반대로 성형수술과 같은 사례에서 볼 수 있듯이, 인위적인 향상은 때에 따라 평등한 관계를 복원하는 방향으로 작용하기도 한다.

뿐만 아니라, 디자인된 아이가 자연적으로 태어나는 아이들보다 자신의 유전적 소질에서 덜 자율적이라고 볼 이유도 없다. 부모의 의도에 따라 선택된 배아의 유전형적 특질이 불가역적이라는 사실은 그로부터 발생하기를 원했던 표현형적 특질을 피할 수 없거나 되돌릴 수 없음을 함축하지 않는다(Buchanan, 2011a). 만약 그렇다고 생각한다면 이는 조악한 형태의 극단적인 유전자 결정론에 빠지는 것이다. 인간의 삶은 유전적 조건뿐 아니라, 후천적 환경의 차이 및 발달 과정의 여러 우연적 요소를 통해 영향을 받는다. 인간의 많은 특성들은 비록 유전형이 결정되어 있다 하더라도 그것이 표현되는 정도나 양상은 많은 부분 환경의 영향에 의존한다. 뷰캐넌은 하버마스가 환경과 발달적인 요소의 중요성을 간과하고 있으며, 만약 그가 유전형의 결정이 표현형의 발생을 전적으로 결정한다고 주장하는 것이라면, 이는 배아의 유전형을 디자인하는 것과 인간 혹은 인간의 삶을 디자인하는 것을 혼동하고 있는 것이라 지적한다.

유전적으로 선택되어 태어난 아이가 스스로를 자유로운 존재로 간주할 수 없다는 것도 대단히 의심스러운 주장이다. 어떤 의미에서 이 아이는 스스로를 자유롭다고 간주할 수 없는가? 두 가지 차원에서 생각해볼 수 있다. 먼저 하나는 심리학적 사실의 문제로서 이 아이가 부모의 유전적 선택을 알게 되었을 경우에 사실상 자신을 자유롭다고 간주하지 않거나 자유롭다고 생각하는 것이 불가능하다는 주장으로 이해할 수 있다. 그러나 이는 참이 아닐 가능성이 매우 높은 주장이다. 어찌 되었건 이는 경험적 차원에서 밝혀져야 할 문제이며, 책상머리 심리학적 주장에 의해 결정될 수 있는 문제는 아니다. 또 다른 하나는 철학적인 주장으로서 배아의 유전적 설계를 통해 태어난 인간은 자유로울 수 없다고 주장하는 것이다. 그러나 이는 명백히 거짓인 철학적 주장이다. 인간의 자유란 그가 어떤 과정으로 태어났는가에 의존하는 것이 아니라, 자신에게 주어진 여러 조건을 극복하면서 무엇을 할 수 있는가에 의존하는 개념이다. 자연적인 방식으로 태어난 아이와 착상 전 유전자 검사를 거쳐 인공 수정을 통해서 태어난 아이 사이에 자유의 능력이나 조건에서 과연 어떤 명백한 차이를 발견할 수 있는가?

여기서 우리가 필요로 하는 것은 화려한 수사가 아니라 탄탄한 철학적 논증이다.

비록 유전적으로 조작하지는 않았다 하더라도, 우리는 이미 여러 방식으로 출산이나 양육과 관련된 다양한 개입과 선택을 하고 있다. 진화심리학의 발견에 따르면, 배우자나 성적 상대의 선택은 잠재적 상대의 유전적 특질에 대한 무의식적 평가와 연관되어 있다. 또 나이가 들어서 임신할 경우에 유전적 결함을 가진 아이을 임신할 위험이 증가하므로 임신 시기를 선택하는 데 신중을 기한다. 임신 중에는 좋은 영양 상태를 유지하고 태교를 실시하며, 불필요한 약물의 사용을 피하려고 한다. 산전 검사에서 염색체의 비정상이나 심각한 결함이 발견된다면 낙태가 정당화되며, 시험관 아기의 인공수정 시 착상 전 유전자 검사는 보편적으로 통용되고 있다. 이 모든 것들은 태어날 아이의 특성이나 성격에 영향을 끼치는 행위다. 이러한 노력은 출산 후에도 이어진다. 아이를 키우고 교육키면서 온갖 방법을 동원해 아이들의 성격이나 능력을 향상시키려고 노력한다. 이러한 노력이 너무 과도한 경우라면 문제가 되겠지만, 우리는 일반적으로 아이에 대한 이러한 노력이 아이의 자율성을 침해하는 것이라 생각하지 않는다.[1]

---

[1] 부모가 청각 장애인이이어서 청각 장애인인 아이를 유전적으로 선태하려 한다거나, 다운 증후군을 갖는 아이를 출산하기 위해 유전자 선택을 하는 경우에는 아이의 자율성 침해가 문제가 될 수 있다. 이에 대한 논의는 Singer(2003), Blackford(2013) 6장의 논의를 참조하라.

2. 샌델의 선물 논증

하버마스가 제기하고 있는 세대 간의 평등과 상호성에 대한 우려는 분명 합당한 것이다. 후쿠야마 또한 인간 향상의 시도가 갖는 중요한 난점 중 하나가 평등의 파괴라고 주장한다(Fukuyama, 2004). 평등의 문제는 먼저 향상 기술에 대한 접근 가능성의 차원에서 제기될 수 있다. 향상 기술을 적용하는 데 드는 비용을 감안하면, 한 사회 내에서 1차 수혜자는 재력이 있는 부자나 권력층이 될 것이다. 뿐만 아니라 개발국과 저개발국으로 나뉘어 있는 현실을 감안한다면, 개발국의 시민들과 저개발국 시민들 사이에 존재하는 불평등의 문제는 더욱 심화될 것이다.

불평등 문제는 분명 우리가 적극으로 대응할 필요가 있는 문제지만, 그것이 향상 기술에 반대할 결정적 이유인지는 의문이다. 접근 가능성이나 사회적·국가적 불평등의 심화 문제가 비단 향상 기술에만 적용되는 문제는 아니기 때문이다. 사회적·국가적 불평등의 문제는 인간 사회의 가장 오래된 문제인 동시에 지금 현재 우리가 누리고 있는 대부분의 과학기술에 모두 동일하게 적용될 수 있는 문제다. 오늘날 많은 사람들이 첨단 의료나 고등교육의 혜택을 누리고 있지 못하다. 그렇다면 그러한 불평등을 개선하기 위해, 첨단 의료기술의 개발이나 고등교육의 시행을 금지해야 하는가? 역으로, 인간 향상의 기술을 이러한 불평등을 개선하는 데 활용할 가능성을 생각해 볼 수는 없는 것일까?

이 질문들에 답하기에 앞서, 인간 향상을 반대하는 입장 중에서 널리 논의되는 샌델의 견해를『생명의 윤리를 말하다』를 중심으로 검토하고자 한다. 샌델의 비판적 논증의 기본 요지는 생명공학적인 향상을 추구하는 것은 완전성이나 정복에 대한 갈망을 보여주는 것이며, 이는 주어진 삶을 선물로서 받아들이는 감사의 태도 및 요청되지 않은 것에 대한 개방성(openness to the unbidden)을 훼손시킨다는 것이다. 달리 말해서, 향상을 추구하는 것은 우리의 욕망을 충족하고 우리의 목적에 따라 자연을 다시 만들려는 프로메테우스적 열망을 반영하는 것이며, 지배나 정복을 향한 이러한 충동은 인간의 힘이나 성취를 선물의 성격을 갖는 것으로 이해하는 데에 장애물이 된다는 것이다. 샌델에 따르면 삶이 선물임을 인정하는 것은 우리의 자질이나 힘이 그것을 계발하는 데 쏟아 부은 노력에도 불구하고 전적으로 우리가 이룩한 것이 아님을 인정하는 것이다(샌델, 2010).

샌델은 인간 향상 추구의 근본적인 문제가 하버마스가 주장하고 있는 자율적인 주체성의 침해가 아니라 오히려 과도한 행위주체성(hyperagency)에 있다고 본다.

> 더 깊숙한 위험은 [향상이나 유전공학이] 인간의 본성을 포함해서 자연을 우리의 목적에 봉사하고 욕구를 충족하기 위해 다시 만들어 내려는 프로메테우스적인 열망, 즉 인간의 과도한 행위주체성을 나타낸다는 것이다. 문제는 메커니즘에 대한 경도가 아니라 정복을 위한 충동이다. 정복을 위한 충동이 놓치고 있거나 심지어 파괴할 수도 있는 것은 인간의 능력이나 성취가 선물의 성격을 갖는다는 것에 대한 깊은 인식이다.
> 우리가 삶을 주어진 선물이라고 인정하는 것은 첫째, 우리의 재능이나 능력이 행위의 소산이 아니라는 것, 그래서 전적으로 우리의 소유가 아님을 인정하는 일이다. 물론 우리가 능력을 개발하거나 그 능력을 행사하기 위해 노력한다는 것을 부인하지는 않는다. 둘째, 세상에 있는 모든 것이 우리의 욕구나 처리하에 따라 좌지우지할 수 있는 것은 아니라는 점을 인정하는 일이다. 선물로 주어졌다는 사실을 깊이 인식한다면 프로메테우스적인 충동을 자제할 수밖에 없고, 진정한 겸손을 배울 것이다(샌델, 2010: 58, 번역문 일부 필자 수정).

인간 향상과 관련해 이러한 주장에 포함된 샌델의 정확한 반대 논증은 무엇인가? 뷰캐넌은 샌델의 비판을 일종의 성품 혹은 덕에 입각한 논증으로 본다. 즉 인간을 향상시키려는 시도는 도덕적으로 결함이 있는 태도나 성품 혹은 덕의 상실과 관련된다는 것이다. 그러한 관련의 양상이 무엇인가에 따라 우리는 샌델의 주장을 두 가지 다른 방식으로 이해할 수 있다. 하나는 향상의 추구가 우리의 도덕적 품성이나 인간적 가치의 타락이라는 나쁜 결과로 귀결될 것임을 주장하는 결과론적 논증으로 이해하는 것이고, 다른 하나는 결과와는 무관하게 향상의 추구 자체가 나쁜 품성, 덕의 결여, 왜곡된 가치관의 표현임을 주장하는 것으로 이해하는 것이다. 두 번째 방식의 이해를 뷰캐넌은 표현주의적(expressivist) 견해라고 명명한다(Buchanan, 2011a: 69).

만약 그의 '선물' 논증이 결과론적 성격을 띠고 있는 것이라면, 향상이 가져다줄 수 있는 다양한 혜택을 함께 살피고 그 부정적 결과와의 득실을 비교할 필요가 있어 보인다. 그런데 샌델은 자신의 책 어디에서도 향상이 가져다줄 혜택에 대해서 본격적으로 논하고 있지 않다. 도덕적 향상에 찬성하는 사불레스쿠나 뷰캐넌 같은 학자들은 인간 향상 기술을 통해 우리의 도덕적 성품이나 능력이 개선될 수도 있다고 주장한다. 이들이 생각하는 도덕적 능력의 향상 방안은 크게 두 가지다. 하나는 타인에 대한 공감 능력이나 도덕적 상상 능력의 확대와 같이 정서적 능력에 직접적으로 영향을 끼치는 것이고, 다른 하나는 인지적 능력을 강화함으로써 간접적으로 도덕적 행위 능력을 개선하는 것이다. 도덕적 선택이나 행위 능력의 많은 부분은 건전한 판단이나 올바른 추론 능력에 의존한다. 우리는 기억의 왜곡이나 다양한 인지적 편향 때문에 본의 아니게 잘못된 선택을 하기도 한다. 인지 능력을 향상시킴으로써 우리의 생물학적 본성이 갖는 이러한 제약들을 교정할 수 있다면, 그에 비례해 훨씬 더 올바른 도덕적 판단이나 행위를 할 수 있다는 것이 이들의 주장이다. 샌델이 이러한 가능성을 배제한 채 결과론적 관점에서 선물 논증을 제시하고 있는 것이라면, 그는 경험적 증거를 통해 입증될 필요가 있는 주장에 대해 상당히 무모한 예측을 하고 있는 셈이 된다.

이런 점을 고려해서인지, 샌델 스스로도 자신의 논증이 결과론적 성격을 띠고 있지는 않다고 밝힌다. 그는 유전학적 강화로 얻을 수 있는 이익이 도덕 감정에 미치는 나쁜 영향을 넘어설 수도 있다는 지적에 다음과 같이 답한다.

> 나의 답변은 이렇다. 결과주의적 고려에 기초한 논증이 아니라는 점을 말하고 싶다. 적어도 통상적인 의미의 결과주의에 바탕을 두지 않았다. 다시 말해 유전공학을 거부할 만한 이유가 단지 사회적 비용이 이익을 능가할 가능성에 있다는 게 내 요지가 아니다. 생명공학을 이용해서 아이나 자식을 어떻게 해보려는 사람들이 반드시 정복 욕구에 의해 동기부여된 것이라는 말도 아니다. 또 그런 동기는 아무리 좋은 결과로도 보상할 수 없는 죄라고 말하지도 않겠다. 내가 말하고자 한 것은 향상 논란의 복잡한 도덕적인 이해관계가 자율성이나 권리 논의로 다 포착되지도 않을뿐더러, 비용과 이익의 계산으로도 마찬가지라는 것이다. 내가 우려하는 것은 개별적인 악덕이 아니라 정신의 습관과 존재방식으로서 향상이다(샌델, 2010: 143).

이 단락은 샌델의 책 중에서 가장 흥미로운 대목처럼 보인다. 먼저 이 대목은 인간 향상의 반대 논증으로서의 선물 논증이 결과론적 논증이 아닐 뿐 아니라, 표현주의적 논증으로서도 문제가 있음을 스스로 밝히고 있기 때문이다. 다른 한편으로 "내가 우려하는 것은 개별적인 악덕이 아니라 정신의 습관과 존재방식으로서 향상이다"라는 마지막 문장은 향상에 대한 반대 논증을 통해 샌델이 진정으로 말하고자 하는 바가 무엇인지를 우호적으로 읽어낼 수 있는 한 가지 단서를 제공한다. 문제는 이러한 방식으로 독해할 경우에, 샌델의 논증은 기술을 통한 향상에 반대하는 논증이 아니라, 오늘날 우리가 살아가는 자유주의적 자본주의의 삶의 양식이라는 윤리적 환경에 내포된 기본적인 삶의 태도에 대한 비판으로 그 성격이 바뀌어 버린다는 것이다. 이때 선물 논증은 인간 향상의 추구에 내포된 성품이나 삶의 태도에 대해서 진지한 숙고적 반성이 필요하다는 우려를 표현하는 것 이상의 주장으로 이해될 수 없다. 이 경우 그것의 실천적 함의는 무분별하게 제한 없이 향상을 추구하지 말라는 경고를 내리는 것이며, 결코 인간 향상 일반에 반대하는 어떤 결정적 이유를 제시하는 논증으로 평가될 수는 없다.

앞의 단락이 어떻게 표현주의적 논증으로서의 선물 논증과 충돌하는지부터 살펴보자. 샌델의 논증을 인간 향상 일반에 반대하는 표현주의적 논증으로 이해하면 대략 다음과 같이 정리될 수 있다.

①　삶 혹은 주어진 것을 선물로 여기는 태도는 우리가 갖추어야 할 좋은 성품의 중요한 측면 혹은 중요한 인간적 덕(가치)의 표현이다.

②　(생명공학적) 기술을 통한 인간 본성의 향상 추구는 완전성이나 정복에 대한 충동에 의해 지배되고 있다.

③　완전성이나 정복에 대한 충동은 도덕적으로 결함이 있는 태도 혹은 덕의 결여를 보여주므로 삶을 선물로 여기는 태도와 양립가능하지 않다.

④　∴기술을 통한 인간 본성의 향상 추구는 우리가 갖추어야 할 좋은 성품이나 혹은 중요한 인간적 덕(가치)과 양립 가능하지 않다.

⑤　∴기술을 통한 인간 본성의 향상 추구에 반대할 결정적 이유가 존재한다.

일단 샌델이 자신의 논증은 결과주의적 고려가 아니라고 말하고 있으므로, 향상을 통해 선물로 여기는 태도의 훼손을 보전해줄 수 있는 다른 어떤 선(goodness) 혹은 좋음이 획득될 수 있는 가능성은 논외로 한다. 향상 일반에 반대함에 있어서 샌델이 핵심적으로 의존하는 개념은 인간 능력의 한계를 인정하고 우리가 통제할 수 없는 '요청되지 않은 것에 대한 개방성'을 포함하는 '선물로 주어짐(giftedness)'에 대한 감사의 태도다. 이에 대한 그의 논의로부터 우리가 재구성할 수 있는 전제는 ①~③ 정도이며, 이것으로부터 정당화될 수 있는 결론은 ④ 정도다. 그런데, 선물에 대한 감사의 태도는 우리가 소중하게 생각하는 하나의 인간적 덕 혹은 가치에 불과하다 따라서 그의 논증이 보여주는 것은 인간 향상의 추구가 하나의 중요한 인간적 가치와 충돌한다는 정도다. 여기서 인간 본성의 향상에 포괄적으로 반대하는 결론인 ⑤로 가기 위해서는 추가로 다음과 같은 전제가 필요하다.

⑥　만약 어떤 것이 중요하고 핵심적인 인간적인 선의 가치 하나와 충돌한다면, 이는 그것을 금지할 결정적인 이유에 해당한다.

물론 이 추가적인 전제는 대단히 강한 주장이며 그것이 자명한 원칙인지는 결코 분명하지 않다. 우리가 소중히 여겨야 할 가치에는 여러 가지가 있으며, 경우에 따라서는 이러한 가치들이 서로 충돌하는 다양한 경우가 있을 수 있기 때문이다. 누군가의 생명을 구하기 위해 거짓말을 해야 하는 경우를 상상해보자. 이때 이 사람의 행위는 거짓말을 해서는 안 된다는 정직의 가치와 충돌하지만, 무고한 생명을 구하기 위한 생명 존중이라는 또 다른 긍정적 가치의 표현이다. 이 경우에도 거짓말하는 행위가 무조건적으로 금지되어야 하는지는 분명하지 않다. 인간 향상의 시도가 한편으로 감사의 태도와 충돌하지만, 다른 한편으로 인간이 처한 불행의 해결을 의도하는 선한 의지의 표현일 가능성은 존재한다. 이 경우에도 ⑥의 전제가 유지될지는 의문이다.

⑥의 전제를 인정하더라도, 우리는 여전히 ②의 전제에 대해서 의문을 품을 수 있다. ②가 인간 본성의 향상에 대한 반대 논거로 읽히려면, 이는 모든(혹은 거의 대부분의) 인간 향상의 시도가 완전성이나 정복에 대한 충동에 의해 지배되고 있음을 주장하는 것으로 이해되어야 한다. 그렇지 않고 만약 일부의 경우만 그러한 것이라면, 그것은 그런 태도를 가지고 있는 일부 사람들의 문제일 뿐이지, 향상 일반의 문제는 될 수 없다. 그런데 과연 향상을 추구하는 행위 대부분은 완전성이나 정복의 충동과 결부되는가?

라식 수술로 내 시력을 개선하려는 것도 일종의 향상 시도로 볼 수 있다. 이때 나는 정복에 대한 충동을 드러낸 것이며 주어진 것에 대한 적절한 감사의 마음을 가지고 있지 않은 것인가? 우리는 건강하게 오래 살기 위해 많은 노력을 기울인다. 그렇다고 그런 노력들이 전부 정복이나 완전성에 대한 갈망을 표출한 것은 아니다. 우리는 우리 삶의 조건에 대한 완전한 통제를 추구하지 않으면서도 얼마든지 현재의 특정 조건을 개선시키려 노력할 수 있다. 또한 그러면서도 우리가 얻는 것들의 많은 부분이 우리 노력의 결과가 아니라는 사실을 인식하고 감사하는 마음의 태도를 유지할 수 있다. 삶에 대해 감사하고 그 중 좋은 것의 많은 부분이 우리 노력의 결과가 아니라는 사실을 인식한다 하더라도, 그로부터 향상에 반대해야 한다는 결론은 나오지 않는다. 주어진 것에는 질병이나 노화와 같은 심성이나 신체적 능력의 퇴화, 폭력이나 착취에 대한 인간의 성향도 포함되기 때문이다. 이런 것에 대한 향상이 왜 불가능한가?

그렇다면 ②의 전제는 향상을 원하는 많은 사람들에게 부적절한 동기를 귀속시키는 거짓된 일반화에 불과하다. 샌델은 앞의 인용 단락에서 "생명공학을 이용해서 아이나 자식을 어떻게 해보려는 사람들이 반드시 정복 욕구에 의해 동기부여된 것이라는 말도 아니다. 또 그런 동기는 아무리 좋은 결과로도 보상할 수 없는 죄라고 말하지도 않겠다"라고 말하고 있다. 즉 그 스스로도 ②의 전제를 철회하고 있는 것이다. 그러나 ②의 전제를 철회하는 순간에 향상 일반에 대한 반대하는 논증으로서의 표현주의적 선물 논증 역시 무너지게 된다.

물론 샌델의 입장에서는 치료와 향상 개념을 구분해 그 적용 범위를 좁힘으로써 논증의 구제를 시도할 수 있을 것이다. 샌델 스스로도 인간 향상의 핵심 문제를 치료와 향상의 구분에 기대어 다음과 같이 규정한다.

> 향상 자체를 도덕적으로 문제 삼는 이유는 무엇인가? … 근본적인 문제는 과연 우리가 향상 기술을 열망해야 하는가 여부지, 향상 기술에 접근하는 평등성을 확보하는 문제가 아니다. 다시 말해 첨단의 생명공학을 질병치료와 건강 회복에 활용하는 데 그칠 것인가, 신체와 정신을 바꿔 운명을 개선하는 데도 적극적으로 활용해야 하는가? 어느 쪽이든 이유는 무엇인가?(샌델, 2010: 44)

샌델은 미용성형처럼 치료 이외의 목적으로 치료 수단을 이용하는 것을 향상으로 규정한다(35). 앞서 내린 치료와 향상의 구분에 따르면, 치료는 부상이나 질병으로 인해 무엇인가 잘못된 것을 바로잡는 것이거나 그와 관련된 예방적 노력으로 정의할 수 있다. 반면에 향상은 그 외의 목적을 위해서, 즉 정상적인 건강한 상태를 넘어서서 유기체의 상태를 개선하려는 개입으로 이해할 수 있다. 그런데 이미 성형수술이나 스포츠 의학, 예방 접종과 같이 치료 목적 외에 행해지고 있는 다양한 의료적 실천이 존재하며, 치료와 향상의 구분이 그렇게 굳건한 것이 아님을 지적했다. 굳이 분류하자면 이것들은 치료가 아니라 향상의 범주로 분류되어야 한다. 그렇다면 이들과 관련된 의료적 기술의 시술 또한 정복이나 완전성에 대한 충동의 반영이므

5장 - 포스트휴먼 시대를 맞이하기 위한 준비

로 어떤 중대한 도덕적 문제를 가지고 있다고 생각해야 하는가? 모호하고 화려한 수사가 개념적 구분에 대한 엄격한 논증을 대신한다는 인상을 지울 수가 없다.

마지막으로 설령 치료와 향상의 구분을 성공적으로 유지할 수 있다고 하더라도, 다른 종류의 향상과 달리 왜 생명공학적 향상만이 도덕적으로 문제시 되는가에 답해야만 한다. 비단 생명공학적 개입만이 아니라 문자의 발명이나 학교를 통한 제도교육, 농업혁명, 도시의 형성, 컴퓨터 발명과 같은 인류의 성취는 어떤 면에서 모두 인간 본성에 대한 향상 시도로 간주될 수 있다. 이러한 전통적 방식의 향상 방식과 생명공학을 이용한 새로운 향상 방식의 근본적 차이는 무엇인가? 인간은 전통적인 기술들을 사용해 자연적으로 주어진 인간 능력의 한계를 극복하고자 했다. 앞서 언급했듯이, 질병이나 노화 그리고 폭력적 성향 등도 자연적으로 '주어진' 것이다. 만일 생명공학의 첨단 기술로 이런것들을 극복할 수 있다면 그러한 향상을 시도해서는 안 될 이유는 무엇인가? 우리에게 친숙한 다른 향상들과 달리, 단지 생명공학적 향상만이 정복에 대한 충동을 보여준다고 주장하는 것은 입증해야 할 논점을 선취하는 일이며 생명공학에 대한 예외주의를 적용하는 것에 불과하다. 향상의 수단이 생명공학적인 것이라는 이유만으로 그 동기에 커다란 도덕적 하자가 있어 보이지는 않는다.

3.   향상을 부추기는 삶의 양식과 태도

이상의 논의들을 종합할 때, 인간 향상 일반에 반대하는 논증으로서 샌델의 선물 논증은 그렇게 성공적으로 보이지 않는다. 그런데 여기서 샌델이 진정으로 말하고자 하는 것은 인간 향상 자체에 대한 반대라기보다 다른 지점에 있지 않을까 하는 의문을 가져본다. 앞서 인용한 구절의 일부를 재인용해보자.

> 내가 말하고자 한 것은 향상 논란의 복잡한 도덕적인 이해관계가 자율성이
> 나 권리 논의로 다 포착되지도 않을뿐더러, 비용과 이익의 계산으로도 마찬
> 가지라는 것이다. 내가 우려하는 것은 개별적인 악덕이 아니라 정신의 습관
> 과 존재방식으로서 향상이다(샌델, 2010: 143).

샌델은 교육과 훈련을 통해 아이의 능력을 개선하려는 시도와 유전공
학을 이용해서 도움을 주는 것 사이에 어떤 차이가 있는가라는 질문에 답
하면서, 오늘날 과도한 경쟁 사회의 요구에 순응하기 위해 야심찬 부모들이
실행하고 있는 교육 방식과 생명공학적 향상 사이에 유사한 점이 있음을
인정한다. 그러나 그는 이것이 유전적 조작을 수용할 이유는 되지 않으며,
오히려 로테크의 고압적인 양육 자체를 비판적으로 볼 이유임을 지적한다.

> 이 시대의 과잉 양육은 정복과 지배를 향한 지나친 불안을 나타내며, 이는
> 선물로서 주어진 삶의 의미를 놓치는 일이다. 이것은 당혹스럽게도 우리를
> 우생학 가까이로 끌고 간다(101).

과도한 정복을 향한 갈망이라는 점에서 오늘날의 지나친 교육은 생
명공학적 향상과 큰 차이를 보이지 않으며, 따라서 그것 또한 주어진 삶을
선물로 받아들이는 태도와 충돌한다는 것이다. 그는 자녀를 선물로 여기는
것은 그들을 있는 그대로 받아들이는 것이지 부모가 디자인해도 되는 대상
이나 의지의 산물, 부모의 야망을 해결하는 도구로 보는 것이 아니라고 말
한다. 부모다움이야말로 '우연의 미래로 열린 마음'이라는 것이다.

아이의 자율성에 어떤 영향을 미치는가에 관계없이 우연성을 없애고 출생의 신비를 정복하려는 충동은 아이를 디자인한 부모의 명예를 떨어뜨릴 뿐만 아니라, 무조건적 사랑의 규범이 지배하는 사회적 관행으로서의 부모됨을 부패시킨다. …… 우생학적 부모됨은 아이에게 이렇다 할 해악을 끼치거나 자율성을 침해하지 않는다 해도 거부할 만한 일이다. …… 이는 정복과 지배의 자세로, 인간의 권력과 성취가 선물로 주어진 것이라는 성격을 인식하지 못하고, 주어진 것과 끊임없이 타협하는 것이 자유의 본질이라는 사실을 알아차리지 못하는 것이다(126~127).

더 나아가 샌델은 그의 책 마지막 장에서 생명공학을 통한 인간 본성의 인위적 향상이 종국적으로는 겸손과 책임, 연대(solidarity)라는 도덕적 지평의 세 가지 개념을 변형시킬 것이라는 논의를 전개한다(131~138). 먼저 사람들이 유전적인 자기 개량에 익숙해짐에 따라, 자신의 재능과 능력을 선물로 여기기보다 성취로 간주하려 할 것이다. 이는 스스로에 대한 오만을 키우고 결국엔 겸손을 바탕으로 한 사회적인 기초를 약화시킬 것이다.

그러한 경향이 깊어질수록 본인 스스로가 선택해야 할 일은 점점 많아지고 운에 맡겨야 할 부분은 점점 줄어들게 된다. 운명이 좌우하던 영역이 이제는 선택의 영역이 되는 것이다. 자연이나 신, 행운이 나를 만들었다는 관점이 주는 축복은 내 존재 자체에 전적으로 책임지지 않아도 된다는 것이다. 그런데 유전적 유산의 정복자가 될수록 자신의 재능을 포함해 스스로 책임져야 할 영역은 점점 더 늘어난다. 가령 아이의 소질을 적절히 선택해주지 못한 부모의 책임도 따라서 커진다.

마지막으로 샌델은 스스로의 운명에 책임져야 할 영역이 늘어남에 따라, 자신보다 못한 운명을 타고난 사람들에 대한 연대의식이 감소할 것이라 예측한다. 자신의 성취가 전적으로 자신의 노력 때문만이 아니라는 인식은 재능이 부족한 사람들과 이익을 공유할 책임감과 더불어 사회적 연대에 필요한 도덕 감정을 북돋아준다. 그런데 유전학적 향상이 일상화될 경우, '주어진 선물'과 사회적 연대 사이의 이러한 연결고리가 끊어지면서 능력주의 사회의 함정으로 빠지게 된다는 것이다.

샌델이 여기서 주장하고자 하는 바는 분명해 보인다. 그는 비록 표면적으로는 생명공학적인 인간 향상의 시도를 문제 삼고 있지만, 그 밑바탕에는 개인 선택의 자율성 및 권리 개념이 정치적 제1원칙의 자리를 차지하는 시장 자유주의와 자본주의적 생활방식에 내재한 삶의 형태에 대해 근본적인 성찰을 요구하고 있는 것이다. 그는 자유주의 사회에서 우리가 흔히 접하게 되는 자율성이나 공정, 개인의 권리, 옳음과 같은 개념들이 생명공학적 향상이 제기하는 문제들을 거론하고 해결하기에는 불충분하다고 말한다.

근대의 계몽적 자유주의는 철저히 중립적으로 사고하는 무연고적 자아의 인간상을 전제로 한다. 그러한 사회에서 가장 중요한 것은 개인의 권리와 그 누구의 간섭도 받지 않고 자신의 삶을 자율적으로 선택할 수 있는 자유다. 특히 오늘날에는 권리의 개념을 확장해 한갓된 개인적 욕망을 공동체의 선에 의해 구속받지 않는 권리의 범주로 탈바꿈시킨다. 그런데 그러한 자아란 존재하지 않으며, 그러한 자아를 상상해 인간 향상의 문제를 개인의 선택과 관련된 권리의 관점에서 다루는 것 자체가 잘못되었다는 것이 바로 샌델의 주장이다. 그런 관점에 누락되어 있는 것이 바로 공공선 및 공동체적 연대성에 입각한 좋은 삶의 모습에 대한 숙고다.

이 책에서 샌델은 부모됨의 무조건적인 사랑과 예상치 못한 것을 받아들이는 일이 내포한 규범, 잘나서 누리는 특권에 대한 겸손, 좋은 운명 때문에 얻게 된 이익의 열매를 사회 연대를 통해 기꺼이 공유하고자 하는 태도에 관해 이야기한다. 결국 그는 인간 향상의 문제를 논하면서도 자유주의와 공동체주의 논쟁에서 보여준 쟁점을 다시 부각시킨다. 인간 향상의 태도란 무한정으로 치닫는 경쟁에 자신을 맞추는 일이며, 이는 사회적 책임이나 연대의 관점에서 해결해야 할 문제를 개인의 선택이나 책임의 영역으로 돌리는 결과를 낳게 된다는 것이다. 이는 세상을 비판적으로 볼 수 없게 하며 사회적·정치적인 개선을 위한 충동을 죽인다. 이것이 정복과 통제라는 가치가 정신의 습관과 존재 방식으로 자리 잡은 사회의 모습이다.

이에 대해 샌델은 불완전한 인간의 재능과 한계에 맞춰 좀 더 친절한 사회적·정치적인 제도를 만들려는 노력을 기울여야 한다고 주장한다. 그리고 세상에 맞춰 자신의 본성을 바꿀 것이 아니라 우리의 본성과 지향에 맞춰 세계를 바꾸자고 촉구한다. 나는 샌델의 이러한 주장이 지금의 우리가 살아가고 있는 삶의 양식에 대한 준엄한 경고로서 분명한 울림이 있는 소리라고 생각한다. 물론 그러한 울림이 갖는 호소력과 인간 향상에 반대하는 결정적인 이유를 제시하는 논증으로서의 유효성은 별개의 문제다.

하지만 동시에 샌델의 이 같은 주장은 우리가 사회적 정의와 공정성의 문제에 어떻게 접근할 것인지와 관련된 중요한 단서를 제공한다. 어떤 의미에서 샌델의 선물 논증은 향상의 시도 혹은 결과에 따라 윤리적, 도덕적 실천의 사회적·정치적 환경이 악화됨으로써 윤리적 존재이고자 하는 우리의 도덕적 결의가 훼손됨을 지적하는 논증으로 이해할 수 있다. 그런데 도덕적 결의의 훼손이 문제라면, 이는 인간 향상의 추구 때문이 아니라, 향상을 추구하도록 만드는 시장 자유주의나 자본주의적 삶의 태도와 같은 오늘날 우리의 삶의 양식으로부터 기인하는 문제일 것이다. 인간 향상은 도덕적 결의의 훼손에 대한 원인이 아니라 그 결과에 해당한다.

4. 모두를 위한 미래를 위하여

이제 4장에서 제시되었던 인간 향상의 여러 비판 논점 중에서 마지막으로 공정성이나 사회적 정의에 입각한 비판을 살펴보도록 하자. 첨단 기술을 통한 인간의 향상은 심각한 사회적 정의 문제를 야기하며, 특히 단기적으로 불평등의 심화를 가져올 가능성이 농후하다. 영화 〈가타카〉는 인간 향상이 초래할 수 있는 미래 사회의 한 단면을 보여준다. 이 영화에서 사람들은 출산에 앞서 수정된 배아의 유전자를 검사하고, 아이의 미래에 문제가 되거나 도움이 될 만한 유전적 특성들을 선택하고 조작한다. 이렇게 해서 사람들은 출생 방식에 따라 인간의 자식과 신의 자식으로 나뉜다. 인간의 자식은 유전자 조작을 통해서 태어난 우성의 인간들이다. 신의 자식은 자연적인 방식으로 태어난 인간들로 이들은 학교 선택이나, 취업, 보험가입에 이르기까지 온갖 차별을 받으면서 사회의 하층부를 구성하고 있다. 유전적 특성으로 인해 계급이 결정되는 새로운 계층 사회가 도래한 것이다. 인간 향상이 가능하게 만들 수도 있는 사회의 한 극단적인 모습이다.

불평등과 사회적 정의에 입각한 비판은 새로운 향상 기술의 혜택이 결국 소수의 부자와 권력자에게만 돌아감으로써 현존하는 불평등을 더욱 심화시키리라는 것이다. 오늘날에도 우리는 컴퓨터나 인터넷과 같은 새로운 정보 기술에 접근할 수 없는 '디지털 격차'에 대해서 말한다. 문제는 새로운 기술에 대한 접근의 불평등이 단순히 그것의 불평등에 그치는 것이 아니라 기존의 다른 불평등을 더욱 악화시킨다는 점이다. 재산, 수입, 건강, 교육, 의학적 향상 등의 축적된 불평등은 결국 타자에 대한 과도한 지배와 체계적인 착취 같은 또 다른 심각한 부정의의 형태로 귀결될 수밖에 없다. 〈가타카〉의 디스토피아 이야기가 전해주듯이, 향상되지 않은 사람들을 철저히 주변화함으로써 새로운 계층 사회가 나타날 가능성을 전혀 배제할 수 없는 것이다. 상층부의 향상된 인간들이 정치적 의사결정이나 제도적인 공권력을 독점함으로써 민주주의는 부정되며, 정부는 시민들의 대행자가 아니라 일부 사람들의 지배력을 행사하는 도구로 전락하고 만다. 인간 향상에 대한 접근의 불평등성은 이러한 정치 체제의 출현을 촉진시킬 가능성이 있다. 그러나 이러한 정치적 지배 형태가 우리가 원하는 사회의 모습은 아닐 것이다.

일부 트랜스휴머니스트들은 인간 사회가 언제나 불공정한 요소를 포함하며, 그것은 개인 간의 경쟁이나 시장의 기능을 통해 조절해야 할 문제이지 정부나 사회가 나설 문제가 아니라고 주장한다. 그들은 다음과 같이 말한다. 지금도 부잣집 아이들은 훨씬 더 다양하고 풍부한 물적·인적 자원의 효과를 누리면서 보다 좋은 환경에서 더 나은 교육을 받고 있으며, 그 결과 계층 간 격차는 더 벌어지고 있다. 그러나 가난한 사람이라고 해서 모든 기회가 봉쇄된 것은 아니다. 본인의 노력이나 능력에 따라 얼마든지 신분 상승의 기회를 잡을 수 있다. 이러한 점을 무시하고 모든 사람이 동등한 조건과 능력을 가져야 한다고 말하는 것은 인간의 본성과도 일치하지 않는 주장일 뿐 아니라, 동구권 사회주의의 몰락이 보여주듯 현실에서 유지되기 힘든 사변적 공상에 불과하다.

이들은 또한 자신들의 주장을 정당화하기 위해 이른바 낙수효과(trickle down effect)라는 것에 대해서 말한다. 새로운 기술이 개발되면 그 최초의 수혜자는 언제나 돈이나 권력이 있는 사람들이다. 하지만 시간이 흐를수록 기술비용은 싸지며 그 수혜의 폭도 넓어진다. 그에 따른 생산력 증가로 모든 사람들의 삶의 수준이 보편적으로 향상된다. 그 결과 오늘날 개도국의 일반 시민이 누리는 생활 수준은 500년 전 왕들이 누리던 생활 수준보다 훨씬 더 높다는 것이다. (Transhumanist FAQ v2.1에서 이와 유사한 답변을 볼 수 있다.)

그러나 이러한 논증에는 문제가 있다. 지금 부정의가 존재한다고 해서 그 부정의가 정당화되는 것은 아니며, 그것이 새로운 부정의를 정당화해주는 것은 더더욱 아니다. 어떤 사람은 큰 노력 없이 물려받은 재산이나 소질 덕분에 쉽게 안락한 삶을 누리지만, 어떤 누군가는 그 같은 기회를 잡기 위해 초인적인 노력을 해야 한다는 사실 자체가 그 사회의 불건강함을 보여주는 지표다. 성공을 이뤄낸 손에 꼽을 정도의 소수의 사람들은 그 사회의 일반적인 시민들을 대표하지 않는다. 그들은 그야말로 예외적인 사람들이다. 그러한 예외를 기준으로 한 사회가 신분 상승이나 안락한 삶의 기회가 열려 있는 사회라고 강변하는 것은 정치적 기만에 불과하다.

물론 그렇다고 해서 내가 모든 사람이 능력에 있어서 모두 똑같아야 한다거나, 자신의 능력이나 노력에 의해서 갖게 된 것이 아닌 모든 유리한 조건을 박탈해야 한다고 주장하는 것은 아니다. 인간 사회는 언제나 누군가 남들보다 유리한 조건과 배경, 능력을 가지고 태어난 사람들이 있기 마련이다. 말하자면 우리는 일종의 사회적·유전적 복권에 당첨된 삶을 살고 있는 셈이다. 그러나 우리는 우리의 노력에 따라서 그러한 불평등을 제도적으로 지금보다 더 줄이고 개선할 수 있다. 문제는 우리가 감내하고 용인할 수 있는 불평등과 그렇지 않은 불평등을 구분하는 일이다. 한 사회가 용인할 수 있는 불평등의 기준은 그 사회의 정치적·문화적인 의식의 발전 수준에 따라 결정된다. 경제라는 기준을 제외했음에 유의하라. 나는 어떤 사람이 갖는 삶의 기회에 배경적 조건이 영향을 끼치는 정도가 적을수록 문명화의 정도가 더 높은 사회라고 생각한다. 오늘날의 우리 사회에는 타고난 배경 조건이 너무도 가혹해서, 충분한 삶의 행복이나 자기 계발의 기회마저도 갖지 못하는 사람들이 너무나 많다. 이는 아직도 어떤 의미에서 우리가 미개한 야만 상태에 살고 있음을 드러낸다. 타고난 조건이 그 사람이 살아가야 할 모든 삶의 기회를 결정하게 두어서는 안 된다. 자원의 불균등한 배분 때문에 타자에 대한 지배, 착취, 배제 등이 발생하거나 악화되지 않도록 하는 것이 민주적인 문명 사회가 지향해야 할 최우선 가치다.

다른 한편, 향상 기술이 불평등의 악화를 가져올 수 있으므로 그 개발이나 적용을 금지해야 한다는 주장은 현실적 타당성이 없을 뿐 아니라 정당화하기도 어려운 주장이다. 우리가 원하든 원치 않든 간에 인간 향상 기술이 불가피하게 출현할 것이고 다른 과학기술과 마찬가지로 점점 더 보편화될 것임은 쉽게 예상할 수 있다. 물론 사람들이 그러한 변화를 일시에 받아들인다거나 환영할 것이라 생각하지는 않는다. 이러한 변화는 성형이나 여러 종류의 향상 약물처럼 우리의 생활 속으로 슬그머니 스며들 것이다. 이는 여러 향상 기술 중에서도 특히 인지적 능력에 대한 향상의 추구로 시작될 것이다. 오늘도 사람들은 자신의 아이들을 사회적으로 성공한 인물로 만들기 위해 거의 전쟁에 가까운 교육 경쟁을 벌이고 있다. 아이의 국적을 위해 원정 출산을 가고, 조기 영어교육을 위해 멀쩡한 가족이 태평양을 사이에 두고 기러기 가족이 되는 세상에서, 공부 능력을 향상시켜 주는 인지적 약물이나 시술이 등장했을 때 어떤 일이 벌어질지를 짐작하기란 어렵지 않다.

뿐만 아니라, 새로운 기술의 등장에 따른 불평등의 심화 가능성은 인간 향상 기술에만 한정된 새로운 현상이 아니다. 이는 지금까지 있어왔던 모든 종류의 향상이나 과학기술, 가치 있는 새로운 혁신에 적용되는 문제이기도 하다. 글을 읽고 쓰는 능력을 생각해보라. 불과 몇 백 년 전만 하더라도 글을 읽고 쓰는 능력은 소수의 특권이었다. 소수의 사람만이 글을 읽고 쓰는 능력을 배울 수 있는 기회를 가질 수 있었고, 그들은 이를 토대로 사회의 상층부를 차지하고 정치적 지배를 유지했다.

향상 기술은 기존의 불평등을 개선하는 일에 얼마든지 활용될 수 있다. 스마트폰, 값싼 전자계산기, 인터넷 등이 좋은 사례다. 스마트 폰, 컴퓨터와 인터넷의 보급은 지식이나 정보의 비대칭성을 완화하는 데 많은 도움을 주었으며, 정치적 연대와 협력의 새로운 수단을 제공함으로써 권력에 대한 시민적 감시의 새로운 장을 열었다. 이와 마찬가지로 새로운 의료적 향상 기술의 발달은 지적·육체적인 질환이나 장애를 가진 많은 사람들에게 보다

평등한 삶의 기회를 제공하는 데 기여할 수 있다. 인지적 향상의 경우에 덜 영리한 사람들이 훨씬 더 성공적으로 자신의 삶을 살아갈 수 있도록 만들어 줄 수 있으며, 사회의 하층을 이루고 있는 사람들에게 수혜적 복지가 아닌 새로운 형태의 복지적 개입을 가능하게 할 수 있다. 새로운 향상이 기존의 불평등을 악화시킬지 완화시킬지는 예단할 수 없으며, 이는 우리가 어떻게 대응하는나에 달렸다.

모든 기술은 어딘가에서 소수의 자산으로 시작해, 시간이 지날수록 확산되고 보편화된다. 만일 그 기술이 가치 있는 것이라면, 다수의 사람들이 그것에 접근할 수 없다고 해서 금지하거나 막을 수는 없다. 이는 많은 사람들이 가치 있는 무엇인가를 누릴 수 있는 기회를 박탈하는 일이기도 하다. 새로운 인간 향상 기술에 대해서만 예외주의를 적용할 수는 없다. 여기서 중요한 것은 문제 설정을 어떻게 할 것인가이다. 잘못된 문제 설정은 사람들의 인식을 왜곡한다. 우리는 향상 기술의 허용 여부가 아니라, 향상 기술을 어떻게 민주적으로 통제할 것인지를 고민해야 한다. 관건은 인간 향상이 인간적 삶의 가치와 공동체의 융성에 기여할 수 있도록 만드는 것이다.

뷰캐넌은 향상 문제를 기술 혁신과 연관된 정의의 신장이라는 관점으로 접근하자고 제안한다(Buchanan, 2011a: 8장). 혁신은 정의를 촉진할 수도 있고 부정의를 심화시킬 수도 있다. 강력한 혁신이 광범위하게 확산되지 않을 경우에 부정의의 가능성이 커진다. 그러나 우리가 혁신을 현명한 방식으로 활용하면 새로운 종류의 사회적 질서와 가치의 방식을 만들어 나갈 수도 있다.

기술을 민주적으로 통제하는 방법은 두 가지 차원에서 이루어질 수 있다. 하나는 가치 있는 혁신이나 유익한 기술을 빨리 확산시키는 것이다. 가령 의학적 향상은 고통에 시달리는 많은 사람들에게 큰 혜택을 줄 수 있으므로, 그것을 필요로 하는 많은 사람들이 가능한 한 거기에 빠르게 접근할 수 있도록 만드는 것이 중요하다. 혹자는 낙수효과에 대해서 말하지만, 혁신의 확산을 단순히 시장 기능에 맡겨놓을 경우 그 확산의 속도가 매우 느릴 가능성이 있을 뿐 아니라, 그 과정에서 불평등을 계속 심화시킬 수도 있다. 문제는 혁신에 접근할 수 없는 사람들이 기회나 혜택을 박탈당함으로써 지배나 착취, 불공정한 경쟁에 노출된다는 점이다. 유익한 기술이라면 빨리 보급될 수 있도록 정부나 사회단체가 적극 개입해 건설적이고, 실제적이며, 제도적인 대응을 강구해야 한다.

혁신의 확산만이 중요한 것은 아니다. 정의는 혁신이 일어나고 발생하는 과정이나 절차 자체에 대한 개입이나 통제도 요구한다. 만약 현재의 불평등을 확대하고 강화시킬 개연성이 높은 기술이라면 그 기술의 개발은 억제하고, 불평등을 개선하는 데 도움을 줄 가능성이 높은 기술은 개발을 격려하고 유도해야 한다. 자본 논리에 따라서만 움직이도록 방치할 경우, 탈모제나 바이아그라 개발에는 막대한 투자를 하지만, 정작 제3세계의 말라리아나 이질과 같은 질병을 치료하는 약품은 개발하지 않으려는 사례가 재발할 수 있다. 이러한 상황도 그 자체로 부정의한 것이다. 따라서 혁신적 기술을 탄생시키는 절차나 과정에도 국가나 사회가 개입해 통제할 필요가 있다.

여기서 중요한 점은 향상 기술을 단순한 개인재나 소비재, 시장재가 아니라 공공재로 봐야 한다는 것이다. 개인적 상품은 그 혜택이 그것을 소유하는 개인에게만 돌아가는 상품이다. 향상 기술을 개인재로 간주할 경우에 공정성 문제는 분배적 정의의 문제로 환원되며, 향상 기술과 관련된 정부 역할은 안전성을 규제하고 효과의 입증을 요구하는 것으로 그 책임이 축소된다. 정부 역할은 단지 시장을 유지하고 감시하는 것이며, 향상 기술을 확산하는 것은 정부의 몫이 아니라는 것이다. 그러나 우리는 향상 기술을 공공재로 간주할 좋은 이유를 가지고 있다. 교육의 경우 우리는 모든 시민이 사회의 건전한 구성원의 역할을 할 수 있도록 최소한의 의무 교육을 받도록 강제한다. 또한 우리는 어려움에 처한 사회 하층의 사람들에게 인간적 삶을 유지할 수 있는 최소한의 기반을 마련해주는 것이 복지 국가의 의무라고 생각한다. 가치 있는 향상의 경우에 그런 사람들이 열악한 조건을 스스로 극복하고 존엄한 삶을 살아갈 수 있도록 하는 데에 큰 도움을 줄 수 있다. 정부는 사회복지 차원에서 보조금 등의 형태로 이들이 보다 손쉽게 향상 기술에 접근할 수 있도록 도움을 줄 수 있을 것이다.

제로섬은 나의 이익이 곧 너의 손해이고, 너의 이익이 나의 손해가 되는 경우다. 경제적·기술적 발전의 결과는 제로섬 게임이 아니다. 가치 있는 인간 향상은 그것을 소유한 사람뿐 아니라 새로운 형태의 높은 생산성이나 협력적 관계를 가능하게 함으로써 사회적인 혜택을 가져다줄 수 있다. 이는 이른바 포지티브섬(positive-sum) 게임일 수 있다. 삶은 경쟁적 요소를 포함하고 있지만, 모든 것을 경쟁으로 해결할 필요는 없다. 우리는 다른 사람들의 능력이나 성취에 힘입어 더 좋은 삶을 누릴 기회를 갖게 되며, 우리 또한 그들에게 도움을 줄 수 있다. 제로섬은 예외적인 것이지 삶의 일반적인 규칙이 아니다. 문명화된 국가일수록 포지티브섬 게임에 가까워지며, 국가의 보호를 받지 못하는 야만적 사회일수록 제로섬 게임에 가까워진다.

향상재가 비쌀 것이라는 우려가 있다. 그러나 휴대 전화나 스마트폰, 처방 의약품처럼 가치 있는 혁신이 빠른 속도로 매우 저렴해진 경우도 많다. 스마트폰은 급격히 가격이 떨어지면서 강력한 향상을 제공했으며, 새로운 형태의 협력을 가능하게 하고 있다. 배아 조작이나 두뇌-컴퓨터 인터페이스와 같은 기술은 물론 그 비용이 매우 비쌀 것이다. 하지만 약물을 통한 향상 기술은 그렇지 않을 수도 있다. 공공재로서 복지 차원의 접근이 가장 용이한 방식의 향상은 약물이다. 이를 위해서는 기존의 지적 재산권이나 특허권에 대한 조정이 필요하다. 특허는 개발자에게 강한 동기 부여가 되지만, 거대 기업들의 장기적인 이익 독점 수단으로 악용되기도 한다. 에이즈 치료

5장 - 포스트휴먼 시대를 맞이하기 위한 준비

제로 개발된 약품이 지나친 특허 비용 때문에 실제로 그것을 필요로 하는 아프리카 빈국들에 잘 공급되지 못하고 있는 것이 그 사례다. 우리는 향상 기술의 경우에 특허권의 기간이나 조건을 조정함으로써 이 문제를 해결할 수 있다. 향상 기술과 관련된 지적 재산권을 어느 정도로 인정할지는 우리의 선택에 달린 문제다. 또한 값비싼 향상 기술의 경우에는 사치재의 경우와 같이 특별소비세 등을 부과함으로써 사회 하층의 사람들에게 제공되는 복지적 향상의 재원으로 사용할 수 있다.

5. 위험 예방의 전략

1) 사전예방원칙

마지막으로 한 가지 더 자세한 논의를 필요로 하는 부분은 향상 기술의 안정성을 확보하는 방안에 관한 것이다. 우리는 4장에서 극단적 연결성의 가정에 입각한 후쿠야마의 논증을 비판함으로써 향상 기술의 위험성에 대한 우려가 그것의 개발이나 적용을 금지하는 좋은 이유가 되지 못함을 지적했다. 그렇다고 해서 무엇이든 용인될 수 있다는 방만한 방식으로 향상을 시도하는 것을 긍정하는 것은 결코 아니다. 향상 기술은 많은 사람들이 우려하듯이, 전혀 예측하지 못했던 치명적인 결말로 이어질 수 있다. 따라서 향상 기술의 개발과 적용을 위해서는 혹시 있을지 모르는 위해 요인들에 대해 가능한 예방 조치를 최대한 취해야 하며, 안정성에 대해서도 충분히 검증해야 한다. 이 절에서는 위험의 예방과 관련한 몇 가지 일반적 원칙 및 향상의 안정성을 진단하기 위한 전략들을 간략히 살펴보기로 하자.

향상 기술의 안정성과 관련해 일차 목표는 발생할 수 있는 위험을 수용 가능한 수준으로 최대한 낮추는 것이다. 위험을 완전히 제거하는 것은 불가능하다. 이는 다른 기술도 마찬가지다. 삶의 다른 측면에서도 어떤 혜택을 누리기 위해 일정 정도의 위험을 감수한다. 인간 향상도 이와 크게 다르지 않다. 지금까지 논의한 바에 비추어, 향상 기술의 개발과 적용을 전면적으로 금지할 정도의 강력한 비판 논증은 발견할 수 없었다. 뿐만 아니라 향상을 전면적으로 금지하는 것은 어차피 현실적으로 가능하지 않을 뿐만 아니라 오히려 음성화를 부추길 뿐이다.

　뷰캐넌은 향상을 금지하는 것 외에 우리가 취할 수 있는 예방 전략을 두 가지로 구분한다(Buchnan, 2011b: 90~99). 하나는 포괄적인 단일한 위험 감소 원칙에 따라 위험을 관리하는 것이며, 다른 하나는 복수의 여러 원칙들을 활용해 위험을 평가하고 관리하는 것이다. 전자의 대표적인 경우가 사전예방원칙(Precautionary Principle)이다. 하나의 단일한 정식화가 있는 것은 아니지만, 이에 해당하는 원칙들은 기본적으로 위해를 방지하거나 감축하고자 하는 사람이 아니라, 위해를 야기할 수 있는 새로운 활동에 종사하는 사람들에게 매우 강한 입증의 부담을 지운다. 이 원칙의 강한 해석에 따르면, 위해를 야기할 가능성이 높은 활동에 종사하는 사람은, 어떤 행위를 하는 것이 허락되기 이전에 그것이 위해를 야기하지 않을 것이라는 좋은 과학적 증거를 보일 의무가 있다.

　뷰캐넌은 사전예방원칙이 새로운 활동이 창출해내는 혜택은 전혀 염두에 두지 않고 오직 위해만을 고려하는 원칙이라고 비판한다. 그는 이 원칙의 문제점을 비판하기 위해 다음과 같은 사유실험을 제시한다. 현재 인류가 직면한 심각한 위험 중 하나는 지구온난화다. 누군가 지구온난화 가스를 감축하는 새로운 기술을 제안했다고 하자. 그런데 이 기술이 잘 작동할 것이라는 확정된 좋은 과학적 증거는 없지만 그것이 심각한 위해를 야기할 가능성이 있다고 하자. 이 경우 사전예방원칙에 따르면 우리는 당연히 새로운 기술의 사용을 금지해야 한다. 하지만 만약 그 기술이 우리가 직면한 위해에서 벗어날 수 있는 유일한 희망이라면 어떻게 할 것인가? 반대로 이 기술이 지구온난화 문제를 해결할 수 있을 것이라는 매우 좋은 과학 증거를 가지고 있다고 하자. 하지만 다른 한편으로, 그 기술이 매우 위험한 것은 아니라는 것에 대해 어느 정도 좋은 증거는 가지고 있지만 그것이 빈틈없이 탄탄한 증거는 아니라고 해보자. 사전예방원칙은 이 경우에도 이 기술의 폐기를 요구한다.

뷰캐넌은 현재 우리가 직면한 잠재적 위협들 중에서 가장 높은 위협에 해당하는 것은 새로운 기술이 아니라 주로 지금까지 우리가 쭉 해오던 활동들의 결과라고 주장한다. 지구온난화를 야기한 것은 새로운 기술 활동이 아니라, 산업혁명 이후 계속 되었던 인간의 활동이다. 결국 사전예방원칙을 따른다면 이미 저질러진 문제는 교정할 수 없다는 결과에 봉착하고 만다. 새로운 기술이 위해가 되지 않을 것이라는 확실성이 없다고 해서, 옛 기술에 의해 야기된 문제를 새로운 기술로 해결하지 못하게 하는 것은 비합리적이다. 여기서 우리가 물어야 할 합리적 질문은 새로운 기술이 위험을 야기할 가능성이 있느냐의 여부가 아니라, 그 위험성이 우리가 수용 가능한 정도의 것이냐의 여부여야 한다. 방지하고자 하는 위해가 매우 큰 경우라면, 새로운 기술에 대해 감당해야 할 위험의 정도도 커질 것이다.

환경 철학자인 스티븐 가드너(Stephen Gardiner)는 사전예방원칙을 기술이나 환경적 규제와 같은 정책적 선택에 적용되는 일종의 의사결정 규칙의 일환으로 생각하고 최소극대화원칙(Maxmin Principle)을 제안한다(Gardiner, 2006). 최소극대화원칙은 가능한 최악의 결과들을 고려한 다음에 그중에서 가장 덜 나쁜 것을 선택하라는 원리다. 오늘 저녁에 무엇을 할 것인가에 대한 다음의 두 가지 선택지가 있다고 하자. 하나는 동네에 있는 극장에 가서 실험적인 연극을 보는 것이고, 다른 하나는 집에서 평소 보던 주말 연속극을 보는 것이다. 집에 있을 경우에 예상할 수 있는 최악의 결과는 그렇고 그런 연속극을 보는 것이다. 하지만 동네 극장으로 갔을 경우에 예상할 수 있는 최악의 결과는 형편없는 공연을 보느라 허비한 시간과 비용 그리고 고통스러운 미적 경험이다. 최소극대화원칙에 따르면, 우리는 집에 남아서 연속극을 보는 것을 선택해야 한다.

최소극대화원칙은 발생 가능한 최선의 결과는 생각하지 않고, 오직 최악의 결과만을 고려한다. 우리는 정말로 흥미로운 새로운 실험적 공연을 보거나, 매우 재미난 드라마를 볼 수도 있다. 그런데 우리는 왜 최선의 결과가 아니라 최악의 결과만을 고려해야 하는가? 최소극대화원칙은 혜택에 대해서는 전혀 신경 쓰지 않고 무조건 최악의 상황을 피하는 일에만 관심을 두는 극단적인 위험 회피의 원리다. 또한 최소극대화원칙은 위험한 상황이 아니라 불확실한 상황에서 이루어지는 의사결정을 위한 규칙이다. 불확실한 상황에서의 의사결정은 기술 사용의 결과가 어떨지에 관해 거의 무지한 상황에서 가능한 결과들의 확률을 알지 못한 채 이루어진다. 이에 비해 위험한 상황에서의 의사결정은 다양한 선택지의 가능한 결과가 무엇이며, 그것들이 일어날 확률은 각각 어느 정도인지를 예측한 바탕 위에서 이루어진다. 그리고 가능한 선택지별로 기대되는 편익을 계산한 다음에 최고의 기대편익을 가져다주는 것을 선택하면 된다.

뷰캐넌은 이러한 면에서 최소극대화원칙을 인간 향상의 문제에 적용하기에는 부적합하다고 주장한다. 유전적 향상을 비롯한 인간 향상의 경우, 우리는 현 상황에 상대적으로 우리의 조건을 개선하기 위한 관심으로부터 출발한다. 말하자면, 우리는 위해뿐 아니라 가능한 혜택이 무엇인지에 대해서도 중요한 비중을 두고 있다. 또한 우리는 아직 인간의 (유전적) 변형을 감행할 정도로 충분한 지식을 갖추고 있지는 못하지만, 완전한 무지 상태에 있는 것도 아니다. 가령 우리는 동물 실험을 통해 유전적 변형의 결과가 어떨지에 관해서 많은 지식을 가지고 있다. 인간 유전자의 기능이나 역할에

5장 - 포스트휴먼 시대를 맞이하기 위한 준비

관한 연구가 한창 진행 중이므로 우리의 지식은 점점 증대할 것이다. 그에 따라 다양한 유전자들이 어떻게 기능하는지에 관해서 더 많이 알게 될 것이며, 특정 유전자가 결여되어 있을 때 어떤 일이 일어날지, 특정 유전자의 변이가 표현형에 끼치는 영향은 무엇인지 등의 예상되는 결과에 대한 합리적인 확률적 추산을 할 수 있게 될 것이다. 그런 점에서 최소극대화원칙은 인간 향상 문제를 다루기 위한 사전예방원칙으로는 적합하다고 할 수 없다.

뷰캐넌은 두 번째 전략에 해당하는, 복수로 이루어진 일련의 위험 감소 원칙들을 다양하게 적용하는 것이 훨씬 현실적인 전략이라고 말한다. 하나의 단일한 원칙에 의해 모든 것을 판단하기보다, 여러 종류의 향상을 각각 분리해서 보다 세밀하게 접근하고 판단할 수 있는 일련의 위험 감소 원칙들을 적용하자는 것이다. 우리는 이 원칙들 중에서 더 많은 수의 원칙이 충족되고 그것들 각각이 보다 온전히 충족될수록, 그에 비례해 우리가 의도되지 않은 나쁜 결과를 방지하기 위해 최선의 노력을 다했음을 자신할 수 있다. 물론, 이것들은 위험을 완전히 제거하는 오류 불가능한 규칙들이 아니다. 이것들은 다만 발생할 수 있는 나쁜 결과의 위험을 최대한 줄이기 위한 방편일 뿐이다.

뷰캐넌은 유전공학을 통한 유전적 향상에 적용 가능한 다음의 원칙들을 제안한다. 유전적 향상에서 우리가 가장 조심해야 할 부분은 유전자 조작의 결과로 부지불식간에 배아의 발생 과정을 방해하는 일이다. 그런 이유로 그의 원칙들은 개체발생적인 인과 관계에 초점을 맞추고 있다. 물론, 다음 목록이 완결적인 것은 아니다. 이는 지속적으로 정교화되고 보충될 필요가 있는 목록이다.

①   개체발생적 깊이에서 얕은 부분에 위치한 유전자를 개입의 목표로 삼는다. 발생 과정의 마지막 지점 근처에서 발현되는 유전자에 개입하

자는 것이다. 발생 과정의 시작부에서 발현되는 유전자에 문제가 생기면, 이는 이후의 발생 과정 전체에 영향을 끼치면서 더욱 나쁜 결과를 초래하기 쉽다.

②　문제의 형질과 관련해 현재의 정상 분포의 상한선을 넘어서는 향상을 산출하지 않는다. (가령 IQ120인 사람을 140으로 만드는 것은 괜찮지만, 240으로 만드는 시도는 하지 않는다. 이를 넘어서는 것은 전혀 새로운 영역으로 들어서는 일이다.) 다른 조건이 모두 같다면, 현재의 정상 분포 안에 머무는 것이 안전하다. 이는 극단적인 경우에 예외를 허용하는 일과 양립할 수 있다. 정상을 약간 넘어서는 것이 매우 중요해서 추구할 가치가 있는 경우가 있을 수 있다. 가령 노화의 영향을 감소시키기 위해 훨씬 효과적인 면역체계를 설계할 필요가 있거나 새로운 전염병에 대처하기 위한 경우, 혹은 현재의 인지적 한계의 범위 내에서 풀 수 없는 문제를 해결해야만 하는 경우 등이 거기에 해당한다.

③　개입의 효과는 유기체에 제한시킨다. 유전자 변형 곡물과 같은 경우에는 수정된 씨앗이 쉽게 시험 장소를 벗어날 수 있다. 다행히 인간의 정자나 난자, 배아는 그렇지 않다. 또한 우리는 이미 특정 유전자의 발현을 끄거나, 특수한 화학물질과 결합했을 때에만 켜지게 만드는 기술을 가지고 있다. 따라서 우리는 의도치 않은 나쁜 결과가 미래 세대에게 이전되는 것을 방지하는 기술을 이미 확보한 셈이다. 처음에는 대규모보다 소규모 단위로 유전적 향상을 시도하는 것이 바람직하다.

④　개입의 효과가 유기체 내에서도 특정 구획 속에 한정되도록 한다. 이는 모듈화된 체계나 하위 시스템을 수정하자는 것이다. 이는 의도되지 않은 누출 효과(spillover effect)의 가능성을 줄인다.

⑤　개입의 효과는 가역적이도록 한다. 만일 이 조건이 충족된다면, 계속 진행되는 손상을 방지할 수 있다. 의도하지 않은 나쁜 결과를 되돌리

는 일은 여러 다른 방식으로 이루어질 수 있다. 유전자의 발현된 효과를 상쇄시키거나 애초의 발현을 조절하는 약물을 생각해볼 수 있다.

⑥ 개입은 형태학상의 중대한 변형으로 귀결되지 않아야 한다. 즉 유기체의 기본 설계나 형태에 대한 큰 변화는 일으키지 말자는 것이다. 유기체는 극단적으로 연결된 이음매 없는 망도 아니지만, 레고 블록과 같은 것도 아니다. 유기체의 구조 자체를 바꾸는 개입은 피하는 것이 좋다.

⑦ 유전적 개입의 목표가 원하지 않는 특성을 제거하는 것이라면, 그 특성의 인과적 역할에 대한 이해, 그리고 그 특성을 변화시키기 위해 조작할 유전자의 기능을 잘 이해하고 있어야 한다. 이 특성이나 유전자 모두가 복수의 기능이나 역할을 수행하고 있을 가능성이 있다. 나쁜 특성을 없애기 위해, 그것이 좋은 특성의 발현에 필수적으로 기여하고 있는 바를 놓쳐서는 안 된다.

2) 자연의 지혜

뷰캐넌이 제시하는 원칙들은 주로 향상적 개입의 정도나 그 방식에 제한을 가하고 있다. 이와는 별도로 안전하게 향상을 시도해볼 수 있는 특성들에 어떤 것이 있는지를 안내하는 원칙을 세워볼 수도 있다. 보스트롬과 샌드버그는 진화적 사실이 향상 기술의 안정성을 평가해볼 수 있는 유용한 발견법을 제공할 수 있다고 생각한다. 그들은 '자연의 지혜'에 대한 암묵적인 믿음을 바탕으로 향상의 안정성과 관련된 일종의 진화적 발견법을 제안한다(Bostrom & Sandberg, 2009).

인간은 오랜 기간 동안 복잡한 환경과의 상호작용 문제를 해결하기 위해 진화해온 복잡한 유기체다. 특히 인간의 두뇌는 우주의 그 어느 것보다 복잡한 것으로 알려져 있다. 진화는 인간 과학자나 공학자가 설계할 수 있는 것을 훨씬 뛰어넘는 인간의 두뇌와 같은 시스템을 발전시킨 매우 강력한 과정이다. 따라서 별도의 강한 지지 증거를 결여한 채 현재의 우리가 진화보다 나은 결과를 가져올 수 있을 것이라 가정하는 것은 어리석은 일일 수 있다. 진화가 이룩해 놓은 인간 본성의 작용이나 구조를 잘 이해하지 못한 상태에서 섣불리 이를 조작하려 할 경우에 그러한 개입은 실패나 재앙을 불러올 수 있다는 것이다.

그럼에도 불구하고 몇몇 특별한 경우에 인간 본성을 실제로 향상시키는 것이 가능하다고 믿을 만한 이유가 있다. 이때 중요한 지침의 역할을 하는 것이 진화적 발견법(evolutionary heuristic)이다. 진화적 발견법은 의도된 향상이 순 편익을 산출할 가능성이 있는지의 여부를 평가할 수 있도록 해준다. 보스트롬과 샌드버그는 우리가 인간 유기체의 어떤 측면을 변화시키고자 한다면 먼저 다음과 같은 질문을 할 것을 제안한다. "인간은 애초에 왜 그런 측면을 가지게 되었는가? 만약 새로운 특징을 도입하고자 한다면, 인간은 그런 특징을 왜 이미 가지고 있지 않은가?" 이 질문에 대한 답변은 개체발생과 계통발생의 두 가지 차원에서 물을 수 있다.

발견법의 시작은 '진화적인 최적화 도전(Evolutionary Optimality Challenge)'이라는 형태를 띠고 있다. "만일 제안된 개입이 향상으로 귀결될 것이라면, 우리는 왜 이미 그런 방식으로 진화하지 않았는가?" 혹은 "어떤 점에서 우리가 진화의 결과물을 향상시킬 수 있을 것이라 기대할 수 있는가?" 이에 대한 긍정적 답변은 세 가지 범주로 나눌 수 있다.

① 환경 변화에 따른 트레이드오프(changed tradeoffs): 진화는 유기체가 특정한 종류의 환경에서 작동하도록 설계했다. 그런데 이제 우리는 그것을 매우 다른 환경에 배치하기를 원할 수 있다. 이때 새로운 환경의 요구를 더 잘 만족시킬 수 있도록 시스템을 개선해야 될 수도 있다. 시

5장 - 포스트류먼 시대를 맞이하기 위한 준비

스템을 개선하는 것은 시스템을 처음부터 만드는 일보다 쉬울 수 있다. 자동차를 처음부터 만드는 일과, 기존의 차에 특정의 환경에서 잘 작동하도록 약간의 튜닝을 하는 경우를 비교해보라. 인간 유기체는 아프리카 사바나의 사냥과 채집의 목적에 맞게 '설계'되었다. 그러나 인간 유기체는 이제 현대의 바뀐 환경 속에서 기능해야 한다. 우리는 인간 유기체가 새로운 환경에서 더 잘 기능할 수 있도록 수정하거나 조정을 가할 수 있다.

② 가치 부조화(value discordance): 진화를 지배하는 기준과 인간이 적용하기를 원하는 기준이 서로 다를 수 있다. 진화는 포괄 적응도의 최대한 효과적인 달성이라는 기준으로 작동한다. 하지만 우리 인간이 가치 있다고 여기는 것은 단순히 그것의 만족이 아닐 수 있다. 진화의 우선순위와 우리의 우선순위가 불일치하는 경우에, 우리는 우리가 목표하는 바를 효과적으로 달성할 수 있도록 인간 유기체를 개선할 수 있다.

③ 진화적 제약(evolutionary restrictions): 진화에 활용될 수 있었던 자원은 제한적이었다. 그런데 우리는 진화에 활용 가능하지 않았던 다양한 도구나 재료, 기술에 접근할 수 있다. 비록 우리의 기술이 진화의 공학적 기술보다 뒤떨어져 있다 하더라도, 우리는 새로운 자원의 도움을 빌려 진화가 할 수 없었던 일들을 성취할 수도 있다.

특정 종류의 향상 제안에 대해 진화적인 최적화 도전의 질문을 던졌을 때, 우리는 다음 중 하나의 상황에 처하게 될 것이다. 보스트롬과 샌드버그는 각 상황에 따라서 다음과 같은 가이드라인을 제공한다. 첫째, 현재 수준에서 우리의 무지 때문에 향상의 목표가 되는 특성이 계통발생적 관점에서 왜 그러한 방식으로 진화했는가에 대해 잘 이해하고 있지 못하다. 즉 복잡하게 진화된 시스템이 해당 특성을 갖게 된 이유를 설명해주는 진화적 요소가 무엇인지를 아직 분명하게 잘 알지 못하는 경우다. 이 경우라면, 그러한 속성을 수정하려 할 경우 무엇인가 잘못될 위험의 가능성이 상당하다. 이는 피상적인 지식을 가진 아마추어가 자신이 무슨 일을 하는지도 잘 모르면서 장인이 만들어 놓은 복잡한 설계를 건드리는 것과 같다. 이런 상황이라면 잠재적 손실의 가능성이 상당하며, 변화가 개선으로 이어질 가능성은 매우 낮다. 물론 향상적인 개입이 성공할 것임을 확신시켜주는 또 다른 종류의 충분한 증거가 있다면, 향상을 시도할 여지는 있다. 그러나 이때 예측하지 못했던 미묘하지만 중요한 부작용이 생길 가능성에 대해서는 경계할 필요가 있다.

둘째, 관련된 진화적 요소를 충분히 이해했지만 제안된 방식의 수정이 기대하는 순 혜택으로 이어지지 않을 것임을 알게 되었다. 달리 말해서, 이는 향상의 목표가 되는 특성이 앞에서 제기된 EOC 질문에 대한 답변 중에서 그 어느 범주에도 들지 않는 경우다. 이 경우라면 우리는 향상이 실패하거나 역효과를 낼 것이라는 강한 이유를 확보한 셈이 된다.

셋째, 관련된 진화적 요소에 대해 충분히 이해했고, 향상된 능력을 갖는 것이 순 이익이 됨에도 불구하고 우리가 왜 아직 그런 능력을 갖도록 진화하지 않았는지에 대해서도 이해하게 되었다. 이는 목표 특성이 앞에서 나온 긍정적 답변의 범주 중 하나에 속하는 경우다. 이때 우리는 향상에 대해 긍정적인 판단을 내릴 수 있다.

넷째, 관련된 진화적 요소에 대한 서로 양립 불가능한 둘 이상의 복수적인 설명을 갖게 되었다. 이 경우 우리는 앞의 기준에 따라서 각각의 진화적 설명이 함축하는 바가 무엇인지를 살필 수 있다. 모든 경우에 향상의 가능성에 긍정적인 답변이 내려진다면, 향상에 대해 긍정적 판단을 내릴 수 있다. 그러나 어떤 설명은 긍정적인 답변을 주고 다른 설명은 부정적 답변을

5장 - 포스트휴먼 시대를 맞이하기 위한 준비

준다면, 우리는 불확실성의 상황에 놓이게 된다. 이 경우 우리는 불확실성을 줄이기 위해 더 많은 정보를 얻도록 노력해야 할 것이며, 때에 따라서는 향상을 포기해야 한다. 물론 긍정적 답변의 경우가 충분하게 더 확률이 높다면, 조심스럽게 향상을 시도해볼 수 있다.

보스트롬과 샌드버그의 발견법은 기본적으로 경험적이고 실천적인 제안이다. 이것은 그 자체로 진화적 설계에 대한 어떠한 도덕적 함의도 갖지 않으며, 진화의 완전성을 가정하고 있지도 않다. 이는 다만 향상에 대한 많은 도덕적 반대가 자연의 지혜에 대한 암묵적 믿음을 기반으로 함을 감안해, 자연의 지혜를 보다 건설적인 방식으로 다룰 수 있는 방편을 제공하려는 것이다.

마치며

"당신은 인간 향상을 원하는가?"

많은 사람들이 단도직입적으로 질문을 던져온다. 항상 의심이 많은 철학자의 본성상 나는 아직도 이 질문에 선뜻 답하지 못한다. 나는 지금 나에게 주어진 건강한 삶이나 가족의 사랑, 친구들과의 우정, 지인이나 동료들과의 연대 의식, 매일 즐기는 따뜻한 커피와 음악, 그리고 맛있는 음식을 먹을 수 있음에 감사함을 느낀다. 그러면서도 가끔 과학기술의 힘을 빌려 지금보다 더 건강해지고 행복하게 오래 살 수 있었으면 하는 공상을 해보기도 한다. 그러나 반드시 그렇게 되었으면 하고 간절히 바라는 것은 아니다.

앞서 말했듯이 현실적으로 인간 향상 기술이 출현하는 것을 막을 방법은 없을 것이다. 책의 내용에서 짐작할 수 있듯이 나는 개인적으로 인간의 향상 그 자체에 어떤 큰 문제가 있을 거라고 생각하지는 않는다. 관건은 그렇게 향상을 추구함으로써 우리들이 추구하는 사회의 모습일 것이다. 나는 우리가 심각하게 생각해야 할 문제는 인간 향상 자체가 아니라 시장 만능주의에 입각한 자본주의적 삶의 방식이라고 생각한다. 지구화라는 이름으로 극단적인 시장 자유주의가 거시적인 국제관계에서 미시적인 생활세계의 모든 영역까지 지배하게 된 지금, 모든 것은 교환 가능한 재화로 상품화되고 소비되며 '돈으로 살 수 없는 것'의 의미나 가치 영역은 점점 더 축소되고 있다.

경쟁과 효율의 가치가 다른 모든 가치를 압도하면서 우리 삶의 지배적인 규범으로 작용할 때, 우리 자신은 더 이상 성찰하고 숙고하는 실존적 존재가 아니라 관리되고 경영되어야 할 그 어떤 것으로 즉자화(사물화)한다.

이런 조건에서는 취미의 문제에 국한되어야 할 개인의 선택권이 거리낌 없이 거의 모든 영역으로 확장되어 적용되며, 누구의 간섭도 받지 않고 자신의 삶을 마음대로 선택할 권리가 있다는 '사이비 자율성'이 타협 불가능한 최상의 권리로 되어버린다. 이 경우 우리는 샌델의 지적대로 연대성을 상실한 무연고적 자아라는 인간상에 매몰된 채, 공공선이나 공동체적 연대성에 입각한 좋은 삶의 모습이 무엇인지를 더 이상 숙고하지 않게 된다.

샌델은 인간 향상은 과도한 정복욕의 발로이며 삶에 대한 감사의 태도를 훼손시킨다고 비판한다. 인간 향상은 그러한 정복욕이 모습을 드러내는 한 가지 양상일 뿐 그것 자체가 그 정복욕의 원인인 것은 아니다. 인간 향상은 결과일 뿐이다. 상황이 그러하다면, 결국 문제가 되는 것은 향상 기술 자체가 아니라 근대적 계몽의 극단적 한 형태인 시장 자유주의와 자본주의적 생활방식에 익숙해진 우리 삶의 형태다. 인간 향상을 비판한다고 해서 우리의 삶이 맞닥뜨린 근본적인 문제가 사라지는 것은 아니다.

당신은 어떤 사회에서 우리의 아이들이 살기를 바라는가? 당신은 인간성의 가치가 무엇이라고 생각하는가? 나는 인간을 가치 있는 존재로 만드는 것은 인간의 도덕성이라고 주장했다. 도덕성은 언제나 타자를 전제로 한다. 도덕적인 사회는 타자에 대한 연대성에 기초해 작동하는 사회다. 모든 것이 나의 욕망과 권리로 치환되는 세상에는 도덕성이 들어 설 자리가 없다. 타자들이 행복하지 않고는 나도 행복해질 수 없다. 타자에 대한 보편적 책임과 함께 우리 존재의 상호의존성에 대한 인식을 지금보다 한층 더 강화할 필요가 있다.

향상 기술의 발전이나 적용이 현실적으로 불가피하다면, 결국 실천적인 차원에서 가장 중요한 쟁점은 보다 나은 공동체와 인간적 삶의 가치의 실현을 위해서 향상 기술을 어떻게 활용할 것인가의 문제다. 여기서 중요한 것은 인간 향상 기술이 제기하는 도전을 어떤 성격의 문제로 설정하는가다. 첨단 기술이 가져올 장밋빛 미래상을 그리는 사람들은 마치 아무런 정치적 갈등이 없이 테크노유토피아가 달성될 수 있는 것처럼 말한다. 첨단 기술이 가져올 놀라운 미래를 보여주면서 우리가 얼마나 행복한 삶을 누리게 될지를 역설하는 것은, 그러한 기술이 작동하는 현실적인 정치적 쟁점으로부터 눈을 돌리게 하는 반동으로 작용할 공산이 크다. 그렇다고 첨단 기술에 대한 비이성적인 두려움이나 공포를 과장하는 것도 결코 바람직한 일은 아니다. 향상 기술을 계속 추구해야 하느냐 마느냐의 방식으로 문제를 설정하는 것은 그 선의의 의도와는 무관하게 현실과 괴리된 공리공론으로 빠질 가능성이 크다.

실천적으로 중요한 도전은 향상의 여부가 아니라, 향상에 대한 민주적 통제를 어떻게 해야 할 것인가의 문제다. 향상 기술은 과학자, 정책 담당자, 철학자, 생명윤리학자, 질환이나 장애를 겪고 있는 사람들이나 그 가족들, 일반 시민 등이 참여하는 공공적 담론을 긴급하게 필요로 하는 분야다. 이러한 공적 포럼에서 우리는 우리 사회가 처한 사회적·윤리적 현실을 직시하면서, 보다 인간적인 사회로 나아감에 있어서 향상 기술이 가져다줄 수 있는 혜택은 무엇이며 또 그 위험은 무엇인지를 따져보아야 한다. 향상 기술에서 가장 우려되는 부분은 현실적 불평등의 악화나 새로운 계층화의 등장

마치며

이다. 그러나 향상 기술은 그 역의 용도로도 사용될 잠재력을 가지고 있다. 따라서 이러한 공적 포럼에서는 어떻게 향상 기술의 발전이나 적용을 제어하면서 억압이나 착취, 배제로 이끄는 불평등을 감소시키고 전체 시민의 복지나 삶의 수준을 개선시킬 수 있을 것인가의 방안에 대해서 논의해야 한다. 향상 기술이 결코 일부 개인에게만 돌아가는 혜택이 되어서는 안 된다. 우리는 이것을 사회 전체적인 시민의 삶을 향상시키는 데 활용할 수 있는 방안을 고민해야 하며, 새로운 방식의 협력적이고 건설적인 공동체의 기반을 다지는 일에 사용할 수 있도록 만들어야 한다. 그렇지 않다면, 우리는 우리 자신의 의도와는 무관하게 점점 더 디스토피아적인 포스트휴먼의 길로 들어서게 될 것이다. 아니 어쩌면 우리는 이미 되돌릴 수 없는 발걸음을 내디뎠는지도 모른다. 우리의 선택이 너무 늦지 않았기를 바랄 뿐이다.

참고문헌

니콜라스 네그로폰테, 1999, 백욱인 옮김,『디지털이다: 정보고속도로에서 행복해지기 위한 안내서』, 커뮤니케이션북스.

닐 레비, 2011, 신경인문학 연구회 옮김,『신경윤리학이란 무엇인가: 뇌과학, 인간 윤리의 무게를 재다』, 바다출판사.

라메즈 남, 2007, 남윤호 옮김,『인간의 미래: 생명공학이여, 질주하라』, 동아시아.

레이 커즈와일, 2007, 김명남·장시형 옮김,『특이점이 온다: 기술이 인간을 초월하는 순간』, 김영사.

로버트 노직, 1997, 남경희 옮김,『아나키에서 유토피아로』, 문학과지성사.

로버트 에틴거, 2011, 문은실 옮김,『냉동인간』, 김영사.

마이클 샌델, 2010, 강명신 옮김,『생명의 윤리를 말하다: 유전학적으로 완벽해지려는 인간에 대한 반론』, 동녘.

브루스 매즐리시, 2001, 김희봉 옮김,『네 번째 불연속: 인간과 기계의 공진화』, 사이언스북스.

빌 조이, 2000, 녹색평론사 옮김,「미래에 왜 우리는 필요 없는 존재가 될 것인가」,《녹색평론》, 제55호, 2000년 11-12월호.

승현준, 2014, 신상규 옮김,『커넥톰, 뇌의 지도: 인간의 정신, 기억, 성격은 어떻게 뇌에 저장되고 활용되는가?』, 김영사.

신상규, 2008,『푸른요정을 찾아서: 인공지능과 미래 인간의 조건』, 프로네시스.

신상규, 2012, 「트랜스휴머니즘, 세상에서 가장 위험한 생각?」,《철학논집》 제29집.

신상규, 2013, 「인간향상과 인간본성, 그리고 인간존엄성-후쿠야마의 논증 비판」,《철학적 분석》, 27호.

신상규, 2013, 「과학기술의 발전과 포스트휴먼」, 한국학술협의회 엮음, 《지식의 지평》 15호, 아카넷.

에릭 드렉슬러, 2011, 조현욱 옮김,『창조의 엔진』, 김영사.

위르겐 하버마스, 2003, 장은주 옮김,『인간이라는 자연의 미래』, 나남.

윤선구, 2003,『데카르트: 방법서설』,《철학사상》, 별책 2권 3호, 서울대학교 철학사상연구소.

이상헌, 2011, 「칸트 도덕철학의 관점에서 바라본 포스트휴먼」, 《서강인문논총》 제32집.

이승범, 2012,『인문학적 자유 vs 과학적 자유: 의료현장에서 살펴본 과학과 인문학의 소통 불가능한 구조에 대한 탐구』, 우물이 있는 집.

이화인문과학원 편, 2013,『인간과 포스트휴머니즘』, 이화여자대학교출판부.

임마누엘 칸트, 2002, 이원봉 옮김,『도덕 형이상학을 위한 기초 놓기』, 책세상.

조너던 와이너, 2011, 한세정 옮김,『과학, 죽음을 죽이다: 생명 연장의 비밀을 찾아서』, 21세기북스.

조엘 가로, 2007, 임지원 옮김,『급진적 진화: 과학의 진보가 가져올 인류의 미래』, 지식의 숲.

존 스튜어트 밀, 2009, 박홍규 옮김,『자유론』, 문예출판사.

케빈 워릭, 2004, 정은영 옮김,『나는 왜 사이보그가 되었는가』, 김영사.

프랜시스 후쿠야마, 2003, 송정화 옮김,『부자의 유전자, 가난한 자의 유전자』, 한국경제신문.

한나 아렌트, 1996, 이진우, 태정호 옮김,『인간의 조건』, 한길사.

한스 모라벡, 2011, 박우석 옮김,『마음의 아이들: 로봇과 인공지능의 미래』, 김영사.

Agar, Nicholas, 2004, *Liberal Eugenics: In Defence of Human Enhancement*, Oxford: Wiley-Blackwell.

Agar, Nicholas, 2010, *Humanity's End: Why We Should Reject Radical Enhancement*, A Bradford Book.

Agar, Nicholas, 2013, *Truly Human Enhancement: A Philosophical Defense of Limits,* Cambridge: The MIT Press.

Barazzetti, Gaia, 2011, "Looking for the Fountain of Youth", in Savulescu, J., R. ter Meulen, and G. Kahane(eds.), *Enhancing Human Capacities*, Oxford: Wiley-Blackwell.

Blackford, Russell, 2013, *Humanity Enhanced: Genetic Choice and the Challenge for Liberal Democracies*, Cambridge: The MIT Press.

Bostrom, Nick, 2003, "Transhumanist FAQ v2.1", retrieved from http://www.nickbostrom.com/

Bostrom, Nick, 2005, A "History of Transhumanist Thought", *Journal of Evolution and Technology*. Vol.14, Issue 1.

Bostrom, Nick, 2008, "Why I Want to be a Posthuman When I Grow Up", in Bert Gordijn and Ruth Chadwick(eds.), *Medical Enhancement and Posthumanity*, New York: Springer.

Bostrom, N. and Rebecca Roache, 2008, "Ethical Issues in Human Enhancement", in J. Ryberg, T. Petersen, and C. Wolf(eds.), *New Waves in Applied Ethics*, Basingstoke: Palgrave Macmillan.

Bostrom, N. and Anders Sandberg, 2009, "The Wisdom of Nature: An Evolutionary Heuristic for Human Enhancement"in Savulescu, J. and Nick Bostrom(eds.), 2009, *Human Enhancement*, Oxford: Oxford University Press.

Bostrom, Nick and Toby Ord, 2006, "The Reversal Test: Eliminating Status Quo Bias in Applied Ethics", *Ethics* 116, pp.656~679.

Boyd, R., 1999, "Homeostasis, Species, and Higher Taxa", in R. Wilson(ed.), *Species: New Interdisciplinary Essays*(pp.141~186), Cambridge: MIT Press.

Braidotti, Rosi, 2013, *The Posthuman*, Cambridge: Polity.

Buchanan, A., 2011a, *Beyond Humanity?: The Ethics of Biomedical Enhancement*, Cambridge: Cambridge University Press.

Buchanan, A., 2011b, *Better than Human: The Promise and Perils of Enhancing Ourselves,* Cambridge: Cambridge University Press.

Buchanan, A., Dan W. Brock, Norman Daniels and Daniel Wikler, 2000, *From Chance to Choice: Genetics and Justice*, Cambridge: Cambridge University Press.

Chalmers, David and Andy Clark, 1998, "The extended mind", *Analysis*, 58.

Clark, Andy, 2003, *Natural-Born Cyborgs,* Oxford: Oxford University Press.

Clark, Andy, 2008, *Supersizing the Mind*, Cambridge: Cambridge University Press.

Cohen, S. M., 2012, "Aristotle's Metaphysics", in E. N. Zalta(ed.), *The Stanford Encyclopedia of Philosophy*, retrieved from http://plato.stanford.edu/entries/aristotle-metaphysics/.

de Grey, Aubrey and Michael Rae, 2007, *Ending Aging: The Rejuvenation Breakthroughs That Could Reverse Human Aging in Our Lifetime*, St. Martin's Press.

Dworkin, R., 1977, *Taking Rights Seriously*, Cambridge, MA: Harvard University Press.

Dworkin, R., 2000, "Playing God: Genes, Clone, and Luck", in *Sovereign Virtues*, Cambridge, MA: Harvard University Press.

Ettinger, Robert, 1962, *The Prospect of Immortality*, Doubleday & Co.,

FM-2030, 1989, *Are You a Transhuman?*, New York: Warner Books.

Fukuyama, Francis, 2004, "Transhumanism", *Foreign Policy*, No.144, pp.42~43.

Gardiner, S. M., 2006, "A Core Precautionary Principle",
Journal of Political Philosophy 14(1), pp.33~60.

Glannon, Walter, 2008, "Decelerating and Arresting Human Aging",
in Bert Gordijn and Ruth Chadwick(eds.), 2010,
Medical Enhancement and Posthumanity, Springer.

Gordijn, B. and Ruth Chadwick(eds.), 2010,
Medical Enhancement and Posthumanity, Springer.

Hansell, Gregory R. and William Grassie(eds.), 2011,
H+/-: Transhumanism and Its Critics, Xlibris.

Hauskeller, M., 2011, "Human Enhancement and the Giftedness of Life",
Philosophical Papers, Vol.40, No.1, pp.55~79

Hauskeller, M., 2013, *Better Humans? Understanding the Enhancement Project*,
Durham: Acumen.

Herbrechter, Stefan, 2013, *Posthumanism: A Critical Analysis*,
Bloomsbury Academic.

Hughes, James, 2004, *Citizen Cyborg: Why Democratic Societies Must Respond
to the Redesigned Human of the Future*, Westview Press.

Kass, Leon, 2003, "Ageless Bodies, Happy Souls: Biotechnology and the Pursuit of Perfection", *The New Atlantis*(Spring 2003), pp.9~28.

Klerkx, Greg, 2006, "The transhumanists as tribe", in Paul Miller and James Wilsdon(eds.), 2006, *Better Humans? The Politics of Human Enhancement and Life Extension*, Demos.

Machery, E., 2008, "A Plea for Human Nature", *Philosophical Psychology*, 21, pp.321~330.

McGinn, Colin, 2002, "Machine Dreams", retrieved from http://www.nytimes.com/2002/05/05/books/machine-dreams.html

Menary, R.(ed), 2010, *The Extended Mind*, Cambridge: MIT Press.

Miller, P. and James Wilsdon(eds.), 2006, *Better Humans? The Politics of Human Enhancement and Life Extension*, Demos.

Millikan, R. G., 1993, "Biosemantics"in *White Queen Psychology and Other Essays for Alice*, Cambridge: MIT Press.

Moore, G. E., 1903, *Principia Ethica*, Cambridge: Cambridge University Press.

Neander, K., 1998, "Functions as Selected Effects: The Conceptual Analyst's Defence", *Philosophy of Science* 58, pp.168~184.

Pepperell, Robert, 2003, *The Posthuman Condition: Consciousness beyond the brain*, Bristol: Intellect.

Persson, Ingmar and Julian Savulescu, 2012, *Unfit for the Future: The Need for Moral Enhancement*, Oxford: Oxford University Press.

Samuels, Richard, 2012, "Science and Human Nature", in Constantine Sandis & Mark J. Cain(eds.), *Human Nature*(Royal Institute of Philosophy Supplements 70), Cambridge: Cambridge University Press.

Savulescu, J., 2001, "Procreative Beneficence: Why we should select the best children", *Bioethics*, 15(5~6), pp.413~426.

Savulescu, J. and N. Bostrom(eds.), 2009, *Human Enhancement*, Oxford: Oxford University Press.

Savulescu, J., R. ter Meulen, and G. Kahane(eds.), 2011, *Enhancing Human Capacities*, Oxford: Wiley-Blackwell.

Shin, Sangkyu, 2014, "The Ethical Implications of Human Nature and Posthumanity", *Metodo. International Studies in Phenomenology and Philosophy*, Vol.2, No.1.

Singer, Peter, 2003, "Shopping at the Genetic Supermarket", in S. Y. Song, Y. M. Koo & D. R. J. Macer(eds.), *Bioethics in Asia in the 21st Century*(pp.143~156), Tsukuba.

Singer, Peter, 2009, "Parental Choice and Human Improvement", in Savulescu & Bostrom(eds.), *Human Enhancement*, Oxford: Oxford University Press.

Stock, Gregory, 2002, *Redesigning Humans: Choosing Our Genes, Changing Our Future*, Mariner Books.

Sulmasy, D. P., 2007, "Human Dignity and Human Worth", in J. Malpas and N. Lickiss(eds.), *Perspectives on Human Dignity: A Conversation*, Dordrecht: Springer.

Tännsjö, Torbjörn, 2009, "Medical Enhancement and the Ethos of Elite Sports", in Savulescu(eds.), *Human Enhancement*, Oxford: Oxford University Press.

The President's Council on Bioethics, 2002, *Human Cloning and Human Dignity: An Ethical Inquiry*, New York: PublicAffairs.

The President's Council on Bioethics, 2003, *Beyond Therapy: Biotechnolohy and the Pursuit of Happiness*, New York: Harper Perennial.

Williams, Bernard, 1973, "The Makropulos Case: Reflections on the Tedium of Immortality", in his *Problems of the Self*, Cambridge: Cambridge University Press.

Young, Simon, 2006, *Designer Evolution: A Transhumanist Manifesto*, New York: Prometheus Books.

찾아보기 - 용어

기타

'포스트휴먼 총서'를 기획하며

컴퓨터, 인터넷, 스마트폰이 없는 우리의 일상은 더 이상 상상할 수 없다. 몸에 간단한 보철을 장착하는 일은 더 이상 어떤 이물감도 남기지 않는다. 디지털 테크놀로지의 일상적 침투는 우리의 시공간 인지 조건을 급격히 변화시켰고, 근대적 시공간의 좌표는 인터넷 망을 통한 지속적인 접속의 체험 안에서 그 의미를 바꾸고 있다. 정보과학과 생명공학의 발달은 인간과 동물, 유기체와 기계, 물질과 비(非) 물질의 경계를 모호하게 흩뜨리고 있다. 또한 매체의 변화로 인해 지식과 정보를 습득하고 가공하여 전달하고 보존하는 방식의 변화가 불가피해졌다. 이 모든 징후들이 알려주는 바대로, 우리는 이미 '포스트휴먼'이다.

'포스트휴먼'의 경험과 생장의 조건이 이미 편재해있지만, 인문학의 영역에 그 소식은 너무 늦게 전해졌다. 과학기술 분야의 전문가들이 충실히 영토를 확장해가고, 그에 대한 초국가적 자본의 유연하고 집약적인 관심이 집중되고 있는 데 반해, 인문학은 막연한 불안과 희망적 낙관 사이의 어느 불분명한 지점에 머물러 있을 뿐이다. 바로 이 지점에서 '포스트휴먼 총서'는 기획되었다. 오늘날 정보과학과 생명공학의 지배적 영향권 아래서 근대적 휴머니즘을 넘어선 새로운 인간 이해의 패러다임이 요청되고 있으나 포스트모던에서 제기되었던 근대적 '인간/인간중심주의'에 대한 비판이 아직 적극적인 개념화로 나아가지는 못하고 있다. 이와 같은 인식에 근거해, 우리는 인간 이해의 새로운 패러다임을 향한 길을 열어가고자 한다. '포스트휴먼 총서'가 그 길의 첫 이정표가 되기를 기대한다.

이화여자대학교 이화인문과학원
포스트휴머니즘 연구팀

지은이

신상규

현재 이화여자대학교 이화인문과학원 교수. 서강대학교 철학과에서 학사, 석사 졸업 후 미국 텍사스대학교(University of Texas at Austin)에서 철학박사 학위를 받았다. 의식과 지향성에 관한 다수의 심리철학 논문을 저술했고, 현재는 확장된 인지와 자아, 인간 향상, 트랜스휴머니즘, 포스트휴머니즘을 연구하고 있다. 저서로『푸른 요정을 찾아서』,『비트겐슈타인: 철학적 탐구』등이 있고,『새로운 종의 진화 로보사피엔스』,『라마찬드란 박사의 두뇌 실험실』,『의식』,『커넥톰, 뇌의 지도』를 우리말로 옮겼다.

호모사피엔스의 미래
포스트휴먼과 트랜스휴머니즘

1판 1쇄 펴냄│2014년 6월 30일
1판 5쇄 펴냄│2022년 3월 31일

지은이│신상규
펴낸이│김정호
펴낸곳│아카넷

출판등록 2000년 1월 24일(제406-2000-000012호)
10881 경기도 파주시 회동길 445-3
전화│031-955-9511(편집)·031-955-9514(주문)
팩스│031-955-9519
디자인│땡스북스 스튜디오 김욱
www.acanet.co.kr│www.phildam.net

Printed in Seoul, Korea.

ISBN 978-89-5733-365-5 94300
ISBN 978-89-5733-364-8(세트)

이 도서의 국립중앙도서관 출판예정도서목록(CIP)은
서지정보유통지원시스템 홈페이지(http://seoji.nl.go.kr)와
국가자료공동목록시스템(http://www.nl.go.kr/kolisnet)에서 이용하실 수 있습니다.
(CIP제어번호 : CIP2014014874)

이 저서는 2007년 정부(교육과학기술부)의 재원으로
한국연구재단의 지원을 받아 수행된 연구임.
(NRF-2007-361-AL0015)